被遮蔽的魯迅

魯迅相關史實考辨

葛濤 著

目次

關於魯迅研究的史實考辨

關於魯迅其人的史實考辨

魯迅、壽洙鄰與周作人的一則佚文考論

　　魯迅先生在《中國小說史略・再版附識》中寫到：「此書印行之後，屢承相知發其謬誤，俾得改定；而鈍拙及譚正璧兩先生未嘗一面，亦皆貽書匡正，高情雅意，尤感於心」。查《魯迅日記》，1925年5月9日記：「得鈍拙信。」這封信指出「《中國小說史略・清之擬晉唐小說及其支流》中所說的灤陽轄屬於奉天，應為轄屬於熱河。」（參見《魯迅全集》8卷第139頁注②）

　　後人考證出這位魯迅先生「未嘗一面」的鈍拙先生即是魯迅先生的老師壽鏡吾先生的次子壽洙鄰先生。

　　再查《魯迅日記》中有關壽洙鄰先生的記載，可以看出，自1912年9月21日記「晚壽洙鄰、錢稻孫來」始，至1929年3月29日記「洙鄰來，贈以《遊仙窟》一本」止，共有51次記載之多。其間，魯迅先生與壽洙鄰先生多次互訪、同飲。在壽洙鄰先生擔任平政院記錄科主任兼文牘科辦事書記（1914－1928任此職）時，他曾向魯迅先生通報平政院審判魯迅訴章士釗案取勝的消息。（參見《魯迅書信集・260225致許壽裳》）另外，壽洙鄰先生也曾陪同魯迅先生看屋買房。（據《魯迅日記》1919年4月13日記載）

　　由上述記載可以看出，魯迅先生與壽洙鄰先生交往頻繁，是至

交，但魯迅先生至死都不知到曾給他的《中國小說史略》匡正謬誤的「鈍拙先生」竟是自己恩師的次子，也是自己好友的壽洙鄰先生，於是就有了壽洙鄰先生在一本《中國小說史略》「再版附識」邊上的如下題記：

> 鈍拙其人即我也，我因此書中不知灤陽為今熱河，故貽書以告魯迅，然終未面告之也。
>
> 洙鄰
>
> （按：此據手跡錄入，標點係筆者所加。）

這段題記流露出壽洙鄰先生對魯迅先生的內疚之情。

這本壽洙鄰先生題字的《中國小說史略》是否是魯迅先生所贈的那一本，尚有待考證。查《魯迅日記》，1925年11月28日記「寄贈洙鄰《小說史略》一本。」另外，在1925年10月9日記：「寄錫琛、西諦、譚正璧以《小說史略》各一本。」這個譚正璧即是魯迅先生在《中國小說史略·再版附識》中所提到的為他提出修改意見的譚正璧。但在《魯迅日記》中查不到贈《中國小說史略》給「鈍拙先生」的記載，這可能是因為魯迅先生始終不知到「鈍拙先生」是誰，因而無法贈書。好在他送給好友壽洙鄰先生的《中國小說史略》或許能彌補這一遺憾。據筆者推測，極有可能是，壽洙鄰先生在接到魯迅先生寄贈的《中國小說史略》，讀到封二所刊「再版附識」後，提筆在「再版附識」旁邊留下上述題字，但這本《中國小說史略》上沒有魯迅先生的任何題字和印章，所以，尚不能最後確定這本《中國小說史略》就是魯迅所贈壽洙鄰先生的那一本。

這一文壇佳話引起了周作人的重視，於是又有了周作人在該書扉頁上的如下題詞：

此為壽洙鄰先生遺書之一，先生於六一年一月去世以後，壽師母整理遺物，承以是見賜，中有題記，頗足供研究是書者之參考。今特以捐獻於魯迅博物館。時一九六二年二月十二日。

作人記　　（知堂書記）（印）

　　查《周作人年譜》，1962年2月12日記：「將《中國小說史略》託常維鈞轉贈魯迅博物館，因此書上有壽先生所寫的批註」。

　　這兩則題記無疑為研究魯迅、周作人、壽洙鄰三先生的關係提供了珍貴的史料。這一本《中國小說史略》也因有了這兩則題記而彌足珍貴。

趙蔭棠與魯迅考略
——兼談魯迅的一則佚信

人民文學出版社1981年出版的《魯迅全集》對趙蔭棠先生的注釋如下：

> 趙蔭棠（1893－？）字憩之，河南鞏縣人。1926年間為北京師範大學國文系講師。《莽原》週刊的投稿者。

這樣的注釋略顯簡單。90年代中期以來，學界陸續有人關注起趙蔭棠，姜德明先生的《魯迅與趙蔭棠》[1]和張泉先生的《魯迅同時代人趙蔭棠及其後來的道路》[2]是其中較為重要的文章。筆者在前人的研究基礎上繼續查閱一些資料，大致瞭解了趙蔭棠的一些簡歷，並注意到一些較為有價值的材料，以補正此前的相關文章，並以此就教於方家。

---

[1] 姜德明《魯迅與趙蔭棠》見《夢書懷人錄》，漢語大詞典出版社，1996年8月出版。
[2] 張泉《魯迅同時代人趙蔭棠及其後來的道路》，刊《魯迅研究月刊》2002年第6期。

一、趙蔭棠生平述略

趙蔭棠（1893－1970）曾用名全光，憩之，筆名老鐵等，河南鞏縣人。曾在北大國文系旁聽[3]，後入北京大學國學研究所師從錢玄同等學習聲韻學[4]，1925年6月，研究所畢業後[5]，曾先後任教於河南大學、北京師範大學等校。趙蔭棠在國學研究所學習聲韻學期間，曾與友人發起組織過文學團體微波社，並創辦《微波》旬刊。20年代末，他在北京與許玉諾合編過《華嚴》、與盧隱合編過《明天》，以及河北民國時報週刊之《鵠》，1928年在北平華嚴書店出版了編譯的文論集《風格與表現》，後轉向學術研究，很少從事文藝創作。1932年，他受聘於北京大學國文系，講授音韻學，後在私立輔仁大學任教時開設《韻學源流》等課程。1937年抗戰爆發後，沉默了一年。40年代，他「一半為應付朋友的文債，一半為籌稿費，於是又大寫特寫起來」，常以「老鐵」的筆名發表小說，成為北平淪陷區較為活躍的作家，並被列入《國民雜誌》「古城文學家介紹」系列之六。1944年11月，他作為華北淪陷區的11名代表之一，出席了「第三次大東亞文學者大會」。其間，趙蔭棠出版了短篇小說集《父與子》（1944），以及長篇小說《影》（1945年）。1945年，趙蔭棠奔赴解放區，先後在張家口農業專科學校、民眾教

---

[3] 參見《北京大學日刊》民國14年6月3日「研究所國學門通告」；現將已審查合格之研究生姓名、籍貫、履歷及演技題目公佈如下：題目：建安文學。……魏建功等五人未經本學門委員會審查完畢後，再另行公佈。另民國14年9月3日「研究所國學門」通告：准予畢業者：魏建功，本科四年級。按：這一材料一方面表明趙蔭棠與魏建功曾在北大研究所國學門同學，另一方面也證明魏建功直到9月初才畢業。魏建功畢業後曾留研究所做助教。

[4] 參見錢玄同〈評趙蔭棠的《中原音韻研究》〉，《錢玄同文集》第4卷，劉思源等編，中國人民大學出版社，1999年6月出版。

[5] 同注釋3

育館等處任職。新中國成立後，先後在北京師範大學附中任教員，後在河北師範學院中文系和西北師範學院中文系任教授，1970年逝世，終年77歲。

作為一位著名的語言學家，趙蔭棠著有如下學術著作：《中原音韻研究》、《籙斐軒詞韻時代考》、《康熙字典字母切韻要發考證》、《中洲音韻流源考——各版本的關係與發生的次序》、《清初審音家趙紹箕及其貢獻》、《切韻指掌圖撰述年代考》、《明清等韻之存濁系統》、《明清等韻文之北音系統》等。

二、趙蔭棠與魯迅的交往述略

1925年4月20日《晨報》報導了開封軍士姦污河南高師學生的新聞，5月4日《京報副刊》刊登了魯迅4月27日致孫伏園的信，該信轉述了向培良認為此事純屬子虛烏有的觀點。這封信引起了爭論，魯迅於5月6日在《京報副刊》發表《啟事》，聲明退出此次論爭。《魯迅日記》1925年5月6日記：「得趙蔭棠信」。幸運的是這封信至今仍然被保存在魯迅博物館中。趙蔭棠的這封信主要「以自己調查的情況，證明此事『實是烏有』」。內容與《婦女週刊》五月十三日他自己的那篇《謠言的魔力》大同小異[6]。

《魯迅日記》1925年5月29日記：「晚有麟來。趙蔭棠來。長虹、鍾吾來。」根據趙蔭棠《回憶魯迅》一文所記：「剛坐下，把交換廣告的事同魯迅先生談完後，又進來兩位同學，一個是尚君鉞，另一個是高君長虹。」所謂「交換廣告的事」，趙文中還有如下的記述：一次課間休息，我去教員休息室找魯迅，開頭便問：

6　參見楊燕麗《河南女高師鐵塔事件書信兩封》刊《魯迅研究資料》（23輯），中國文聯出版公司1992年3月出版。

「《微波》旬刊，先生見到了麼？」魯迅很客氣的回答：「見到了，是你辦的麼？」趙蔭棠是受夥伴之託來問《微波》能否與《莽原》雜誌交換廣告。從這段記述，可以推斷范泉先生主編，上海書店1993年出版的《中國現代文學社團流派詞典》關於「微波社」成立於1925年6月的時間是值得商榷的。因為在趙蔭棠5月29日去拜訪魯迅之前，魯迅已見到過《微波》旬刊了。

查《莽原》週刊，果然找到了《微波》雜誌的三則目錄，因阿英所著的《中國新文學大系・史料・索引》卷對《微波》旬刊也是只記其名而未加介紹，所以轉錄《微波》的目錄如下：

《莽原》週刊第7期（民國14年6月5日出版）刊登了「《微波》第一期出版了」的廣告。這一期的《微波》目錄如下：

文藝的起頭　　　　蔭棠　譯
歸途　　　　　　　子惠
裝飾品　　　　　　愛之　譯
老薛的故事　　　　春芝
斷線的風箏（一）　景星
閒話　　　　　　　編者
通信處：北京大學收發課轉微波雜誌社
價目：與本週刊同（按：與《莽原》同）

《莽原》第8期（民國14年6月12日）刊登了《微波》第二期的目錄：

歷史的謬見　　　　蔭棠　譯
無題　　　　　　　孜研

批評雜話　　　　　　　蔭棠

（按：因裝訂線過深，無法看到餘下的文章名）

《莽原》第11期（民國14年7月3日）刊登了《微波》第三期的目錄：

狂歌	斧堅
表現的藝術	憩之　譯
斷線的風箏（二）	景星
女孩兒的死	張定璜
車夫	繼美
問少年	吳造我
鐵韓斯（上）	王少明
唾壺（一）	柳隱

附帶提及，姜德明先生在《魯迅與趙蔭棠》一文中認為與趙蔭棠合辦《微波》雜誌的「魏君」可能是魏建功。因為趙、魏此時同在北大研究所國學門，但因無法查到《微波》旬刊而無法確定（筆者按：《全國中文期刊聯合目錄（1833－1949）》和《北京大學日刊》均查不到關於微波社的記錄）。不過，筆者認為這位「魏君」也可能是趙蔭棠的同鄉和同學魏春芝，因《微波》旬刊第一期即有署名「春芝」的文章，而較不易確認為有魏建功的文章。筆者查閱過幾部現代作家筆名詞典，尚未發現《微波》作者中有魏建功先生的筆名，另外還當面向魏建功先生的公子請教，據他回答，魏建功先生的日記中並沒有提到過與趙蔭棠發起成立「微波社」並合辦

《微波》旬刊之事，魏建功此時正與友人忙於籌建黎明中學[7]。

值得注意的是，尚鉞在1925年7月10日致魯迅的信中[8]（此信現存魯迅博物館中）提到過微波社：「我因從來開封，我與張目寒就弄得不對頭，……可是在張目寒心中，卻大大種上一種仇恨。此外，我還有一件很危險的事情，即聽說曹靖華和微波社諸同人，將在河南《新中州報》社要求出一副刊，其目的即在『打倒《豫》報社，罵死尚鉞』，並且還『使我永世不得露頭』。將來不開戰則已，一開戰我定將雙份都寄與我師看，不過他們要是謾罵（如曹君文）我或者也竟置之不理。」

這封信表明尚鉞與微波社有較大的矛盾，但筆者未能查到《新中州報》，所以無法知道他們之間有無開戰，以及開戰的詳情。但也可從中推測出微波社的成員可能都是由河南人組成的，另外，也可旁證，那個「魏君」是河南人魏春芝，而非江蘇人魏建功。

《魯迅日記》1925年7月14日記：「……得趙蔭棠信。晚仲芸、有麟來。長虹來。夜雨。得呂雲章信。」

很遺憾，這封信為能保存下來。不過，筆者推測，信中可能談及《微波》旬刊停刊的事，因為《微波》旬刊在《莽原》週刊只登了3次目錄（最後一次是1925年7月3日），在《猛進》週刊也只刊登了第3期的目錄，如無意外即停刊的話，趙蔭棠沒有理由不在上述兩刊繼續刊登出版廣告。另外一點，可能是趙蔭棠在1925年6月畢業後曾赴河南大學任教（即尚鉞1925年7月10日致魯迅信中所說的「曹靖華和微波諸同人將在河南《新州中報》刊出一則副

---

7 魏建功《憶三十年代的魯迅先生》「1925年五卅運動裏，我們幾個人發起開辦了黎明中學。」參見《魯迅回憶錄》257頁，北京出版社1999年版。
8 參見趙蔭棠、魏春芝等河南同鄉人聯合會的《公奠李邦翰先生啟事》，刊《北京大學日刊》，民國14年5月26日出版。

刊」），從而無法在北京繼續辦《微波》旬刊了。倘如此，《微波》旬刊存世還不到3個月，即1925年5月－1925年7月。

《魯迅日記》1926年1月18日記：「午後訪李霽野，託其寄朋其稿費十二；遇張目寒，託其寄蔭棠稿費二。」

《魯迅全集》對趙蔭棠的注釋中也說明趙蔭棠是《莽原》週刊的投稿者，但是遍查《莽原》週刊，也沒有發現署名「蔭棠」或「憩之」的文章。《莽原》週刊創刊於1925年4月，趙蔭棠與魯迅聯繫的最早紀錄是1925年5月6日，另外，趙蔭棠於5月29日還拜訪過魯迅，所以趙蔭棠在《莽原》週刊發表文章的可能性極大。從時間上推斷，1925年11月27日出版的《莽原》週刊32期最有可能刊登趙蔭棠的文章。該期目錄如下：

劣者	我讚美著秋天
黃鵬基	狂言
青爾	三真天子
朱大	血的嘴唇的歌
魯迅	評心雕龍
朋其	偽的求曙光的人
王星華	可恥的三聲——嗚呼

這些作者中，只有「青爾」不詳，不知是否即趙蔭棠？

令人興奮的是，趙蔭棠還在《回憶魯迅》一文中披露出魯迅寫在信封上的一則遺墨：

內函並銀兩元，乞面交　　趙蔭棠兄。迅託。

一‧十八

可能是因為這則手跡是寫在信封上的緣故，一些研究者對此未加重視，如劉運峰編輯的《魯迅佚文全集》就未收入此文。筆者認為，此文實則是一則短信。應收入新編的《魯迅全集》，或者至少作為一則佚文，收入《魯迅書信集》。

　　《魯迅日記》1926年1月21日記：「……得趙蔭棠信……」。據姜德明先生的觀點，這封信應當是對魯迅1月18日信的答覆。遺憾的是這封信為能保存下來。

　　趙蔭棠與魯迅最後交往是1926年6月9日。《魯迅日記》1926年6月9日記：「上午趙蔭棠、沈孜研來」。據趙蔭棠回憶，趙、沈兩人是來為魯迅送行的。

　　附帶指出，《魯迅全集》15卷對沈孜研的注釋為「未詳」，張泉認為沈孜研有可能是沈兼士（1886－1947，浙江吳興人），筆者認為，沈孜研作為「微波社」同仁，很可能是趙蔭棠的河南同鄉朋友，不可能是沈兼士。

　　40年代，身處淪陷區的趙蔭棠在1944年10月29日第6號的《中華週報》發表了《回憶魯迅先生》一文，回憶了他與魯迅的交往，並披露了上述的一則魯迅手跡，表達了對已逝的魯迅先生的深深懷念。

回到歷史語境審視魯迅與許廣平的關係
——兼與張耀傑先生商榷

　　張耀傑先生作為一個研究中國近現代文化與政治的學者近幾年來多次在文章中批評魯迅，近日他又在《魯迅與許廣平的事實重婚》（《南方週末》2008年11月13日）一文中從「現代法律」意義上指責魯迅「事實重婚」：

　　　　對於魯迅和周建人在沒有正式履行離婚手續之前，就與第三者非法同居的重婚事實，一名嚴謹理性的現代學者儘管可以不從道德意義上做出肯定或否定的價值評判，甚至可以在以人為本的人性層面上予以充分的寬容及美好的禮贊，卻不可以從現代法律的意義上一筆抹殺已經存在的事實重婚，更不可以把依法維護合法婚姻的周作人，斥為「逼迫」和「舊道德的代言人」。無論人類社會如何進步，事實重婚都只能是被寬容的物件而不是被高調弘揚的一種美德。魯迅與周建人也概莫能外！

　　張耀傑先生的高論在中文網路中引起了強烈的反響，筆者搜索了一下，發現張先生的這一觀點是由蔡登山先生的暢銷書《魯迅愛

過的人》引發的：

> 蔡登山先生《魯迅愛過的人》在第一章《生命難以承受之
> 重——魯迅與朱安》中，作者一方面通過文獻資料的充分挖
> 掘，證明魯迅在與許廣平同居生子之前，並沒有與原配妻子
> 朱安正式履行離婚手續；一方面又礙於道德評判與法律認證
> 的難以區分，自相矛盾地回避和否認了魯迅已經構成的法律
> 意義上的事實重婚。（張耀傑《魯迅先生就是這麼一個樣兒
> 的人啊》，《經濟觀察報》2008年7月15日）

《中華讀書報》近期刊登的《魯迅觸犯了〈婚姻法〉嗎？》一
文或許就是批評張耀傑的這篇文章的，但是該文犯了一個重大史實
錯誤，就是認為民國沒有《婚姻法》，所以就用新中國的《婚姻
法》來批駁。其實，稍微瞭解中國法制史的人都知道，在中華民國
臨時政府成立後，因為立法工作一時不能完成，參議院接受孫中
山的建議，暫時有條件的採用晚清政府在1910年制定完成而未來的
及正式施行的《大清現行刑律》。而「《大清現行刑律》是刑事與
民事不分的法律，其中的民事部分，包括服製圖、服制、名例、戶
役、田宅、婚姻、犯姦、錢債等均被稱為『現行律之民事有效部
分』。這些內容一直適用至《中華民國民法》公佈施行時為止，成
為民國前期的實質民法」。（李秀清《20世紀前期民法新潮流與
〈中華民國民法〉》，《政法論壇：中國政法大學學報》2002年第
20卷第1期）另外，北洋政府在1925年在《大清民律草案》的基礎
上增刪修改完成了《民國民律草案》，這部法律雖也未正式頒佈施
行，但「司法部曾經發佈通令，指示各級法院於裁判民事案件中，
可將該草案條文作為條理（法理）引用。這一從外國繼受而來的民

法，從此開始在中國民事裁判實踐中發揮作用」。（參見梁慧星《中國民法：從何處來，向何處去》）因此，民國前期仍然是有關於婚姻的法律的。

民國雖然沒有單獨的《婚姻法》，但是立法時採用了「大陸法系」的《中華民國民法》在「親屬編」中對婚姻與家庭方面都做出了法律規定，而法律界也通常把「親屬編」中對婚姻與家庭方面的法律條文稱為「婚姻法」，如蔣賢平的論文《論南京國民政府1930年離婚法》（近代中國研究http://jds.cass.cn/Article/Index.asp）、李剛的論文《南京國民政府1930年婚姻法的實施效果與制約因素考察》（《江西社會科學》2007年第04期）等。《中華民國民法・親屬編》由南京國民黨政府在1930年12月26日頒佈並於次年5月5日正式施行，換句話說，《中華民國民法・親屬編》是我國第一部實際施行的婚姻法。因此，從「現代法律」意義上審視魯迅與許廣平的關係應當採用此法。

一、《中華民國民法・親屬編》關於「結婚」、「重婚」等的法律規定

為了從法律上審視魯迅與許廣平的關係，筆者特地把《中華民國民法・親屬編》關於「結婚」、「重婚」等的法律規定轉引如下：

（1）關於「結婚」的法律規定：

第982條：結婚，應有公開儀式及二人以上之證人。

鑒於魯迅在北京還有明媒正娶的夫人朱安，而且魯迅和朱安也沒有正式辦理離婚手續，所以魯迅和許廣平不僅沒有公開舉行婚禮，而且也沒有通知家人和宴請親朋好友，他們只添設了最基本的

傢俱就開始了同居生活：每人一床、一桌和兩把椅子，而且是舊的。因為沒有履行正式的結婚手續，兩人還為今後可能的生活變化作了約定。許廣平後來在談到她和魯迅同居時說：「兩性生活，貴在情投意合，彼此信任，除當事人外，無人可以束縛，日後如有一方不滿意，覺得不必在一起生活了，決不要爭吵，也不用法律解決，各自走開，反正都能獨立謀生」。可見，魯迅與許廣平在同居前也不是沒有考慮到法律的問題。

需要指出的是，魯迅曾經對內山完造、增田涉等人說到他結婚了，據內山完造回憶：

> 有一天，魯迅對內山完造說：「老闆，我結婚了」。內山問：「跟誰呀？」魯迅說：「跟許。人們太為我們操心了，說這說那的，不結婚，反而於心不安了。」

但是結合第982條的規定，可以看出，魯迅與許廣平從1927年10月8日在上海開始同居以來，不僅沒有舉行「公開儀式」，而且也沒有「兩個證人」，因此，從這一條來說，魯迅雖然自己說「結婚」了，但是他與許廣平在「現代法律」意義上並沒有「結婚」，他們的結合並不被當時的法律所認可。

（2）關於「重婚」的法律規定：

> 第985條：有配偶者，不得重婚。一人不得同時與二人以上結婚。

這一條和民國初年司法部頒行《民國暫行民律草案》的第4編「親屬」第3章「婚姻」第1102條基本一致，該條規定：「有配偶

者，不得重婚。」

　　既然，魯迅和許廣平沒有在「現代法律」意義上結婚，那麼魯迅自然也就不存在「現代法律」意義上的「重婚」的問題了。但是，為何老是有人指責魯迅犯了「重婚罪」呢？這是因為這些人不明白魯迅和許廣平在法律上的真實關係。

二、魯迅和許廣平在法律上究竟是什麼關係？

　　魯迅和許廣平結合在當時就受到一些人的非議。如從1928年2月周伯超（魯迅在中山大學任教時的友人、時為上海大同大學教師）致魯迅的信中就可以看出當時有一些人「宣傳先生（魯迅）討姨太太，棄北京之正妻而與女學生發生關係，實為思想落伍者」等。但是，這些社會上的流言對魯迅和許廣平來說並不算什麼，關鍵是家人的態度。

　　1929年5月13日，魯迅啟程回北平探望母親。此行除了了卻探望母親的心願之外，還有一個重要的事情就是告訴母親和家人許廣平懷孕了，需要得到母親和家人的理解和支援。而此前，因為南北戰爭，交通通訊阻隔，雖有一些傳言，但魯迅的家人還不知道魯迅已和許廣平同居的確切消息。

　　同日，已懷孕6個月的許廣平也寫信把自己和魯迅結合並已懷孕的事情告訴了好友常瑞麟：「周先生對家庭早已十多年徒具形式，而實同離異，為過度時代計，不肯取登廣告等等手續，我亦飄零餘生，向視生命如草芥，所以對茲事宜非要世俗名義，兩心相印，兩相憐愛，即是薄命之我屢遭挫折之後的私幸生活」。「我之此事，並未正式宣佈，家庭此時亦未知。」後來，許廣平在5月28日因為已經掩蓋不住了，又向來探望的姑母講述了自己和魯迅的事，並請姑母「向各方面大略告知一下」。這也算是向家人和友人

正式公開了自己和魯迅同居的事情。需要指出的是，許廣平信中所說的「登廣告」是指魯迅在報紙上刊登與朱安脫離婚姻關係的聲明，這也是當時夫妻離婚時按照法律的要求所採取的形式。

5月17日上午，魯迅從許羨蘇那裏得知母親已經聽說了許廣平將要生孩子的傳聞，並不表示反對，就看准機會在中午時向母親報告了許廣平將要在八月間（農曆）生孩子的消息，母親很高興，說，「我想也應該有了，因為這屋子裏，早就該有小孩子走來走去」。至此，魯迅和許廣平所擔心的主要問題就徹底解決了，於是魯迅當日就高興地致信許廣平告訴她家人已經接受了孩子出世的消息，並把從許羨蘇那裏聽來的故事轉告許廣平：「大約一兩月前，某太太（按：指朱安）對母親說，她做了一個夢，夢見我帶了一個孩子回家，自己因此很氣憤。而母親卻大不以她的氣憤為然，因此告訴她外間真有種種傳說，看她怎樣。她說已經知道了。而消息的來源，她說是二太太告訴她的。我想，老太太所聞的來源，大約也是二太太」。

從信中可以看出，朱安對魯迅和許廣平同居並生孩子的事雖然很氣憤，但是懾於魯迅母親魯瑞的壓力而只好忍氣吞聲，不敢發作。

兩天後，魯迅收到許廣平附錄的致朋友的書信之後，很感動，他在的回信中說：「寫給謝君的信，是很好的，但說得我太好了一點。看現在的情形，我們的前途似乎毫無障礙，但即使有，我也決計要同小刺蝟跨過它而前進的，決不畏縮。」

魯迅此處所提到的「障礙」不僅包括家人方面的還包含法律方面的。《中華民國民法・親屬編》第1052條規定：

　　　夫妻之一方，有左列情形之一者，他方得向法院請求離婚：

一、重婚者。二、與人通姦者。三、夫妻之一方受他方不堪同居之虐待者。四、夫妻之一方對於他方之直系尊親屬為虐待，或受他方之直系尊親屬之虐待，致不堪為共同生活者。五、夫妻之一方以惡意遺棄他方在繼續狀態中者。六、夫妻之一方意圖殺害他方者。七、有不治之惡疾者。八、有重大不治之精神病者。九、生死不明已逾三年者。十、被處三年以上徒刑或因犯不名譽之罪被處徒刑者。

　　有前項以外之重大事由，難以維持婚姻者，夫妻之一方得請求離婚。但其事由應由夫妻之一方負責者，僅他方得請求離婚。

　　第1053條：對於前條第一款、第二款之情事，有請求權之一方，於事前同意或事後宥恕，或知悉後已逾六個月，或自其情事發生後已逾二年者，不得請求離婚。

　　第1054條：對於第一千零五十二條第六款及第十款之情事，有請求權之一方，自知悉後已逾一年，或自其情事發生後已逾五年者，不得請求離婚。

　　從上述法律條文可以看出，魯迅在法律上並沒有和朱安離婚的理由，相反，朱安卻擁有起訴魯迅的權利，她可以以第二、三、五款之規定要求法院判決離婚，並要求過錯方魯迅賠償其經濟損失。當時婦女因為種種原因而起訴丈夫要求離婚的案件還是比較多的。蔣賢平在《論南京國民政府1930年離婚法》（近代中國研究http://jds.cass.cn/Article/Index.asp）一文中指出：

　　　1930年離婚法的頒行在民國社會產生了一定影響。據調查，新離婚法頒行後離婚統計呈現上升趨勢，且均以虐待、遺

棄為主要緣由。1931年廣西婦女離婚案627件，離婚理由以不堪虐待（186人）居首位；1932年總數為955件，仍以不堪虐待（391人）居首。1933－1934年，據南京司法行政部的一項統計，在448起離婚案件中，離婚原因依次為配偶虐待（132人），遺棄（69人），親屬虐待（58人），通姦（48人），重婚（39人），判徒刑（32人），生死不明（24人），惡疾（23人），精神病（15人），意圖殺害（8人）。原告為男方的104起，女方的344起。可見，越來越多的婦女開始以法律作為武器，以對抗來自家庭的傷害。

另外，按照當時法律規定，離婚必須雙方同意，有書面協議和兩位證人：

> 第1049條：夫妻兩願離婚者，得自行離婚。但未成年人，應得法定代理人之同意。
> 第1050條：兩願離婚，應以書面為之，有二人以上證人之簽名並應向戶政機關為離婚之登記。

需要指出的是，此前的研究者在談到魯迅與朱安的婚姻時，大都從魯迅為朱安未來著想的角度說魯迅不願休妻，「只好陪著作一世的犧牲，完結了四千年的舊帳」。而據俞芳回憶：「當時大師母的唯一的希望是拽著大先生，和她一起做封建婚姻的犧牲者」。其實，按照當時的法律，只要朱安不同意，魯迅在法律上並沒有與朱安離婚的理由，相反，魯迅與朱安長期分居卻違反了當時的法律。如《中華民國民法・親屬編》第1001條規定：夫妻互負同居之義務。但有不能同居之正當理由者，不在此限。

那麼，作為擁有法律起訴權的朱安又是如何對待魯迅與許廣平同居的呢？據俞芳在《封建婚姻的犧牲者──魯迅先生和朱夫人》一文中回憶：

　　大先生和廣平師母在上海定居以後，大先生寄來了照片，太師母給我們看，並告訴了我們這個喜訊。我雖有些意外，但很高興。我偷眼看看大師母，她並沒有不愉快的表情。有一天，太師母在午睡，我和大師母站在北屋的臺階上談起這事。我說：「大先生和許廣平姐姐結婚，我倒想不到。」大師母說：「我是早想到了的。」「為什麼？」我好奇地問。「你看他們兩人一起出去……」「那你以後怎麼辦呢？」不料這一句話觸動了她的心，她很激動又很失望的對我說：「過去大先生和我不好，我想好好服伺他，一切順著他，將來總會好的」。她又給我打了一個比方說：「我好比是一隻蝸牛，從牆底一點一點往上爬，爬得雖慢，總有一天會爬到牆頂的。可是現在我沒有辦法了，我沒有力氣爬了。我待他再好，也是無用了」。她說這些話時，神情十分沮喪。她接著說：「看來我這一輩子只好服伺娘娘（太師母）一個人了。萬一娘娘『歸了西天』，從大先生一向的為人看，我以後的生活他是會管的」。我聽她說這番話，很有些意外，我想不到大師母會對我說這些話。她的比喻給我的印象很深，以致使我感到，好像真有一隻蝸牛落地跌傷了。我久久地看著大師母，但一時想不出一句合適的話來安慰她。我我暗暗責怪自己不該在大師母面前談起這事，使他傷心。……這時我看看身旁站著的大師母，這位心地善良的舊式婦女，她是三從四德的封建禮教的犧牲者。可悲的是她一直沒有覺悟到這一點。

按照民國法律，作為受害者的朱安如果不起訴，魯迅和許廣平的同居就不受法律的約束和制裁。事實上，朱安對魯迅和許廣平同居的事情採取了默認的態度，放棄了起訴魯迅的權利。後來，當1932年11月11日，魯迅到北平探望患病的母親時，朱安還對魯迅示好。魯迅在16日致許廣平的信中說：「天氣仍暖和，但靜極，與上海較，真如兩個世界，明年春天大家來玩個把月吧。某太太（按，即朱安）於我們頗示好感」。

　　另外，許廣平本人也是把自己和魯迅的關係定位為「同居」的。1937年5月，許壽裳開始編撰《魯迅先生年譜》，把魯迅在1906年與朱安結婚寫入年譜，並致函許廣平徵求意見。許廣平答覆道：

> 　　關於我和魯迅先生的關係，我們以為兩性生活，是除了當事人之外，沒有任何方面可以束縛，而彼此間在情投意合，以同志一樣相待，相親相敬，互相信任，就不必要有任何的俗套。我們不是一切的舊禮教都要打破嗎？所以彼此間一方面不滿意，決不需要爭吵，也用不著法律解決。我自己是準備著始終能自立謀生的，如果遇到沒有同住在一起的必要，那麼馬上各走各的路。所以寄給許先生的後十年年譜裏，在十六年十月我是寫著「與許廣平同居」這六個字簡單明瞭的記載，把許（壽裳）先生那兩句好意，而其實是當然的事實，不要記載在紙上了。但是經不起許（壽裳）先生的仔細，把「番禺」和「女士」兩字加上了，這就是現在所刊載的。至於朱女士的寫出，許（壽裳）先生再三聲明，其實我絕不會那麼小氣量，難道歷史家的眼光，會把陳跡洗去嗎？（許廣平《〈魯迅年譜〉的經過》）

另外一個相同的例子就是郁達夫和王映霞。郁達夫於1927年6月底與王映霞在上海的同居（魯迅和許廣平是在同年10月初在上海同居），他和原配夫人孫荃也沒有正式辦理離婚手續，因此，郁達夫和王映霞在法律意義上只能是同居的關係。

據郁風回憶：

> 三叔達夫是比他小十二歲的幼弟，三歲時祖父死去，十六歲時父親帶他去日本，肩負著教養責任，一面嚴格要求他學技能入了醫科，一面又禁不住愛他的才華，教他作詩，帶他結交日本漢詩家如森槐南、服部擔風等。可父親先回國，三叔便自己改讀文學，終於寫出《沉淪》那樣的小說，以至於一度鬧得兄弟反目。後來到1927年達夫在上海又發生了與王映霞結婚的事，父親又為三叔犯了重婚罪而惱火，後來由於法律規定這種罪是「告訴乃論」，而原在富陽老家的三嬸卻寧願接受贍養的保證而不去「告訴」，矛盾才解決。（《父親面臨生死抉擇的心路歷程》，中國網china.com.cn，時間：2007-04-17）

郁風在回憶中說郁達夫與王映霞結婚，其實郁達夫和王映霞的「結婚」並不符合法律的規定。羅以民在《天涯孤舟——郁達夫傳》（杭州出版社，2004年3月）一書中指出：

> 筆者認為郁達夫佯作赴日，實則隱居在上海北站一個多月是為了達到既要向王映霞家交待「已經結婚」，而在世人面前又是「沒有再婚」這樣一種目的。
>
> 郁達夫本認為自己與柔弱的孫荃離婚是一件很容易的

事，甚至也下過「知識我也不要，名譽我也不要」，就是一定要與王映霞結婚的決心。但是他大大低估了郁氏家族，特別是郁曼陀對他的壓力。郁曼陀憑藉的是法律，曾多次寫信告誡他「這是要犯重婚罪的」。這是他們兄弟之間的第二次嚴重衝突。郁曼陀是法官，毫不讓步。郁達夫自知無任何正當理由與孫荃離婚，自然也就無法與王映霞結婚。民國的法律本來是幾乎形同虛設的，但這法律由一名法官來監督執行時，對郁達夫這樣當時的社會名流居然也產生了如此的威懾力量。

中華民國當時雖然沒有《婚姻法》，但民初司法部頒行的《中華民國暫行民律草案》一直執行到國民政府逃離大陸之前，其第4編「親屬」第3章「婚姻」第1102條已指明：「有配偶者，不得重婚。」這就是說民國有「重婚罪」之罪名。

郁達夫潛居北站的行為就是因為不敢公開與王映霞結婚。真實的情況是，郁達夫從未與孫荃離婚，雙方從未有離婚協議，更沒有登報聲明。孫荃從未離開過富陽郁家老宅，一直與郁母共同生活，並撫育郁達夫的子女。至郁達夫在印尼犧牲，郁家周圍的鄰居也一直視孫荃為郁達夫之妻。孫荃則視王映霞為郁達夫的同居者。如于聽在《郁達夫風雨說》中就稱：「1927年6月底以後，他（按：指郁達夫）與王映霞開始同居。」

雖然郁、王在一起共同生活，以夫妻名義相稱，但從法律意義上來說，只能是同居關係。否則郁達夫則犯有「重婚罪」。如此王映霞就成了郁達夫在當時法律意義上的同居者。

此外，需要強調的是，《中華民國民法》雖然頒佈並正式實行了，但是限於當時的政治和社會環境，不僅這部法律並沒有得到嚴格的執行，而且這部法律在立法方面也存在一定的不嚴謹之處，仍然存在一些封建色彩。以「親屬編」為例，通過對比當時革命根據地所頒佈的各種關於婚姻的法律條文可以看出其問題：

在立法原則上，南京國民政府與革命根據地婚姻家庭立法多少都體現了男女平等、一夫一妻、婚姻自由、反對封建婚姻家庭制度等原則。革命根據地在貫徹這些原則上是徹底的。《新民主主義時期根據地法制文獻選編》收入的第一部根據地婚姻家庭法規《閩西第一次工農兵代表大會婚姻法》在其發佈公告中就宣稱，「望各級政府、各地群眾站在自由婚姻原則下，與舊禮教作堅決的奮鬥，以解放被欺壓的青年男女群眾，而徹底肅清封建的殘餘制度。」各時期的婚姻家庭立法都在法規中明確寫入婚姻自由、男女平等等原則，並在具體條文中嚴格徹底地貫徹這些原則。民法親屬編從其由國民黨中央政治會議通過的立法原則及其具體條文中也可看到其婚姻自由、男女平等、一夫一妻、廢除封建婚姻制度等立法原則的存在，但民法親屬編並未明確寫入這些原則，在其具體條文中又有不少規定和做法有違以上原則。應當說，民法親屬編是一部封建色彩非常濃厚的婚姻家庭法。（歐陽曙《南京國民政府與革命根據地婚姻家庭法制比較研究》，《二十一世紀》網路版二〇〇三年四月號總第13期）

總之，從「現代法律」意義上來說，《中華民國民法》作為中國第一部正式頒佈並施行的民法，其「親屬編」在立法時雖然借鑒

了國外「大陸法系」的法律條文，但也參考了國內的歷史和現實情況，因此仍然具有一定的封建色彩，而以這樣一部帶有封建色彩的「現代法律」來審視魯迅與許廣平的關係也就不能不對他們具有「瞭解之同情」了。

三、許廣平與朱安在法律上的關係

魯迅逝世後，許廣平在打算由商務印書館出版《魯迅全集》時，特地致函徵求朱安的意見。1937年7月2日，朱安請魯迅的學生宋琳代筆把全權委託書交給許廣平：

> 景宋女士：
> 　　聞先夫魯迅遺全集全部歸商務印書館出版，姊甚贊成，所有一切進行及訂約等事宜，即請女士就近與該書館直接全權辦理為要。女士回平如有定期，祈先示知，以免老太太懸念。其餘一切統俟面談。
> 　　此頌時祺並祝嬰兒健康！
> 　　　　　　　　　　　　　　　　　　　　姊朱氏儉祉
> 　　　　　　　　　　　　　　　　　　　　七月二日

需要指出的是，魯迅在1925年10月起訴章士釗時就是請宋琳研究章士釗的「免職令」並起草了訴狀，因此，宋琳應當對當時的法律比較熟悉。另外，據《中華民國民法・親屬編》第1138條規定：遺產繼承人，除配偶外，依左列順序定之：一、直系血親卑親屬。二、父母。三、兄弟姊妹。四、祖父母。

第1139條：前條所定第一順序之繼承人，以親等近者為先。

從上述條文中可以看出，朱安是魯迅的法定第一繼承人，所以，她才在法律上具備授權許廣平全權代理出版魯迅遺著的權利。這也再次表明，魯迅和朱安在法律上是夫妻關係，對此，許廣平也是認可的。在魯迅已經有法律上的配偶的情況下，魯迅和許廣平在法律上只能是同居關係。

　　另外，朱安和魯迅與許廣平的關係可能並非一些人所想像的那樣。朱安在晚年曾這樣對別人談起過她和魯迅及許廣平：「周先生對我並不算壞，彼此間並沒有爭吵，各有各的人生，我應該原諒他。……許先生待我極好，她懂得我的想法，她肯維持我……她的確是個好人。」

四、別再折騰魯迅和許廣平了

　　「昔時人已沒，今日水猶寒」。魯迅和許廣平的結合在魯迅生前就飽受一些正人君子的非議和攻擊，進入20世紀90年代，隨著魯迅走下神壇，陸續有一些學者教授再次攻擊魯迅和許廣平的結合。當這一波的喧囂逐漸平靜下來之後，一些鼓吹自由民主的人士又在21世紀初撿起了這個老話題，難道我們的正人君子就不能對魯迅和許廣平「具有暸解之同情」嗎？難道我們的學者教授就不能不緊盯魯迅和許廣平的私生活嗎？難道我們的自由民主人士就不能以自由和民主來理解魯迅和許廣平嗎？魯迅為中華民族留下了豐厚的文化遺產，我們審視魯迅不能僅僅局限於他的私生活和花邊新聞，不僅要思考魯迅的問題也要思考魯迅的當下意義，這才是我們面對魯迅的「正路」。

　　1936年12月，胡適回到北平後看到了蘇雪林的兩封信，信中多有攻擊魯迅的言論，他覆信告誡蘇雪林說：

我很同情於你的憤慨，但我以為不必攻擊其私人行為。魯迅狺狺攻擊我們，其實何損於我們一絲一毫？他已死了，我們盡可以撇開一切小節不談，專討論他的思想究竟有些什麼，究竟經過幾度變遷，究竟他信仰的是什麼，否定的是些什麼，有些什麼是有價值的，有些什麼是無價值的。如此批評，一定可以發生效果。余如你上蔡公書中所舉「腰纏久已累累」，「病則謁日醫，療養則欲赴鐮倉」，……皆不值得我輩提及。至於書中所雲「誠玷辱士林之衣冠敗類，廿五史儒林傳所無之奸惡小人」一類字句，未免太動火氣（下半句尤不成話），此是舊文字的惡腔調，我們應該深戒。（《胡適來往書信選》中冊，中華書局1979年5月1版，第339頁）

遺憾的是，不僅自稱「受業」於胡適的蘇雪林沒有聽從胡適的告誡，推崇胡適的張耀傑先生也沒有聽從胡適的告誡。魯迅在《且介亭雜文二集——題未定草六》中指出談論一個作家必須顧及全人：「倘有取捨，即非全人，再加抑揚，更離真實。譬如勇士，也戰鬥，也休息，也飲食，自然也性交，如果只取他末一點，畫起像來，掛在妓院裏，尊為性交大師，那自然也不能說是毫無根據的，然而，豈不冤哉！」看來，張耀傑先生就是魯迅所批評的那麼樣的一個人兒。

郁達夫在《懷魯迅》一文中說：「沒有偉大人物出現的民族，是世界上最可憐的生物之群；有了偉大人物，而不知擁護，愛戴，崇仰的國家，是沒有希望的奴隸之邦。因魯迅一死，使人們自覺出了民族的尚可以有為，也因魯迅一死，使人家看出了中國還是奴隸性很濃厚的半絕望國家」。套用郁達夫的話，因魯迅和許廣平的結

合，也使人家看出了中國還是封建性很濃厚的半絕望國家。

　　總之，別再折騰魯迅和許廣平了！別再冤枉魯迅了！

回到歷史語境審視魯迅與朱安的婚姻關係
——兼為朱安討一個公道

筆者看到《魯迅虐待過原配夫人朱安嗎》（《博覽群書》2010年第6期，以下簡稱《虐待文》）之後，和看到該文作者的《魯迅觸犯了〈婚姻法〉了嗎》（《中華讀書報》2009年2月26日，以下簡稱《婚姻文》）、《魯迅和許廣平犯有「通姦罪」嗎？》（《中華讀書報》2010年1月20日，以下簡稱《通姦文》）兩文的感覺一樣，就是需要指出其錯誤以正視聽。

既然從法律層面討論魯迅的婚姻問題，筆者認為應當回到歷史的語境，把民國法律條文和當時的大理院關於民法條文的解釋以及當時法院的審判案例放在一起來審視朱安和魯迅的婚姻關係。

一、當時的法律一直承認魯迅（周樹人）和朱安的婚姻關係

因為朱安和魯迅的婚姻跨越晚清和民國兩個政府，所以在討論朱安和魯迅的婚姻關係之前，必須解決晚清的法律和民國的法律是否都承認朱安和魯迅的婚姻是合法的問題。

筆者在《回到歷史語境審視魯迅與許廣平的關係》（以下簡稱《回到歷史語境》）一文中已經引用李秀清和梁慧星兩位法律界學

者的文章明確指出在1931年5月《中華民國民法‧親屬編》正式頒佈施行之前法院審理關於婚姻的案件時部分採用的是《大清民律草案》和《民國民律草案》。我們不妨再來看看另一位法學界的學者關於民國審理婚姻案件的相關論述：

> 在政治紊亂的民國初年，立法機關很少在實際意義上存在，更遑論有效地發揮作用，惟有「司法機關比較特殊，從上到下的聯繫相當緊密，直接受到政潮的影響很小」。所以，儘管民初法律衝突的處理在立法上不能有效地進行，仍可依賴於司法機制。民國之初，大理院為全國最高審判機關，「院長有權對於統一解釋法令作出必應的處置」。於是，大理院因法律解釋之責首當其衝地面對實際社會生活中發生的法律衝突問題。（汪雄濤《民國初年法律衝突中的訂婚問題——以大理院解釋例為素材的考察》，雅典學園http://www.yadian.cc/paper/46735/，另按，黑體字為筆者所標注，下同。）

　　這段論述提供了幾個重要的資訊：（1）民國雖然政治紊亂，但是司法機關一直「從上到下的聯繫相當緊密，直接受到政潮的影響很小」。這一點可以解釋為何作為北平法官的郁曼陀在1927年8月郁達夫與王映霞於上海同居之後屢次寫信告誡郁達夫如果和王映霞正式公開結婚的話就會犯「重婚罪」的原因；其次也可以說明，魯迅1927年10月於上海和許廣平同居，他們雖然居住在上海，脫離了北洋軍閥政府的管轄，甚至在北洋軍閥政府垮臺之後，和1927年南京國民政府成立之後，仍然要受到此時民國法院依然在審判時使用的《大清民律草案》和《民國民律草案》的約束。因為這兩部法

律既然適用於1927年8月在上海和王映霞同居的郁達夫，當然也適用於在1927年10月在上海和許廣平同居的魯迅。（2）大理院作為民國最高審判機關，「院長有權對於統一解釋法令作出必應的處置」，所以大理院對當時審判中遇到的法律問題的解釋具有權威性，而這些法律解釋也對於審視魯迅的婚姻具有參考價值。

汪雄濤先生在此文中引述了大理院關於「婚約」的相關解釋：

> 應該說，在民國以前，關於婚約的問題並無疑義。惟民國以後，西風東漸，婚約似乎成了「不合時宜」的產物。……統字第1357號解釋例中，大理院複司法部有關結婚法律：婚姻須先有訂婚契約（但以妾改正為妻者不在此限），訂婚以交換婚書或依禮交納聘財為要件，但婚書與聘財並不拘形式及種類。這除了對婚約的法律地位予以明確外，還賦予相關婚俗以廣泛的生存空間和法律效力。

按照大理院統字第1357號解釋例：「訂婚以交換婚書或依禮交納聘財為要件」，魯迅和朱安的包辦婚姻顯然符合這一規定，因此雖然他們在1906年結婚，但是到了民國，參照民國當時仍然使用的《大清民律草案》和《民國民律草案》依然是合法的。同樣的道理，在《民法‧親屬編》正式施行以前通過訂立婚約、交換婚書、繳納聘財等方式結婚的夫妻也都是合法的，並被《民法》所認可。需要指出的是，到1931年5月《中華民國民法‧親屬編》正式頒佈之後，魯迅和朱安始終沒有採取法律手段正式解除婚姻關係，所以他們的婚姻關係在法律上依然是存在的，並且也受到法律的保護。

最後，我們再來看一下1931年5月《民法‧親屬編》正式頒佈施行之後魯迅和朱安的婚姻。

魯迅和朱安的婚姻關係從1906年一直延續到1936年魯迅逝世都沒有正式從法律上解除，而魯迅和許廣平的同居關係從1927年一直延續到1936年魯迅逝世也沒有正式公開解除，因此，在1931年5月《民法·親屬編》正式頒佈施行之後，作為居住在中華民國領土範圍內的公民就要接受此法的約束（需要強調的是，本文僅從民國法律角度看魯迅的婚姻問題，並不涉及其他層面），魯迅和朱安保持婚姻關係，同時又和許廣平保持同居關係，當然適用此法。另外，魯迅在1927年10月和許廣平在上海同居，當月22日就從來訪的友人許壽裳那裏得知已經被蔡元培聘為中華民國大學院第一批特約著作員，並從12月份開始領取每月300元大洋的薪水，直到1931年12月才被去職。可以說，《中華民國民法·親屬編》正式頒佈之後的7個月，魯迅仍然是中華民國大學院第一批特約著作員，無疑要接受該法的約束。

　　此外，《中華民國民法·繼承編》第1144條規定：「配偶，有相互繼承遺產之權」，朱安作為魯迅（周樹人）的法律認可的配偶享有魯迅遺產的第一繼承權，這也是許廣平在1937年運作通過商務印書館出版《魯迅全集》時請朱安撰寫授權書的原因，否則，商務印書館就不會不認可認許廣平的授權書，許廣平也不用再勞動朱安了。可見，不僅商務印書館，而且許廣平本人也是認可朱安是魯迅（周樹人）的合法配偶這一法律地位的。

　　總之，朱安和魯迅（周樹人）的婚姻關係一直都是當時法律所認可的有效的、合法的婚姻，而作為有婦之夫的魯迅和許廣平的同居關係在1931年《中華民國民法·親屬編》正式頒佈之後並不被該法認可為合法的夫妻關係。

二、應當正確理解《中華民國民法·親屬編》關於離婚的條款：

下面就針對《虐待文》作者所理解的民國民法關於離婚理由的第二、三、五條進行辨析。

因為「《民法·親屬》中對虐待、遺棄行為並無解釋，上述條款的構成要件如何，自然必須借助於相關的判解例」（許莉《〈中華民國民法·親屬〉研究》，法律出版社2009年出版，第127頁）。俗話說，「隔行如隔山」，為了更準確地理解《中華民國民法·親屬編》關於離婚的條款，我們不妨引用法律界學者的相關研究成果。蔣賢平先生在《論南京國民政府1930年離婚法》（近代中國研究http://jds.cass.cn/Article/Index.asp）一文中引用民國最高法院相關判解例對《中華民國民法·親屬編》關於離婚的條款進行了細緻的解釋。因為篇幅所限，下文僅引用他關於第一、二、三、五款的解釋內容。

（1）要正確理解《中華民國民法》中關於「重婚」和「通姦」的定義：

《虐待文》的作者在該文中說：而《回到歷史語境》一文邏輯思維之怪異就在於它給魯迅定下了一個比「重婚」更為噁心的罪名（與人通姦）……

蔣賢平先生對《中華民國民法·親屬編》關於「重婚」和「與人通姦」的概念進行了如下辨析：

1. 重婚。指有配偶而重為婚姻，或同時與二人以上結婚。這裏的結婚以完成結婚儀式而不以發生性關係為確認要件，因此，不同於通姦。重婚在刑法上構成犯罪，但在新法實

施之前已經存在的夫妾關係不構成重婚，不過妻子可以以通姦罪請求離婚。如果重婚者本人自認為已經無配偶（例如妻子接到丈夫戰死的公報），則其雖不構成犯罪，但重婚行為仍然成立，新配偶可憑此請求離婚。如果配偶雙方均為重婚，則雙方配偶均可以他方重婚為理由，請求離婚。需要注意的是，因重婚而具有的離婚權並不因重婚的撤銷而喪失。

2. 與人通姦。所謂通姦，是指與配偶之外的異性任意發生性關係。新離婚法規定，不論夫或妻，如與配偶之外的第三人發生性關係，他方均可以此為離婚理由。夫之納妾、宿娼也構成通姦，但「民法親屬編施行前業已成立之納妾契約或在施行後得妻之明認或默認而為納妾之行為，其妻即不得據為離婚之請求」（二十一年院字第七七〇號解釋）。如果夫妻雙方各有通姦，則任何一方均得據以請求離婚，但在損害賠償的請求上，適用「同罪相抵」原則。

筆者據此在《回到歷史語境》一文中指出，按照《中華民國民法‧親屬編》的相關規定，魯迅和許廣平同居在法律上並沒有「重婚」（因為沒有公開舉行結婚儀式），但是他作為破壞他和朱安合法婚姻關係的過錯方沒有提出離婚的權利，相反，朱安作為無責方擁有提出離婚的權利，可以以「與人通姦者」等理由要求離婚。

需要指出的是，《中華民國民法‧親屬編》對於離婚權的行使有一個時間規定，蔣賢平先生在該文中也對此作了詳細闡釋：

新離婚法規定，有離婚請求權的一方對於他方重婚及通姦「知悉後已逾六個月，或自其情事發生後已逾五年」；意圖

殺害及被處刑「知悉後已逾一年，或自其情事發生後已逾五年」不得請求離婚。6個月和1年的期間，自知悉時起算。

這裏還需要糾正《通姦文》作者的一個錯誤：《通姦文》引用的是1935年修訂的民國《刑法》，該法第二百三十八條規定「有配偶而與人通姦者，處一年以下有期徒刑。其相姦者亦同。」並就此得出了魯迅和許廣平都犯了「通姦罪」的結論。而魯迅與許廣平在1927年同居，應當採用1928年7月頒佈的那部《刑法》。該法對於「通姦罪」有如下規定：

> 有夫之婦與人通姦者，處二年以下有期徒刑，其相姦者，亦同。

可見，該法僅對已婚女性犯「通姦罪」做出了處罰，並沒有對男性犯「通姦罪」作出處罰。

即使以《通姦文》作者引用的這部在1928年《刑法》基礎上修訂後頒佈的《刑法》（1935年頒佈，同年7月1日正式施行）的相關條文來論，從法律時效的角度來說，魯迅與許廣平同居從1927年算起也已經8年了，這部《刑法》也無法以「與人通姦」的罪名來判處魯迅和許廣平了，因為此時已經超出了朱安所擁有的5年的起訴時效，更何況朱安本來就放棄了起訴魯迅的權利。

筆者指出朱安可以以《民法・親屬編》中的「與人通姦」的事由來行使離婚權，這個「與人通姦」在《民法・親屬編》僅指「與配偶之外的第三人發生性關係」，並不是《刑法》中的「通姦罪」，在此也希望《通姦文》的作者別再混淆《民法・親屬編》與《刑法》的相關法律條文了。

（2）要正確理解「夫妻一方受他方不堪同居之虐待者」的法律上的含義：

《虐待文》的作者在文章中對這一條款作出了如下的理解：所謂「夫妻之一方受他方不堪同居之虐待者」的意思是：夫妻中一方無法忍受另一方在同居生活中所加以的種種苛酷待遇、所施加的種種虐待，使其不堪繼續安於共同生活。這裏所說施加的「虐待」一般指這樣幾種情況：肆意毆辱、肆行餓凍、性虐待等足以傷害對方身心健康之類的實際的施暴行為。此句的重心是落在「虐待」上，並且這一「虐待」行為已經嚴重到了使對方「不堪同居」的程度了。一般的夫妻爭吵和偶然發生的較為嚴重的衝突據夠不上此一條款。

因為《虐待文》的作者在作出上述解讀的時候並沒有標明來源，因此，筆者認為上述文字只是他個人對該條款的解讀。

蔣賢平先生在該文中對此條款作了如下闡釋：

3. 夫妻之一方受他方不堪同居之虐待。所謂不堪同居之虐待，是指「與以身體上或精神上不可忍受之痛苦，致不堪繼續同居」（二十三年上字第六七八號）。各國法律大都以此項為離婚理由，但具體立法各有不同，有以單純虐待為請求離婚之原因的，有以虐待致有傷害配偶生命之虞或使配偶身體受傷害者始得請求離婚的。新離婚法從前者，慣性毆打、強迫與他人通姦、買休賣休、典雇妻妾等均屬虐待。精神上的虐待，如重大侮辱、誣稱他方通姦等也被包括在內。（三十一年院字第二二八五號）

如果把蔣賢平先生對這一條款的解讀和《虐待文》的作者對這一條款的上述解讀對照一下，就可以看出《虐待文》的作者只是從

字面上把「虐待」單純地理解為肉體上的「虐待」，並沒有提到精神上的「虐待」，而朱安卻恰恰在精神上受到了魯迅的「虐待」。

眾所周知，魯迅和朱安是夫妻，雖然在紹興和在北京時共同生活在一個家裏，但是他卻幾乎不和朱安說話，另外，朱安在北京生病後，魯迅雖然把朱安送到醫院住院，但是據荊有麟的觀察，魯迅對身患重病的朱安仍然很冷漠。朱安曾告訴荊有麟的夫人說：「老太太嫌我沒有兒子，大先生終年不同我說話。怎麼會生兒子呢？」（荊有麟《魯迅回憶斷片》，上海雜誌公司1943年出版，轉引自魯迅博物館編《魯迅回憶錄（專著上冊）》第167頁）這不是精神上的「虐待」嗎？

相關的例子還很多，因篇幅所限，建議感興趣者看一下喬麗華女士的《魯迅與朱安》一書。

（3）要正確理解「夫妻一方以惡意遺棄他方在繼續狀態中者」的法律上的含義：

《虐待文》的作者在文章中這樣說：凡是事出有因，有其分居理由的，而不是屬於無故拋棄、拒不履行撫養責任的，決不能定為「惡意遺棄」。如果對於包辦婚姻採取否定態度，依法堅持婚姻自主的立場，自然不會認為魯迅是「惡意遺棄」了，何況魯迅對於朱安有經濟上的承擔，分居之後北平的房產也交給了她。

同樣，因為《虐待文》的作者在作出上述解讀的時候並沒有標明來源，因此，筆者也認為上述文字只是他個人對該條款的解讀。

蔣賢平先生在該文中對此條款作了如下闡釋：

5. 夫妻之一方以惡意遺棄他方在繼續狀態中。夫妻互負同居及生活保障之義務，只要違反這兩種義務之一即構成遺

棄。因此，無正當理由，不支付家庭生活費用以致他方不能維持生活，或即使供應必要生活費用但離家不歸都被認定為遺棄。這裏的前提是「無正當理由」，如果夫妻之一方對於他方加以身體的或精神的虐待或以其他不正當之行為，致使他方不得已而不同居，或有指定住所權之夫或妻不提供適當之住所等則不能構成遺棄。另外，遺棄還必須是惡意，即故意，方能構成離婚原因。新離婚法對惡意遺棄不設年限限制，只要求在繼續狀態中。如果曾經遺棄，現已恢復原狀則不能據此請求離婚。

如果把蔣賢平先生對這一條款的解讀和《虐待文》的作者對這一條款的上述解讀對照一下，就可以看出《虐待文》的作者想當然的認為魯迅既然給朱安生活費了就不算「遺棄」，但是正確的解讀應當是蔣賢平先生作出的上述解讀，特別是：「即使供應必要生活費用但離家不歸都被認定為遺棄」。

另外，民國最高法院判例要旨「二十一年上字第636號」指出：「民法所謂夫妻之一方，以惡意遺棄他方在繼續狀態中者，係指夫或妻無正當理由，不盡同居或撫養之義務而言。」（轉引自許莉《〈中華民國民法‧親屬〉研究》，第136頁。）

毫無疑問，魯迅雖然供給朱安生活費了，但是卻在上海和許廣平同居，「離家不歸」。而魯迅在上海與許廣平同居，實際上就是沒有對尚未在法律上解除夫妻關係的妻子朱安「盡同居」之義務，是故意的「遺棄」朱安了。

附帶指出，「《民法‧親屬》規定了夫妻之間互負同居義務，而同居義務除表現為共同生活之外，還包含夫妻之間的性行為。由

於夫妻同居義務的存在，夫妻之間的性行為既是相互的權利，也是應負的義務。」（許莉《〈中華民國民法・親屬〉研究》，第85頁。）

據荊有麟的回憶，魯迅和朱安也有過夫妻間的性生活，魯迅在北平時告訴荊有麟說：「Wife，多年中，也僅僅一兩次。」（荊有麟《魯迅回憶斷片》，第168頁）

另外，據倪墨炎先生的考證，魯迅在結婚時和在1919年回紹興時也是和朱安同居一室的。（參見倪墨炎《尊重魯迅故居的歷史原貌》，文匯報2009-03-13）

從荊有麟的回憶和倪墨炎先生的考證可以看出，魯迅和朱安不僅曾經共同居住在一個房間，而且還發生過夫妻之間的性關係。雖然魯迅和朱安的夫妻關係很不幸，值得同情，但是僅從法律層面來說，魯迅作為丈夫沒有很好地履行與朱安「同居」的義務，在實際上「離家不歸」，故意「遺棄」了妻子朱安。

綜上所述，從法律層面來說，筆者認為按照民國民法的相關規定，朱安作為無錯方擁有民法所賦予的離婚權，而魯迅作為破壞合法婚姻的過錯方則在法律上沒有提出離婚的權利，朱安可以以民國民法關於離婚條款的第二、三、五條提出離婚；魯迅雖然供給朱安生活費，但是卻在精神上「虐待」了朱安；他與許廣平同居，長期「離家不歸」，實際上是故意「遺棄」了朱安。這一觀點是符合民國法律的，而《虐待文》的作者卻批評筆者是「憑主觀臆斷」、「曲解、濫用法律」，其實，從《虐待文》的作者先後發表的《婚姻文》、《通姦文》和《虐待文》中不難看出，「憑主觀臆斷」、「曲解、濫用法律」的正是《虐待文》的作者。

三、小結

　　魯迅先生一直反對「瞞和騙」，但是在魯迅研究領域卻一直存在著「瞞和騙」，一些人總是打著捍衛魯迅的旗號，以魯迅所痛恨的「瞞和騙」的方式「研究」魯迅。最為明顯的就是一些人為了捍衛魯迅在婚姻方面的光輝形象而總是故意的抹殺朱安的存在，以至朱安在西三條魯迅故居中的臥室直到1986年才恢復。而「紹興的魯迅故居，在半個多世紀裏將十六間住用房，縮小成兩樓兩底四間房；又無中生有地設計出魯迅、朱安分居的兩間臥房。」（倪墨炎《尊重魯迅故居的歷史原貌》）近來又有一些人為了維護魯迅的光輝形象，而在朱安和魯迅的婚姻關係問題上大做文章，不惜曲解民國法律，刻意剝奪朱安的合法權利。晚清和民國法律認可的魯迅（周樹人）夫人只有朱安一個，朱安就是魯迅的夫人！朱安與魯迅結婚都超過100年了，也即她成為魯迅（周樹人）的夫人也超過100年了，我們要尊重歷史，反對「瞞和騙」，不僅為魯迅討一個公道，也為朱安討一個公道，恢復她「魯迅夫人」的歷史地位。

不能以「瞞和騙」的手法掩蓋魯迅婚姻問題的真相

——駁《論魯迅婚姻所涉及的法律問題》一文的十大謬論

　　筆者的《回到歷史語境審視魯迅與許廣平的關係——兼與張耀傑先生商榷》（以下簡稱《回到歷史語境》）一文由時任《魯迅研究月刊》常務副主編的周楠本親自編發在該刊2009年第5期，在拙作刊登之後，周楠本連續發表了《魯迅的婚姻》（《魯迅研究月刊》2009年第6期）、《魯迅犯了「通姦罪」了嗎？》（《中華讀書報》2010年1月20日）、《關於朱安寫給許廣平的出版委託書》（《魯迅研究月刊》2010年第5期）、《魯迅虐待過朱安了嗎？》（《博覽群書》2010年第6期）等文章猛烈抨擊拙作，2010年第2期的《中國文學研究》刊登的周楠本的《論魯迅婚姻所涉及的法律問題》（按：以下簡稱《魯迅婚姻》文，筆者所引周楠本的文章除另外說明外，均引自此文）一文就是由上述這幾篇文章的主要內容拼湊成的。

　　筆者在仔細閱讀《論魯迅婚姻所涉及的法律問題》一文後，感到周楠本此前發表的《魯迅的婚姻》、《魯迅犯了「通姦罪」了嗎？》等幾篇攻擊我的文章中所出現的法律常識錯誤依然存在，依然在用「瞞和騙」的手法掩蓋魯迅婚姻問題的真相，因此需要再次

——指出並糾正其錯誤。俗話說「隔行如隔山」，為了讓不瞭解民國法律的讀者更準確的掌握魯迅的婚姻所涉及的民國法律條文，筆者需要詳細的引用法律界學者的相關論述來指出周楠本的錯誤。

一、「《中華民國民法・親屬編》是我國第一部實際施行的婚姻法」的說法是正確的。

周楠本在文章中說：

> 這裏應首先糾正該文的一個說法：「《中華民國民法・親屬編》是我國第一部實際施行的婚姻法」。所謂「親屬編」可以視為「親屬法」，而決不能說成「婚姻法」。「親屬」一詞不等於「婚姻」，即使不是法律專業人士，只要具有中學文化知識的人也能夠正確理解這個辭彙的意義。親屬有血緣親屬：父母、祖父母、子女兒孫等等，而且血緣親屬還分直系血親和旁系血親；另外親屬還包括非血緣親屬，也就是姻親屬，那也有一大堆親屬、親等關係。所謂《親屬編》是調整、規範整個家庭、家族之親屬關係的，不僅僅是婚姻關係。《民法》一共五編，《親屬編》或曰「親屬法」是《民法》的第四編，就是第四個部分，這一部分又分為七章節：第一章通則；第二章婚姻；第三章父母子女；第四章監護；第五章扶養；第六章家；第七章親屬會。「婚姻」只是這七章中的一個章節，怎麼能將一個章節的內容說成是全部法律的內容呢？《中華民國民法・親屬編》與《婚姻法》在法典上是不能夠劃等號的，如果真是所謂「我國第一部實際施行的婚姻法」，那麼此部法律就該題為「民法婚姻編」而不應叫「民法親屬編」了。如果只要含有婚姻法的條律和內容就算《婚姻

法》的話，那麼在中國古代就有《婚姻法》了，豈止到近代才有呢？封建禮治社會的婚姻規定不就是關於婚姻的法規嗎？魯迅與朱安的包辦婚姻不就是嚴格依照舊婚姻制度辦理的嗎？

關於「婚姻法」的概念我們不妨看看法律界學者的說法。

歐陽曙在《南京國民政府與革命根據地婚姻家庭法制比較研究》（《二十一世紀》網路版二〇〇三年四月號總第13期）一文的開頭就指出：

> 婚姻家庭法是調整婚姻家庭關係的法律規範的總和，在我國一般稱之為婚姻法。（筆者按：除另外注明外，黑體字係筆者所加，下同）

歐陽曙在文章的注釋中還特別對他所提到的「婚姻法」的概念做出了明確的界定：

> 婚姻法有廣義狹義之分。狹義的婚姻法只調整婚姻關係，而廣義的婚姻法不僅調整婚姻關係而且調整家庭關係。我國建國後頒佈的兩部婚姻法以及建國前革命根據地人民革命政權頒佈的婚姻法、婚姻條例都使用的是廣義的婚姻法概念。近現代大陸法系各國沿襲羅馬法傳統，將婚姻家庭方面的法律法規置於民法典的親屬編中。南京國民政府在立法上效仿德國、日本等大陸法系國家，故其婚姻家庭立法集中於其民法典《親屬編》中。（參見巫昌禎編：《婚姻法論》北京：中央廣播電視大學出版社，1986，頁1；張賢鈺主編：《婚姻家庭繼承法》北京：法律出版社，1999，頁20。）

從上文可知，本文所使用的婚姻法的概念是廣義的，而周楠本卻用狹義的婚姻法概念（也就是字面的意思）來批評，這充分說明周楠本的確不瞭解婚姻法的概念到底是什麼。需要特別指出的是，周楠本在《魯迅違反了〈婚姻法〉了嗎？》一文中在批評魯迅犯「重婚罪」的言論時所引用的新中國建國後所頒佈的兩部《婚姻法》以及他在該文中所提到的新中國建國前革命根據地所制定的幾部婚姻法，這些婚姻法按照法律界學者的說法都是使用廣義的婚姻法的概念的。

　　研究中國近代法制史的學者李剛在《南京國民政府1930年婚姻法的實施效果與制約因素考察》（《江西社會科學》2007年第04期）一文的開頭就明確指出：

> 1930年12月26日頒佈的《中華民國民法・親屬編》，是我國第一部實際施行的婚姻法，對我國現代婚姻法規的制定和完善具有重要的作用。目前，學界對《中華民國民法・親屬編》的研究較為薄弱，已有的成果或關注它的制度設計或關注對它的價值評判或以它為視角來分析20世紀初國際民法潮流與我國民事立法的關係，鮮有學者關注它的實施效果和制約因素。

　　從上文可以看出，李剛在文章中把《中華民國民法・親屬編》稱為「我國第一部實際施行的婚姻法」（按，該法在1931年5月正式施行），此處是使用了婚姻法的廣義概念。因此，周楠本說「《中華民國民法・親屬編》，如果真是所謂『我國第一部實際施行的婚姻法』，那麼該法就該題為『民法婚姻編』而不應叫『民法親屬編』了」，這也再次充分顯示出周楠本對於婚姻法概念的無知，不知道婚姻法還有一個廣義的概念。

另外，周楠本還混淆「婚姻法」與《婚姻法》這兩個不同法系的概念。因為「親屬編」是德、日等大陸法系的名稱，而《婚姻法》是英、美法系單行法的一個名稱，但周楠本卻沒有明白這兩個概念是兩個不同法系的概念，就簡單的作了結論：「如果只要含有婚姻法的條律和內容就算《婚姻法》的話，那麼在中國古代就有《婚姻法》了，豈止到近代才有呢？」

我們不妨看看法律界的學者是如何論述中國古代的婚姻制度的。

在中國整個奴隸制時代，婚姻家庭關係主要是由維護宗法家族制度的禮和統治階級認可的習慣來調整。在冠、昏、喪、祭、鄉、相見的六禮中，婚（昏）為其一。嫁娶中又有納采、問名、納吉、納徵、請期、親迎的「六禮」，婚姻離異方面有「七出」、「三不去」的規定，以及男女、夫婦關係中的「三從四德」等，都發端於奴隸制時代（見封建婚姻制度）。

封建社會調整婚姻家庭關係，禮、法並用。戰國時《法經》，以姦淫入於雜律。秦簡已有「家罪」之名。漢《九章律》（見漢代法規）以戶律規定婚姻、戶籍、賦稅等。三國、兩晉、南北朝，上承漢制而有所增減，魏律（見三國法規）、晉律（見晉代法規）中均有戶律。北齊律以婚事附於戶，改稱婚戶律、北周律則分列婚姻、戶禁兩篇（見北朝法規）。南朝諸國基本上沿用晉律。隋（開皇律）將婚戶合而為一。《大業律》再次分為戶律和婚律（見隋代法規）。到了唐代，中國封建社會的婚姻立法臻於完備。現存的《永徽律》（見唐代法規）以《戶婚》為第四篇，計46條，不僅是以後各代婚姻立法的藍本，而且遠播域外，對周圍一些國家也有相當的影響。

宋代以戶婚律載於《宋刑統》，並在戶令中重申良賤不婚等規定。遼、金、元的法律均有關於戶婚的內容。明律（見明代法規）在戶律中有婚姻等門，清律一仍其舊。明代在調整婚姻家庭關係方面，已有與律並行的例。在清代法律體系中，例的地位更加重要，除律文後附有例外，刑部例中也有婚姻一目。

　　古代婚姻制度詳見於禮而略於律，法律對婚姻關係的調整並不是全面的，除了與刑相關的問題外，其他均由禮來調整，這是中國封建社會中婚姻立法的一個重要特點。（http://bbs.ccit.edu.cn/kepu/100k/read.php？tid=9650）

　　需要指出的是，「中國歷史上法典編纂一直採取的是諸法合體的體例，從無獨立可行的民法典」。（馬珺《從〈大清民律草案〉看傳統法與外來法的衝突》，法律史學術網http://flwh.znufe.edu.cn/article_show）從中國古代各朝制定的各種律到近代晚清政府制定的《大清現行刑律》都可以說是刑法與民法不分的法律，中國古代法律中存在的關於婚姻的各種規定都是依附於刑法的，而婚姻法是屬於民法的一個概念，因此，不能把中國古代法律中存在的關於婚姻的各種規定稱之為婚姻法，正是在這個意義上，法律界學者把在1931年5月正式頒佈施行的《中華民國民法·親屬編》稱為我國第一部實際施行的婚姻法。在此法之前制定的《大清民律草案》和《民國民律草案》雖然都沒有被政府正式頒佈施行，但是《中華民國民法·親屬編》在「內容上與北洋政府制訂的民律第二次草案一脈相承，並且大量地搬用了德國、日本等資本主義國家親屬法的有關條文，是中國半殖民地、半封建社會的婚姻家庭制度在法律上的表現」。（http://bbs.ccit.edu.cn/kepu/100k/read.php），而《大清民

律草案》「第一次打破了諸法合體，民、刑不分的舊體例，是中國民法法典化的開端，使民法典的編纂工作進入劃時代意義的新階段，為以後國民政府民法典的制定提供了借鑒依據。」（按，黑體字為筆者標注，引自馬珺《從〈大清民律草案〉看傳統法與外來法的衝突》。）因此，周楠本所說的：「如果只要含有婚姻法的條律和內容就算《婚姻法》的話，那麼在中國古代就有《婚姻法》了，豈止到近代才有呢？」這一說法是錯誤的。

二、《中華民國民法・親屬編》適用於魯迅和朱安、許廣平

周楠本在文章說：

《民法・親屬編》是1931年5月實施的，而魯迅婚姻是1906年和1927年之事，係「在民法親屬編施行前發生者」，顯然「不適用民法親屬編之規定」。

該文摘引魯迅致許廣平的信是寫於1929年5月19日，這在2005年版《魯迅全集》第12卷裏以及《魯迅景宋通信集——〈兩地書〉的原信》裏均可以看到；但是該文卻將所引《中華民國民法・親屬編》的制定、頒行時間隱去了，因為這一法律文件是於1930年12月制定，於1931年5月才施行的，就是說這在魯迅寫這封信一年半之後才有這個法律的，如果寫明瞭法律制定頒佈的時間，讀者就會很清楚，魯迅無論怎樣深謀遠慮、聰明過人，恐怕也無法構想出當時尚未問世的，所謂對於自己有所「障礙」的如此具體而準確的法律條文的。以這樣一種顛倒歷史的方法進行論證，只能證明其自身的荒謬，該文的一切立論都是站不住的。

的確，魯迅和朱安在1906年結婚，魯迅和許廣平在1927年同居，如果魯迅和朱安的婚姻關係，魯迅和許廣平的同居關係在1931年5月《中華民國民法‧親屬編》正式頒佈施行之前解除了，當然不會適用此法，問題在於，魯迅和朱安的婚姻關係從1906年一直延續到1936年魯迅逝世都沒有正式從法律上解除，而魯迅和許廣平的同居關係從1927年一直延續到1936年魯迅逝世也沒有正式公開解除，因此，在1931年5月《民法‧親屬編》正式頒佈施行之後，從法律角度來說，作為居住在中華民國領土範圍內的公民就要接受此法的約束，魯迅和朱安保持婚姻關係，同時又和許廣平保持同居關係，當然適用此法。另外，魯迅在1927年10月和許廣平在上海同居，當月22日就從來訪的友人許壽裳那裏得知已經被蔡元培聘為中華民國大學院第一批特約著作員，並從12月份開始領取每月300元大洋的薪水，直到1931年12月才被去職。可以說，《中華民國民法‧親屬編》正式頒佈之後的7個月，魯迅仍然是中華民國大學院第一批特約著作員，當然要接受該法的約束。

　　那麼，在民國建立之後到1931年《中華民國民法‧親屬編》頒佈之前，法院是如何審理關於婚姻的案件呢？

　　筆者在《回到歷史語境》一文的開頭就指出：

　　　　在中華民國臨時政府成立後，因為立法工作一時不能完成，
　　　　參議院接受孫中山的建議，暫時有條件的採用晚清政府在
　　　　1910年制定完成而未來的及正式施行的《大清現行刑律》。
　　　　而「《大清現行刑律》是刑事與民事不分的法律，其中的民
　　　　事部分，包括服製圖、服制、名例、戶役、田宅、婚姻、犯
　　　　姦、錢債等均被稱為『現行律之民事有效部分』。這些內容
　　　　一直適用至《中華民國民法》公佈施行時為止，成為民國前

期的實質民法」。（李秀清《20世紀前期民法新潮流與〈中華民國民法〉》，《政法論壇：中國政法大學學報》2002年第20卷第1期）另外，北洋政府在1925年在《大清民律草案》的基礎上增刪修改完成了《民國民律草案》，這部法律雖也未正式頒佈施行，但「司法部曾經發佈通令，指示各級法院於裁判民事案件中，可將該草案條文作為條理（法理）引用。這一從外國繼受而來的民法，從此開始在中國民事裁判實踐中發揮作用」。（參見梁慧星《中國民法：從何處來，向何處去》，引自法律史學網）因此，民國前期仍然是有關於婚姻的法律的。

　　我想周楠本如果看到了我的上述文字特別是引文中的黑體字，就會明白在民國成立之後一直到1931年《中華民國民法・親屬編》正式頒佈實施以前，中華民國臨時政府採用了晚清政府已經制定完成而未來得及正式頒佈施行的《大清現行刑律》中的「民事部分」，而北洋政府在1925年在《大清民律草案》的基礎上又增刪修改完成了《民國民律草案》，該法雖然也未正式頒佈施行，但是司法部已經通令各級法院在審判民事案件中引用該法的條文。

　　再引用郁達夫的例子。羅以民在《天涯孤舟──郁達夫傳》（杭州出版社，2004年3月）一書中指出：

　　　　郁達夫本認為自己與柔弱的孫荃離婚是一件很容易的事，甚至也下過「知識我也不要，名譽我也不要」，就是一定要與王映霞結婚的決心。但是他大大低估了郁氏家族，特別是郁曼陀對他的壓力。郁曼陀憑藉的是法律，曾多次寫信告誡他「這是要犯重婚罪的」。這是他們兄弟之間的第二次

嚴重衝突。郁曼陀是法官，毫不讓步。郁達夫自知無任何正當理由與孫荃離婚，自然也就無法與王映霞結婚。民國的法律本來是幾乎形同虛設的，但這法律由一名法官來監督執行時，對郁達夫這樣當時的社會名流居然也產生了如此的威懾力量。

民初司法部頒行的《中華民國暫行民律草案》一直執行到國民政府逃離大陸之前，其第4編「親屬」3章「婚姻」1102條已指明：「有配偶者，不得重婚。」就是說民國有「重婚罪」罪名。

郁達夫和王映霞於1927年8月在上海開始同居，王映霞向郁達夫轉達了自己也包括她母親所提出的兩點要求：一是要明媒正娶；二是要郁同原配孫荃離婚，再公開與她結婚。郁達夫本打算與妻子孫荃離婚，再和王映霞正式結婚，但是，孫荃不同意離婚，而郁達夫此時正在北平擔任法官的長兄郁曼陀也表示反對，並多次寫信告誡郁達夫如果和王映霞公開正式結婚就會犯「重婚罪」，此時《中華民國民法‧親屬編》還沒有正式頒佈施行，那麼法官郁曼陀所依據的法律只能是當時還在使用的《大清民律草案》和《民國民律草案》，否則，作為法官的他如何能認定郁達夫如果在不和孫荃離婚就和王映霞結婚就會犯「重婚罪」呢？既然這兩部法律適用於1927年8月在上海和王映霞同居的郁達夫，當然也適用於在1927年10月也在上海和許廣平同居的魯迅。而且，教育部在1926年1月17日發佈了魯迅的「復職令」，魯迅雖然離開了北平，但直到魯迅離開廈門時也沒有正式免去魯迅的北洋政府教育部僉事的職務，為何不能適用北洋政府在1925年制定並在法院審判中採用的《民國民律草案》？別忘了，魯迅的妻子朱安自遷居北平後可都是一直居住在北

平。如果她行使起訴權的話，完全可以在北平的法院起訴魯迅要求離婚。因此，筆者所說的魯迅和許廣平結合需要跨過法律的障礙，這一觀點無疑是正確的。

三、朱安和魯迅的婚姻一直在法律上存在並被法律所認可

周楠本在文末特別強調：

> 照《回到歷史語境》的方法進行推論，那麼所有在上世紀30年代以前，也即在民法制定頒佈以前結婚的夫婦（不光只是魯迅與許廣平，包括朱安也在內），他們可能都將面臨一個「在『現代法律』意義上並沒有結婚，他們的結合並不被當時的法律所認可」的難堪局面。

然而，果真如此嗎？筆者在前面引用的李秀清和梁慧星兩人的文章已經明確指出在1931年5月《中華民國民法・親屬編》正式頒佈施行之前法院審理關於婚姻的案件時採用的是《大清民律草案》和《民國民律草案》。我們不妨再來看看另一位法學界的學者的更詳細的論述：

> 民國元年（1912年），參議院並未批准援用參酌西方法制而成的《大清民律草案》，而是確定「嗣後凡有關民事案件，應仍照前清現行律中規定各條辦理」，即適用所謂的「現行律民事有效部分」。「現行律」即《大清現行刑律》，它是清末修律過程中的一部過渡法，只是對《大清刑律》作了一些技術上的處理，並未改變「舊法」的立法精神。民初的中國社會，「在西潮的衝擊下，一方面，法律制

度既早在新舊嬗蛻的時期中，整個司法界的人員結構已流動變遷；而在他方面，社會種種制度與人們思想，又方在劇烈的發酵時期內。」可以說，民初新舊法律的衝突已不可避免，只是一部民事「舊」法在「新」時期的援用，更加凸顯了此種法律衝突。

在政治紊亂的民國初年，立法機關很少在實際意義上存在，更遑論有效地發揮作用，惟有「司法機關比較特殊，從上到下的聯繫相當緊密，直接受到政潮的影響很小」。所以，儘管民初法律衝突的處理在立法上不能有效地進行，仍可依賴於司法機制。民國之初，大理院為全國最高審判機關，「院長有權對於統一解釋法令作出必應的處置」。於是，大理院因法律解釋之責首當其衝地面對實際社會生活中發生的法律衝突問題。（汪雄濤《民國初年法律衝突中的訂婚問題——以大理院解釋例為素材的考察》，雅典學園 http://www.yadian.cc/paper/46735/）

這段論述提供了幾個重要的資訊：（1）民國雖然政治紊亂，但是司法機關一直「從上到下的聯繫相當緊密，直接受到政潮的影響很小」。這一點可以解釋為何作為北平法官的郁曼陀在1927年8月郁達夫與王映霞於上海同居之後屢次寫信告誡郁達夫這樣會犯「重婚罪」的；其次也可以說明，魯迅1927年10月於上海和許廣平同居，他們雖然居住在上海，脫離了北洋軍閥政府的管轄，甚至在北洋軍閥政府垮臺之後，和1927年南京國民政府成立之後，仍然要受到此時民國法院依然在審判時使用的《大清民律草案》和《民國民律草案》的約束。（2）大理院作為民國最高審判機關，「院長有權對於統一解釋法令作出必應的處置」，所以大理院對當時審判

中遇到的法律問題的解釋具有權威性，而這些法律解釋也對於審視魯迅的婚姻具有參考價值。

我們不妨引用從汪雄濤的《民國初年法律衝突中的訂婚問題——以大理院解釋例為素材的考察》一文中所引述的大理院關於「婚約」的相關解釋：

> 關於婚約問題，「現行律」並無明確規定。依照「現行律」《男女婚姻》條：「若許嫁女已報婚書，及有私約，（謂先已知夫身殘疾、老幼、庶出之類。）而輒悔者，（女家主婚人）處五等罰；（其女歸本夫。）雖無婚書，但曾受聘財者，亦是。」僅就律文觀之，婚書和聘財具有法律約束力，不得輒悔；律文並未明言凡結婚者須先訂婚。然而，結婚在儒家禮義中須遵循「六禮」始能算完備，至少必須有「父母之命，媒妁之言」，否則便「名不正，言不順」。而「父母之命」和「媒妁之言」就是訂婚的核心內容，其最基本的表現形式就是婚書和聘財。
>
> 應該說，在民國以前，關於婚約的問題並無疑義。惟民國以後，西風東漸，婚約似乎成了「不合時宜」的產物。統字第1353號解釋例有案：某男走失多年，其未婚之妻後來為了避亂，移住其家近十年，除所住房屋外，衣食皆由母家供給。未婚夫無父母，與弟早分炊，臨走時口頭囑託他人代管家產。該女不願改嫁，盼未婚夫歸家成婚或為其守志立嗣，請求兼管遺產被拒絕而涉訴。大理院答覆：其既定有正式婚約，移住夫家後又願為守志之婦，自應准其為夫擇繼，並代夫或其嗣子保管遺產。又有統字第1900號解釋例也稱：「民訴條例所稱『婚姻』應包括婚約在內。」很明顯，這兩

條解釋例是依照「現行律」所作的歷史解釋。因為在儒家禮義中，訂婚（或婚約）當然屬於婚姻的範疇，而且結婚必須先訂婚。這是無須明言的題中之義，所以律文沒有言明。此外，統字第1357號解釋例中，大理院覆司法部有關結婚法律：婚姻須先有訂婚契約（但以妾改正為妻者不在此限），訂婚以交換婚書或依禮交納聘財為要件，但婚書與聘財並不拘形式及種類。這除了對婚約的法律地位予以明確外，還賦予相關婚俗以廣泛的生存空間和法律效力。

從上述所引大理院統字第1357號解釋例中「訂婚以交換婚書或依禮交納聘財為要件」，可以看出魯迅和朱安的婚姻雖然在1906年舉行，但是到了民國，參照民國當時仍然使用的《大清民律草案》和《民國民律草案》依然是合法的。同樣的道理，在1931年《民法》頒佈之前，那些「以交換婚書或依禮交納聘財」而結婚的夫妻在1931年《民法》頒佈之後仍然被該法所承認。需要指出的是，到1931年5月《中華民國民法‧親屬編》正式頒佈之後，魯迅和朱安始終沒有採取法律手段離婚，所以他們的婚姻關係在法律上依然是存在的，並且也受到法律的保護。

其次，我們從當時的法律角度來談談魯迅和許廣平的自由戀愛問題。除了上文提到的郁達夫在婚外和王映霞的「自由戀愛」，我們還可以看一下胡適在婚外與曹誠英在1923年到1924年的「自由戀愛」。

1904年，13歲的胡適由寡母做主與纏足的村姑江冬秀定了「終身大事」（魯迅是在1901年由寡母做主與朱安女士完成訂婚的），1917年胡適留美歸國後與江冬秀結婚（魯迅是在1906年留日期間回家成婚的），這可以說是一樁地地道道的包辦婚姻。胡適也不滿自己的包辦婚姻，想追求新的愛情，除了在美國期間和韋蓮司女士

「在靈魂上已經結婚」（韋蓮司語）的一段戀情之外，胡適在1923年至1924年還和曹城英女士戀愛並一度同居。胡適為了和曹誠英結婚，在1924年春向江冬秀提出了離婚，但因江冬秀不同意，並為此大鬧，最終，胡適不僅沒有離掉婚，還不得不在表面上中斷了和曹誠英的戀情。

從上述胡適與江冬秀的包辦婚姻以及有婦之夫胡適與曹誠英「自由戀愛」的例子不難看出，如果當時的法律不承認胡適的包辦婚姻為合法婚姻，認定其為無效婚姻，如果當時的法律承認有婦之夫胡適與曹誠英的戀愛、同居，認定其為有效婚姻，胡適在1924年還用和江冬秀鬧離婚嗎？事情的結果是胡適沒有離掉他和江冬秀的包辦婚姻，他和曹城英的自由戀愛也失敗了，而江冬秀也作為胡適的妻子一直到胡適在臺灣去逝後都被當時臺灣仍然在使用的法律——《中華民國民法・親屬編》所承認。

因此，魯迅和朱安的婚姻關係一直都是當時法律所認可的有效的、合法的婚姻，而作為有婦之夫的魯迅和許廣平的同居關係在1931年《中華民國民法・親屬編》正式頒佈之後並不被該法所認可，這也是為什麼許廣平在1937年運作出版《魯迅全集》時要請朱安提供授權書的原因，因為按照《中華民國民法・繼承編》的規定，配偶是首位繼承人。

四、回到歷史語境審視魯迅的婚姻問題必須參考《中華民國民法・親屬編》

《魯迅婚姻》一文指出拙文在引用《中華民國民法・親屬編》時沒有引用1931年的版本，而是錯引了臺灣在1985年的修訂本。坦率的說，筆者在從「法律史學網」複製《中華民國民法》時，因為該法並沒有標明是臺灣1985年的版本（有興趣的讀者可以上該站

去看一下），所以誤認為這就是1931年的那個《中華民國民法》，否則也不會大膽引用了，這是需要真誠檢討的。不過由《魯迅的婚姻》一文引發的如何回到歷史語境的問題卻值得回應。

需要指出的是：臺灣在1985年修訂的《中華民國民法》的確比中華人民共和國在五十年代初和八十年代初制定的《婚姻法》在時間上要晚一些，但是臺灣在1985年修訂的《中華民國民法》和1931年頒佈的《中華民國民法》卻是同一部法律，後者只是依據時代變化對前者做了很小的修改、補充。我們不妨看看法學界的學者對此的評說：

> 南京國民政府頒佈親屬編後直至其滅亡，既未對親屬編加以修改，亦未另行頒佈其他單行婚姻家庭法律法規。國民黨敗退臺灣後繼續沿用民法親屬編，直至1980年代中後期和90年代初期因臺灣社會的發展變化作出小部分修改。時至今日，該部民法親屬編已走過70多年的歷史，作為中國近現代史上第一部頒佈實施的、至今仍在生效的民法典親屬編，其在中國近現代婚姻家庭法制史乃至近現代中國法制史上的重要地位是不可忽視的。（歐陽曙《南京國民政府與革命根據地婚姻家庭法制比較研究》）

因此，筆者在與張耀傑先生的商榷文和本文中所一再強調的要回到歷史語境，要用1931年正式頒行的《中華民國民法·親屬編》來審視魯迅和許廣平的關係，這一觀點無疑是正確的。

五、朱安是魯迅遺產的首位繼承人

周楠本在文章中說：

> 《回到歷史語境》一文之所以認為「朱安是魯迅的法定第一
> 繼承人」，大概是以為法律條文中「除配偶外」的意思，就
> 是說配偶是當然第一繼承人，不必再列在「左列順序」之內
> 了；或許甚至認為這一條法規中定為第一順序繼承人的「直
> 系血親卑親屬」就是指配偶，不然的話該文作者面對這條法
> 規怎麼還會這麼武斷地認為魯迅的原配「朱安是魯迅的法定
> 第一繼承人」，而根本沒有想到魯迅的獨生兒子周海嬰才是
> 他的「直系血親卑親屬」最親近的人，才是魯迅法定的第一
> 繼承人呢？無論是出於何種考慮，如果依據這一條法律而作
> 出配偶是遺產的法定第一繼承人，這顯然就存在一個語言文
> 字理解能力的問題了。

值得一提的是，周楠本在《關於朱安寫給許廣平的出版委託
書》（《魯迅研究月刊》2010年第5期）一文中否認朱安具有魯迅
遺產的繼承權（無論是民法中的夫妻財產制，還是遺產繼承制的法
規，均表明魯迅遺著的版權以及遺產的繼承權均屬於許廣平、周海
嬰母子，因此朱安所寫的出版「委託書」其實是沒有法律效力的，
因為缺乏民國時期的任何法律依據。），現在又說朱安也有部分魯
迅遺產的繼承權，讓人不太瞭解為何同一個作者的觀點變化如此之
大。對於民國時期妻子是否有丈夫遺產的繼承權及繼承份額，我們
不妨看看法律界學者的相關論述。

研究近現代婦女問題的中國社科院近代史研究所李長莉研究員

在《五四的社會後果：婦女財產權的確立》（《史學月刊》2010年第1期）一文中談到「五四後民國新民法與婦女財產權的確立」的問題時指出：

　　1929-1930年間，國民政府陸續頒佈了《中華民國民法》，作為其組成部分的《民法親屬編》和《民法繼承編》於1930年12月頒佈，並於1931年5月正式施行，這是第一部基本上實現了男女平等的民法典，其中關於婦女財產權的內容主要體現在以下方面：

　　第一，夫妻享有基本同等的財產權。

　　《民法親屬編》中規定實行夫妻財產制，除了規定結婚時及婚後夫妻共同所有之財產為共有財產外，夫妻雙方都可擁有其個人所有的「特有財產」，包括：一、專供夫或妻個人使用之物；二、夫或妻職業上必需之物；三、夫或妻所受之贈物經贈與人聲明為其特有財產者；四、妻因勞力所得之報酬。這一規定中，妻的個人財產權已經沒有以往受夫一方的限制，夫妻基本上享有同等權利。

　　第二，婦女享有與男子基本相同的財產繼承權。

　　《民法繼承編》中規定：「配偶，有相互繼承遺產之權。」配偶被作為首位遺產繼承人，其中配偶無分男女，這樣夫亡後妻也可享有夫之財產的繼承權，夫妻權力同等。這與1925年《民國民律草案》規定只是夫可繼承妻之財產、而妻不能繼承夫之財產的夫妻權利不平等相比已經有了根本的改變，與1911《大清民律草案》中「婦人夫亡無子守志者」才可繼承夫之財產的限定性規定相比，也是更加徹底的男女平權。

　　至於配偶以外的其他遺產繼承人，《民法繼承編》規

定：「遺產繼承人除配偶外依左列順序定之：一、直系血親
卑親屬；二、父母；三、兄弟姊妹；四、祖父母。」

其中第一順序繼承人的「直系血親卑親屬」，由於取消
了以往專指男性繼承的宗祧繼承權，而強調血親，所以女兒
與兒子享有同等繼承權，而且也不再區分已嫁未嫁。其他各
順序繼承人也都是男女並列，權利同等，不再有所區別。這
些法條規定徹底實現了男女擁有平等繼承權的原則。

從上述論述中可以得出兩點結論：（1）《中華民國民法》施
行後，妻子開始可以和丈夫一樣擁有個人財產權；（2）妻子是亡
夫遺產的首位繼承人。丈夫的遺產首先要有妻子來繼承，其他親屬
排在妻子之後。總之就是妻子在依法保留自己個人財產之外，還可
以依法在丈夫死亡後作為首位繼承人繼承丈夫的遺產。

研究法律的學者傅春揚也在《從宗祧制度的廢除看法律變遷之
諸因素》（北大法律資訊網，http://www.legalhistory.com.cn/docc/
zxlw）一文中指出：

> 繼承制度上，民國民法典借鑒了德國和瑞士民法典，在繼承
> 人的範圍和順序上，首先是明確了配偶有相互的繼承權，其
> 他親屬的繼承順序則依次為直系血親卑親屬、父母、兄弟姊
> 妹、祖父母，這一規定相對於德國民法典縮小了旁系血親
> 的範圍，與瑞士民法典相比則增加了兄弟姊妹。在繼承份
> 額上，民國民法規定配偶與第一順序繼承人同為繼承時，其
> 應繼分與他繼承人平均，與第二或第三順序繼承人同為繼承
> 時，其應繼分為遺產二分之一。與第四順序繼承人同為繼承
> 時，其應繼分為遺產三分之二，無一至四順序繼承人時，配

偶取得全部遺產。此規定與德瑞民法在數額上雖略有差異，但配偶的繼承份額應優先予以保障並且在特殊情況下配偶可以取得全部遺產的原則則基本一致。在傳統中國，妻子沒有獨立的財產，自然不存在丈夫對妻子的繼承問題，丈夫的財產只能由兒子繼承，即使沒有兒子，寡妻對丈夫的財產也只是一個暫時的保管人，她有責任為亡夫立嗣，並將財產交給嗣子。可以說在近代中國確認配偶的繼承權本質上是給予妻子對丈夫財產的繼承權。當然逆向繼承的確立，即父母、祖父母對子女、孫子女的繼承則進一步淡化了財產繼承與宗祧延續的關聯。民國繼承法最重大的變革是宗祧繼承的廢除，立嗣繼承的概念從法律中消失了，妻子取得對丈夫財產的繼承權，女兒的繼承權與兒子平等。傳統中國的繼承，不惟承接其產業，實即繼續其宗祧，故惟所繼人之直系卑屬為有繼承權。民國民法典廢除了宗祧繼承，而完全以德瑞民法為藍本將繼承單純化為財產繼承。

從上述論述中可以看出：當代歷史學者及民法學者不僅知道《中華民國民法》第1144條的規定：「配偶，有相互繼承遺產之權」，而且知道《中華民國民法‧繼承編》在中國歷史上的重大意義：「民國繼承法最重大的變革是宗祧繼承的廢除，立嗣繼承的概念從法律中消失了，妻子取得對丈夫財產的繼承權，女兒的繼承權與兒子平等。」

另外，有幾句話值得注意：

> 「首先是明確了配偶有相互的繼承權，其他親屬的繼承順序則依次為直系血親卑親屬、父母、兄弟姊妹、祖父母」。

「此規定與德瑞民法在數額上雖略有差異，但配偶的繼承份額應優先予以保障並且在特殊情況下配偶可以取得全部遺產的原則則基本一致。」

　　這不僅表明妻子是丈夫遺產的首位繼承人，而且妻子的繼承份額優先予以保障。

　　綜合上述學者的論述，不難看出，按照《中華民國民法・繼承編》第1144條的規定，配偶不僅具有遺產繼承權，而且是首位的遺產繼承人。因此，朱安作為《中華民國民法》認可的魯迅（周樹人）的妻子，不僅享有魯迅遺產的繼承權，而且是魯迅遺產的首位繼承人。另外，除了朱安之外，作為魯迅兒子的周海嬰也擁有魯迅遺產的繼承權，不過他應當排在朱安之後，和朱安共同繼承魯迅的全部遺產。從周楠本對此法律條文的解讀，不難看出正是他本人存在「語言文字理解能力問題」。

　　需要指出的是，魯迅的著作權也是魯迅遺產的一部分。晚清政府在1910年就制定了《大清著作律》，並被北洋政府沿用到1915年，此後民國政府在1928年制定了《中華民國著作權法》。從晚清的《大清著作律》就規定：「版權歸作者終身享有，作者死亡，其繼承人可繼續享受30年」；1928年頒佈的《中華民國著作權法》也規定：「著作權歸著作人終身享有，並得於著作人亡故後，由承繼人繼續享有30年，但別有規定者，不在此限」。因此，朱安和周海嬰都是魯迅著作權的繼承人，在這種情況下，作為魯迅遺產（包括魯迅著作權）的首位繼承人的朱安寫給許廣平的出版委託書當然具有法律效力。許廣平、許壽裳、宋紫佩等當事人應當是在對民國法律比較瞭解的情況下才請朱安寫出版魯迅全集的委託書的。

六、朱安按照《中華民國民法》繼承了魯迅的遺產並把這份遺產贈給了周海嬰

周楠本在文章中說：

> 請看《中華民國民法·親屬編》這一條法規：第一千零十三條左列財產，為特有財產：一、專供夫或妻個人使用之物。二、夫或妻職業上必需之物。三、夫或妻所受之贈物，經贈與人聲明為其特有財產者。四、妻因勞力所得之報酬。（見1930年頒佈、1931年施行《中華民國民法·親屬編》），以上四項特有財產中的第二項「夫或妻職業上必需之物」（包括第一項「專供夫或妻個人使用之物」）尤其適用於魯迅。魯迅職業上必需之物和專供個人使用之物，就是書籍和他的著作（已出版的著作和已刊及未刊的手稿），還有他收藏的大量石刻拓片，文物資料等等。從夫妻財產制度來看，朱安可以享有北京的房產（宮門口西三條故居，包括八道灣魯迅所屬故居），但決無權過問魯迅的著譯權，因為這不屬於夫妻共同財產。尤其像《兩地書》這樣的著作，它不僅是魯迅許廣平愛情的結晶，更是他們共同勞動的成果，難道朱安對此還享有著作繼承權嗎？

我們不妨來看看當時的許廣平及北平法院是如何處理朱安所繼承的魯迅遺產的。

1946年11月，年老多病的朱安女士和來北平處理魯迅遺物的周海嬰的法定代理人許廣平女士簽署了如下一份《贈予契約》：

周樹人公遺產業經周朱氏與周淵（按：即周海嬰）分割無異，周朱氏所得北平宮門口西三條胡同21號房產地基以及其他房產書籍用具出版權等一切周樹人公遺留動產與不動產之一部情願贈與周淵，周淵及其法定代理人許廣平允諾接受並承認周朱氏生養死葬之一切費用責任。為免日後糾紛，特立此約為據。（轉引自姚錫佩《瑣談魯迅家族風波》，《魯迅研究月刊》1997年第12期）

在這份契約簽名蓋章的除三位當事人朱安、許廣平、周海嬰之外，還有證人沈兼士、張榮乾、吳星桓、徐盈、阮文同、宋紫佩。

1947年3月20日，北平法院正式辦理了這份《贈予契約》的法律公證。順便指出，如果當時的北平法院不認可這份契約符合當時的法律，肯定不會辦理法律公證的，而這也恰恰證明了朱安女士是魯迅遺產的繼承人。另外，許廣平等人如果像周楠本所曲解的那樣，認為周海嬰是魯迅遺產的第一繼承人，不認可朱安擁有魯迅遺產的首位繼承權，當然也不會與朱安簽署這樣一份魯迅遺產的處理契約。

按照當時的法律，朱安作為魯迅遺產的首位繼承人不僅繼承了魯迅遺產中的「北平宮門口西三條胡同21號房產地基以及其他房產」等不動產的一部分（應當還包括八道灣房產的三分之一），還繼承了「書籍用具及出版權」等動產的一部分，這裏需要特別指出的是，「出版權」就是魯迅著作的出版權，朱安因為按照當時的法律繼承了魯迅著作的出版權，擁有至少一半的魯迅著作的出版權，所以許廣平才會要求她提供出版魯迅著作的委託書。如果朱安女士沒有魯迅著作的出版權，許廣平在1937年還會請朱安提供出版委託書嗎？1938年，許廣平獲得朱安的出版委託書後在戰亂的背景下得到中共地下黨的幫助出版了《魯迅全集》，她在1947年作為周海嬰

的代理人和朱安簽署了上述的《贈予契約》，再次表明她仍然認可朱安擁有魯迅遺產特別是魯迅著作出版權的繼承權。

周楠本否定朱安具有魯迅的「書籍用具出版權」的繼承權就是否定北平法院為這份《贈予契約》的法律公證。周楠本在自己編選的《魯迅集》等文集中自我介紹是1949年5月出生的，難道1949年5月才出生的只有中等文化水平的周楠本比1947年北平法院的法官還瞭解民國法律？

朱安女士在1947年6月29日即辭世，不僅實現了「生為周家人，死為周家鬼」的願望，也確保了魯迅遺產的完整性，她沒有把自己名下的財產轉贈給自己的生活困頓的兄弟、侄子等親人，雖然她曾經很想把其中的一位侄子收為義子。而周海嬰先生在得到朱安女士的這份《贈予契約》之後就得到了朱安女士的全部遺產，也由此成為魯迅全部遺產的繼承人。

七、按照《中華民國・民法》，朱安擁有該法所賦予的離婚權

周楠本在文章中說：

> 後來有論客這樣說：「魯迅在法律上並沒有和朱安離婚的理由，相反，朱安卻擁有起訴魯迅的權利……」結論是不僅魯迅與許廣平不能結婚，並且還有被人起訴問罪之虞。這個論客的法律判斷顯示出其歷史知識的匱乏。關於此問題後面還要論及，這裏且先問一句：民國法律，特別是有關婚姻的法規是何年何月頒佈的？在魯迅生活的時代，禮制盛行，我們只知道男子可以休妻，也可以納妾，卻不知女子還可以「依法」起訴男子。除非有著一種超越時空的本領，可以在國民黨取得全國政權之前，而且遠在民國法律頒行之前，就可以

預先施行民國的「婚姻法」了，並且這個預先施行的現代法律所保護的是宗法制度，所壓抑的是天賦人權。

民國初年是否有離婚案以及是否有女子起訴丈夫要求離婚的例子，我們不妨看看法律界學者蔣賢平在《論南京國民政府1930年離婚法》（近代中國研究http://jds.cass.cn/Article/Index.asp）一文中的相關論述。

蔣賢平在該文第四節「國人離婚觀念的轉變與離婚率的上升」一節中說：

> 在離婚案件中，訴訟離婚占了一定比例，且不少訴訟由女方提出。離婚原因多是女子對自己在家庭中的地位和合法的人身權益的保障意識得到增強。
> ……

從上表（限於篇幅，本文沒有引用「1929年上海、1930年成都、廣州、北平四城市訴訟離婚原因統計表」）可以看出，虐待、遺棄、行為不軌等成為訴訟離婚的主要原因，過去，這些行為屬於男子特權，女子無權過問，現在，逐步覺醒的婦女開始通過法律途徑保護自己的權益。

需要特別指出的是，女子提出離婚不僅限於大城市，在小城鎮也有這樣的例子。蔣賢平在同文中還引了民國地方誌的有關記載：

> 在一些小城鎮，離婚事件也屢見不鮮。據一些地方誌的記載，浙江鎮海縣「離婚之案，自民國以來，數見不鮮」；遂安縣「自婦女解放聲起，離婚別嫁亦日益見多」。

我想看過蔣賢平的上述論述就會明白，在1931年《民法‧親屬編》正式施行之前，民國婦女具有起訴丈夫要求離婚的權利。周楠本的上述說法無疑是在用「瞞和騙」的手法掩蓋民國婦女所具有的權利。

　　蔣賢平在同文中還對《民法‧親屬編》中的離婚權作出了明確的界定：

　　　　裁判離婚，是指如夫妻之一方有法律所定的原因，他方得對之提起離婚訴訟，依判決而形成婚姻解消的方式。

　　　　裁判離婚的立法主義分為有責主義和破綻主義。有責主義是以違反婚姻義務為離婚原因，夫妻之一方只須犯有離婚原因的行為，則不問婚姻在客觀上是否破裂，他方都可以因此請求離婚，享有離婚權者僅限於無責的配偶。因此，有責主義具有「對無責配偶予以離婚請求權以獎賞其忠實，而對有責配偶剝奪離婚請求權以處罰」的特性。

　　按照蔣賢平對《民法‧親屬編》關於離婚權的上述解讀，朱安作為她和魯迅婚姻的無責一方，無疑應當享有法律所賦予的提出離婚的權利。這裏需要提醒周楠本的是，既然從法律的角度討論魯迅的婚姻問題，就不要脫離法律的範圍。

八、按照《中華民國民法‧親屬編》，魯迅的確在精神上「虐待」了妻子朱安

　　周楠本在文章中說：

　　「三、夫妻之一方受他方不堪同居之虐待者。」這一條法規所

指的是：配偶中一方無法忍受另一方在同居生活中所加以的種種苛酷待遇，使其不堪繼續安於共同生活。這虐待的具體表現，一般是這樣幾種情況：肆意毆辱，肆行餓凍，性虐待，等等足以傷害對方身心健康之類的行為。此句的重心是落在「虐待」上；並且，這一「虐待」行為已嚴重到使對方「不堪同居」的程度了。朱安對於魯迅是企望同居而不可得，根本不存在什麼忍受「不堪同居之虐待」之苦。最重要的是事實：魯迅與許廣平共同生活之後，即已遠離北京，與朱安徹底分居，相隔數千里之遙，即使要把魯迅設想成一個惡棍，事實上也不可能實施家庭暴力，即不可能構成「虐待」朱安之事實。

因為周楠本在作出上述解讀的時候並沒有標明來源，因此，筆者認為上述文字只是他個人對該條款的想當然的解讀。

因為「《民法・親屬》中對虐待、遺棄行為並無解釋，上述條款的構成要件如何，自然必須借助於相關的判解例」（許莉《〈中華民國民法・親屬〉研究》，法律出版社2009年出版，第127頁）。為了更準確地理解《中華民國民法・親屬編》關於離婚的條款，我們不妨引用法律界學者的相關研究成果。蔣賢平在《論南京國民政府1930年離婚法》一文中引用民國最高法院相關判解例對《中華民國民法・親屬編》關於離婚的條款進行了細緻的解釋。因為篇幅所限，下文僅引用他關於第一、二、三、五款的解釋內容。

蔣賢平在該文中對「夫妻一方受他方不堪同居之虐待者」這一條款作了如下闡釋：

3. 夫妻之一方受他方不堪同居之虐待。所謂不堪同居之虐待，是指「與以身體上或精神上不可忍受之痛苦，致不堪

繼續同居」（二十三年上字第六七八號）。各國法律大都以此項為離婚理由，但具體立法各有不同，有以單純虐待為請求離婚之原因的，有以虐待致有傷害配偶生命之虞或使配偶身體受傷害者始得請求離婚的。新離婚法從前者，慣性毆打、強迫與他人通姦、買休賣休、典雇妻妾等均屬虐待。精神上的虐待，如重大侮辱、誣稱他方通姦等也被包括在內。（三十一年院字第二二八五號）

　　如果把蔣賢平對這一條款的解讀和周楠本對這一條款的上述解讀對照一下，就可以看出周楠本只是從字面上把「虐待」單純地理解為肉體上的「虐待」，並沒有提到精神上的「虐待」，而朱安卻恰恰在精神上受到了魯迅的「虐待」。

　　眾所周知，魯迅和朱安是夫妻，雖然在紹興和在北京時共同生活在一個家裏，但是他卻幾乎不和朱安說話，另外，朱安在北京生病後，魯迅雖然把朱安送到醫院住院，但是據荊有麟的觀察，魯迅對身患重病的朱安仍然很冷漠。朱安曾告訴荊有麟的夫人說：「老太太嫌我沒有兒子，大先生終年不同我說話。怎麼會生兒子呢？」（荊有麟《魯迅回憶斷片》，上海雜誌公司1943年出版，轉引自魯迅博物館編《魯迅回憶錄（專著上冊）》第167頁）這不是精神上的「虐待」嗎？

　　相關的例子還很多，因篇幅所限，建議感興趣者看一下喬麗華女士的《魯迅與朱安》一書。

九、按照《中華民國民法・親屬編》，魯迅的確「遺棄」了妻子朱安

　　周楠本在文章中說：

第五款：「五、夫妻之一方以惡意遺棄他方在繼續狀態中者。」這一條法規中的「惡意」二字並非隨意加上去的無關緊要的修飾詞語，而是關鍵字。凡是事出有因，有其分居原由的，而不是屬於無故拋棄、拒不履行撫養責任的，決不能定為「惡意遺棄」。如果對於包辦婚姻採取否定態度，依法堅持婚姻自主的立場，自然不會認為魯迅是「惡意遺棄」了，何況魯迅對於朱安有經濟上的承擔，分居之後北京的房產也交給了她。

同樣，因為周楠本在作出上述解讀的時候並沒有標明來源，因此，筆者也認為上述文字只是他個人對該條款的想當然的解讀。

蔣賢平在該文中對「夫妻一方以惡意遺棄他方在繼續狀態中者」這一條款作了如下闡釋：

5. 夫妻之一方以惡意遺棄他方在繼續狀態中。夫妻互負同居及生活保障之義務，只要違反這兩種義務之一即構成遺棄。因此，無正當理由，不支付家庭生活費用以致他方不能維持生活，或即使供應必要生活費用但離家不歸都被認定為遺棄。這裏的前提是「無正當理由」，如果夫妻之一方對於他方加以身體的或精神的虐待或以其他不正當之行為，致使他方不得已而不同居，或有指定住所權之夫或妻不提供適當之住所等則不能構成遺棄。另外，遺棄還必須是惡意，即故意，方能構成離婚原因。新離婚法對惡意遺棄不設年限限制，只要求在繼續狀態中。如果曾經遺棄，現已恢復原狀則不能據此請求離婚。

如果把蔣賢平對這一條款的解讀和周楠本對這一條款的上述解讀對照一下，就可以看出周楠本想當然的認為魯迅既然給朱安生活費了就不算「遺棄」，但是正確的解讀應當是蔣賢平作出的上述解讀，特別是：「即使供應必要生活費用但離家不歸都被認定為遺棄」。

另外，民國最高法院判例要旨「二十一年上字第636號」指出：「民法所謂夫妻之一方，以惡意遺棄他方在繼續狀態中者，系指夫或妻無正當理由，不盡同居或撫養之義務而言。」（轉引自許莉《〈中華民國民法·親屬〉研究》，第136頁。）

毫無疑問，魯迅雖然供給朱安生活費了，但是卻在上海和許廣平同居，「離家不歸」。而魯迅在上海與許廣平同居，實際上就是沒有對尚未在法律上解除夫妻關係的妻子朱安「盡同居」之義務，是故意的「遺棄」朱安了。

附帶指出，「《民法·親屬》規定了夫妻之間互負同居義務，而同居義務除表現為共同生活之外，還包含夫妻之間的性行為。由於夫妻同居義務的存在，夫妻之間的性行為既是相互的權利，也是應負的義務。」（許莉《〈中華民國民法·親屬〉研究》，第85頁。）

據荊有麟的回憶，魯迅和朱安也有過夫妻間的性生活，魯迅在北平時告訴荊有麟說：「Wife，多年中，也僅僅一兩次。」（荊有麟《魯迅回憶斷片》，上海雜誌公司1943年出版，轉引自魯迅博物館編《魯迅回憶錄（專著上冊）》第168頁）

另外，據倪墨炎先生的考證，魯迅在結婚時和在1919年回紹興時也是和朱安同居一室的。（參見倪墨炎《尊重魯迅故居的歷史原貌》，文匯報2009-03-13）

從荊有麟的回憶和倪墨炎先生的考證可以看出，魯迅和朱安不僅曾經共同居住在一個房間，而且還發生過夫妻之間的性關係。雖

然魯迅和朱安的夫妻關係很不幸，值得同情，但是僅從民國法律層面來說，魯迅作為丈夫沒有很好地履行與朱安「同居」的義務，在實際上「離家不歸」，故意「遺棄」了妻子朱安。

十、《中華民國民法・親屬編》中的「與人通姦者」不是《中華民國刑法》中的「通姦罪」

周楠本在文章中說：

> 此文從題目上看似乎是批評持「重婚論」觀點的張耀傑先生的，讀之後才知道，該文否定「重婚論」並不是替魯迅辯誣，而是為了給魯迅加上另一個更令人噁心的罪名：「與人通姦」。
>
> 該文以第二款「與人通姦者」論罪，認為朱安可以以此向法院起訴魯迅並要求索賠，這不僅是使用了顛倒歷史的推論方法——這在前面已經指出，同時這也完全是違反現代法學原則的判斷。

在此首先需要從法律層面上正確理解《中華民國民法》中關於「重婚」和「通姦」的定義。蔣賢平對《中華民國民法・親屬編》關於「重婚」和「與人通姦」的概念進行了如下辨析：

> 1.重婚。指有配偶而重為婚姻，或同時與二人以上結婚。這裏的結婚以完成結婚儀式而不以發生性關係為確認要件，因此，不同於通姦。重婚在刑法上構成犯罪，但在新法實施之前已經存在的夫妾關係不構成重婚，不過妻子可以以通姦罪請求離婚。如果重婚者本人自認為已經無配偶（例如妻子接

到丈夫戰死的公報），則其雖不構成犯罪，但重婚行為仍然成立，新配偶可憑此請求離婚。如果配偶雙方均為重婚，則雙方配偶均可以他方重婚為理由，請求離婚。需要注意的是，因重婚而具有的離婚權並不因重婚的撤銷而喪失。2.與人通姦。所謂通姦，是指與配偶之外的異性任意發生性關係。新離婚法規定，不論夫或妻，如與配偶之外的第三人發生性關係，他方均可以此為離婚理由。夫之納妾、宿娼也構成通姦，但「民法親屬編施行前業已成立之納妾契約或在施行後得妻之明認或默認而為納妾之行為，其妻即不得據為離婚之請求」（二十一年院字第七七○號解釋）。如果夫妻雙方各有通姦，則任何一方均得據以請求離婚，但在損害賠償的請求上，適用「同罪相抵」原則。

筆者據此在《回到歷史語境》一文中指出，按照《中華民國民法・親屬編》的相關規定，魯迅和許廣平同居在法律上並沒有「重婚」（因為沒有公開舉行結婚儀式），但是他作為破壞他和朱安合法婚姻關係的過錯方沒有提出離婚的權利，相反，朱安作為無責方擁有提出離婚的權利，可以以「與人通姦者」等理由要求離婚。

需要指出的是，《中華民國民法・親屬編》對於離婚權的行使有一個時間規定，蔣賢平在該文中也對此作了詳細闡釋：

新離婚法規定，有離婚請求權的一方對於他方重婚及通姦「知悉後已逾六個月，或自其情事發生後已逾五年」；意圖殺害及被處刑「知悉後已逾一年，或自其情事發生後已逾五年」不得請求離婚。6個月和1年的期間，自知悉時起算。

這裏還需要糾正周楠本的一個錯誤：周楠本引用的是1935年修訂的民國《刑法》，該法第二百三十八條規定「有配偶而與人通姦者，處一年以下有期徒刑。其相姦者亦同。」並就此得出了魯迅和許廣平都犯了「通姦罪」的結論。而魯迅與許廣平在1927年同居，應當採用1928年7月頒佈的那部《刑法》。該法對於「通姦罪」有如下規定：

　　有夫之婦與人通姦者，處二年以下有期徒刑，其相姦者，亦同。

可見，該法僅對已婚女性犯「通姦罪」做出了處罰，並沒有對男性犯「通姦罪」作出處罰。

即使以周楠本引用的這部在1928年《刑法》基礎上修訂後頒佈的《刑法》（1935年頒佈，同年7月1日正式施行）的相關條文來論，從法律時效的角度來說，魯迅與許廣平同居從1927年算起也已經8年了，這部《刑法》也無法以「與人通姦」的罪名來判處魯迅和許廣平了，因為此時已經超出了朱安所擁有的5年的起訴時效，更何況朱安本來就放棄了起訴魯迅的權利。

筆者指出朱安可以以《中華民國民法・親屬編》中的「與人通姦」的事由來行使離婚權，這個「與人通姦」在《民法・親屬編》僅指「與配偶之外的第三人發生性關係」，並不是《中華民國刑法》中的「通姦罪」。上文已經論證朱安是唯一被當時法律所承認的魯迅的妻子，如果魯迅沒有和法律所認可的配偶朱安之外的第三人許廣平發生過性關係，那麼周海嬰是怎麼出生的？在此也希望周楠本別再「違背現代法學原理」，用「瞞和騙」的手法混淆《民法・親屬編》與《刑法》的相關法律條文了。

十一、結尾的話

綜上所述，筆者認為如果從法律角度討論魯迅的婚姻問題，必須回到歷史語境採用《中華民國民法·親屬編》。另外，既然周楠本等人聲稱要從法律角度討論魯迅的婚姻問題，就要把討論的焦點放在從法律的視角審視魯迅的婚姻問題上，不要脫離法律的範圍，高喊什麼「革命」呀、「人權」呀等口號。

從民國法律層面來說，按照民國民法的相關規定，朱安作為無錯方擁有民法所賦予的離婚權，而魯迅作為破壞合法婚姻的過錯方則在法律上沒有提出離婚的權利，朱安可以以民國民法關於離婚條款的第二、三、五條提出離婚；魯迅雖然供給朱安生活費，但是卻在精神上「虐待」了朱安；他與許廣平同居，長期「離家不歸」，實際上是故意「遺棄」了朱安。朱安作為當時法律所承認的魯迅的唯一的妻子擁有魯迅遺產的繼承權。這些觀點是符合民國法律的，而周楠本卻曲解民國法律，用「瞞和騙」的手法掩蓋魯迅婚姻問題的真相，反而批評筆者是「憑主觀臆斷」、「曲解、濫用法律」，其實，從周楠本的文中不難看出，「憑主觀臆斷」、「曲解、濫用法律」的正是周楠本本人。周楠本一再批評筆者的學風問題，但讀者從周楠本的文章不難看出，周楠本在文章中不是為了從法律層面討論魯迅的婚姻問題，而是使用大批判的手法大肆攻擊本人，這種「學風」難道是在討論學術問題嗎？

俗話說，在法律面前人人平等，無論是偉人魯迅還是在歷史上默默無聞甚至一度在歷史上被故意遮蔽的朱安。所謂的天賦人權，不僅包括魯迅、許廣平的人權，也更應當包括朱安的人權。魯迅先生一直反對「瞞和騙」，但是在魯迅研究領域卻一直存在著「瞞和騙」，一些人總是打著捍衛魯迅的旗號，以魯迅所痛恨的「瞞和

騙」的方式「研究」魯迅。最為明顯的就是一些人為了捍衛魯迅在婚姻方面的光輝形象而總是故意的抹殺朱安的存在，以至朱安在西三條魯迅故居中的臥室直到1986年才恢復。而「紹興的魯迅故居，在半個多世紀裏將十六間住用房，縮小成兩樓兩底四間房；又無中生有地設計出魯迅、朱安分居的兩間臥房。」（倪墨炎《尊重魯迅故居的歷史原貌》，文匯報2009-03-13）近來又有一些人打著維護魯迅光輝形象的旗號，在朱安和魯迅的婚姻關係問題上大做文章，不惜曲解民國法律，極力否認魯迅和朱安的合法婚姻關係，抹殺朱安應有的法律地位和合法權益，這些人的行為其實就是昧著做人的良知以魯迅所厭惡的「瞞和騙」的方式「研究」魯迅，這不僅是在褻瀆歷史，而且也是在褻瀆魯迅。

筆者不想為偉人諱，僅想通過這篇文章客觀理性地表達自己對魯迅婚姻問題的看法，是在努力恢復魯迅的歷史面目。魯迅一直反對瞞和騙，筆者作為一個「吃魯迅飯的人」，應當正視他在婚姻方面的問題並給以同情，同時也不能因為魯迅而像某些人那樣極力否認朱安和魯迅的合法婚姻關係，這樣才不至於愧對魯迅、愧對歷史。

魯迅的五大未解之謎
——21世紀初魯迅論爭的文化研究

在20世紀末「走不近的魯迅」的論爭稍微平息之後，剛進入21世紀，有關魯迅的論爭就又再次成為文化界的熱點。在2001年魯迅先生誕辰120周年出版的《魯迅與許廣平》和《魯迅與我七十年》這兩本書不僅引起了社會上的廣泛關注，而且也引發了魯迅研究界的大規模論爭。論爭的焦點大致集中在如下五個方面：魯迅與許廣平定情之謎、魯迅與周作人失和之謎、魯迅死因之謎、魯迅喪葬費用之謎、「魯迅活著會如何」之謎。這些問題中有的是魯迅研究中長期爭論不休的，有的是新近披露的，但都是魯迅研究中的重要問題。本文側重疏理這些論爭的來龍去脈，試圖展示這些論爭的全貌。

一、魯迅與周作人失和之謎

周海嬰先生在《魯迅與我七十年》一書中專闢「兄弟失和與八道灣房產」一章對兄弟「失和的緣由」提出了自己的看法：

> 對於這段歷史，某些魯迅研究者的推測，是他看了一眼弟婦沐浴，才導致兄弟失和的。但是據當時住在八道灣客房的章川島先生說，八道灣後院的房屋，窗戶外有土溝，還種著花

卉，人是無法靠近的。至於情況究竟如何，我這個小輩當然是沒有發言權的。不過，我以20世紀90年代的理念分析，卻有自己的看法，這裏不妨一談。我以為，父親與周作人在東京求學的那個年代，日本的習俗，一般家庭沐浴，男子女子進進出出，相互都不回避。即是說，我們中國傳統道德觀念中的所謂「男女大防」，在日本並不那麼在乎。直到臨近世紀末這風俗似乎還保持著，以致連我這樣年齡的人也曾親眼目睹過。那是70年代，我去日本訪問，有一回上廁所，看見裏面有女工在打掃，她對男士進來小解並不回避。我反倒不好意思，找到一間有門的馬桶去方便。據上所述，再聯繫當時周氏兄弟同住一院，相互出入對方的住處原是尋常事，在這種情況之下，偶有所見什麼還值得大驚小怪嗎？退一步說，若父親存心要窺視，也毋需踏在花草雜陳的「窗臺外」吧？有讀者也許會問，你怎可如此議論父輩的這種事？我是講科學、講唯物的，不想帶著感情去談論一件有關父親名譽的事，我不為長者諱。但我倒認為據此可弄清楚他們兄弟之間「失和」的真實緣由。以上所見，也算是一家之言吧。

其實，周氏兄弟失和之謎不僅是廣大讀者關心的話題也一直是魯迅研究者的研究課題。

陳漱渝先生在《東有啟明西有長庚──魯迅與周作人失和前後》（刊《魯迅研究動態》1985年第5期）一文中詳細梳理了周氏兄弟失和前後的情況，並在分析、考辨了一些同時代人的相關回憶文章之後，肯定了許壽裳的說法：「他們兄弟失和，壞在周作人那位日本太太身上」；羽太信子從中挑撥的內容是「魯迅調戲她」；羽太信子憑空污蔑魯迅的原因在於經濟問題。

馬蹄疾在《魯迅何以被「逐出」八道灣》（刊《魯迅研究月刊》1990年第9期）一文中分析了周作人遞交魯迅的絕交信，認為：「周作人要魯迅『自重』，不要到『後院子裏』來了，這很明顯與魯迅、羽太信子之間的私情有關。從這封信的內容看，兄弟失和只能與此事有關而不可能是其他的原因。」馬蹄疾強調：「魯迅是否與羽太信子私通或調情，答案是否定的。這完全出於羽太信子的誣陷，因為只有這種誣陷，才是最能湊效的，也是最能申訴的促使他們兄弟造成分裂，而達到逐出魯迅的目的。」

杜聖修先生的觀點較為獨特。在《魯迅、周作人「失和」原委探微》（刊《中國現代文學研究叢刊》1992年第3期）一文中，他認為：「周氏兄弟的交惡與決裂，實際上是由於周作人的夫人與魯迅之間彼此抵牾。」但「所謂『失敬』云云，決不是信子為了達到她誣陷、誹謗自己大伯哥的目的，而有意憑空編撰瞎話，而是因當事人誤會釀成的。」羽太信子患有癔病，這種病有「富於幻想」、「益受暗示及自我暗示」、「缺乏理智分析」等症狀，因此羽太信子「才會對魯迅對其妻子的異常『冷漠』，對他自己的異常『親熱』表現發生種種聯想，產生錯誤的領會與錯誤的判斷，認為魯迅對她及孩子們的種種關懷與愛護的舉動，是在傳遞性愛的資訊，暗含猥褻的心懷，並且深信不疑。」

日本學者中島長文先生也考證了周氏兄弟失和的原因，在《道聽途說——周氏兄弟的情況》（刊《魯迅研究月刊》1993年第9期）一文中，中島先生首先對比分析了周氏兄弟日記中與兄弟不和有關的記述文字，然後結合周氏兄弟的日記及相關文章分析了失和事件對兩人產生的巨大影響，在逐一分析了周氏兄弟親友對兄弟失和事件的相關觀點之後，中島認為羽太信子編造謊言，聲稱魯迅對她有「失敬之處」是為達到驅逐魯迅獨佔八道灣的目的。

王錫榮先生在《兄弟參商為哪般——魯迅與周作人究竟為什麼決裂》（載《魯迅生平疑案研究》上海辭書出版社2002年出版）一文中對此前的相關研究成果進行了系統地梳理與辨析。王錫榮首先對此前的有關周氏兄弟失和的觀點如「經濟矛盾說」、「不敬說」、「拆信說」、「廣告說」、「懼內說」等進行了逐一的辨析，然後又分析了周氏兄弟對兄弟失和事件的相關說法與做法，在此基礎上指出「從表像上來看，他們兄弟失和的直接矛盾，在於周作人夫婦指責魯迅對弟婦羽太信子有『不敬』的行為」，但「整個事件的真正原因，最大的可能是，由於羽太信子希望在八道灣只住周作人這一房，她總看不慣魯迅這個大伯和周建人這個小叔，在經濟上出現窘狀時更是如此。因此，當周建人去上海謀職，而魯迅的經濟來源發生困難時，信子不免故意找茬以出氣，而當魯迅在某種巧合中冒犯了她的『天威』時，她就小題大做，竟稱魯迅對她『不敬』了。」王錫榮最後強調，「從上面的分析，可知這一事件比較實際的結論是：表面爭執於『不敬』問題而實際發軔於經濟矛盾。但是，這還不是問題的全部原因。」關鍵在於周作人「懼內」，「一看到信子臉色不對，就會趕緊討好迎合她，以換取太平。在這件事上，可以說仍是這種格局的又一次演示。」

應當說，周氏兄弟失和之謎的論爭已經告一段落了，如果沒有新的有突破性發現的材料，也就只能對這一謎團做出上述解釋了。

二、魯迅與許廣平定情、同居之謎

倪墨炎先生在《魯迅與許廣平》（上海書店出版社2001年1月第1版）一書的第14節「愛情有新的發展」中寫了這樣的一段話：

特別引人注意的是，許廣平還寫了一篇《魔祟》（獨幕

劇）。作者稱它為獨幕劇，其實他沒有人物的對話，每段都是敘述的語言。它寫「一個初夏的良宵，暗漆黑的夜，當中懸一彎娥眉般的月」，B已熟睡了三個鐘頭。她的愛者G，做好工作，照例收拾了書桌，吸完了煙，「放鬆腳步走到床前，扒開帳門，把手抱住B的脖子，小聲的喊著B，繼而俯下頭向B親吻，頭幾下B沒有動，後來身子先動了兩下，嘴也能動了，能應G的叫聲了，眼睛閉著，B的手圍住G的頸項，坐了起來。B不久重又睡下，這時床上多添了一個G。」……這劇發生地點：「一間小巧的寢室，旁通一門，另一間是書房。」這正像是魯迅家的南屋。許廣平在8月中旬在這裏住了五六天，以後也常到這裏住宿。這作品，是紀實？是寓言？是象徵？是諷喻？按照通俗的理解，它是否透露了一個重要的資訊：在定情以後，他們的愛情又快速地進入了新的更高的階段。這篇作品當時也為魯迅扣下，沒有發表，但他們一直保存著。它現已編入《許廣平文集》。

劉緒源先生在2000年早春二月為這本書寫的序中特地指出了這本書的兩個新意：「書中的新意，我想讀者自會去領略，此處只舉兩個例子，以便於管窺全豹。魯迅與許廣平同居的時間，過去的傳記作者多定在上海時期或廣州時期，而本書認為，早在北師大鬧學潮的時候，許廣平曾暫住魯迅家中，當時兩人便已同居，那是1925年的事，許廣平才26歲，還是大學三年級學生。作者是從一些週邊材料入手進行這一研究的，其中主要是根據許廣平的作品，尤其是一篇名為《魔祟》的獨幕劇。我感到作者運用了一點近似於佛洛伊德的方法。」2001年6月這本書再版時，這段話修訂為如下的語言：「作者對許廣平的遺著《魔祟》提出了與過去有些人不同的獨

到的見解。《魔祟》早已公開發表，並已編入《許廣平文集》，引起了一些人的研究，當然會有不同的看法。作者不但分析了作品的內容，而且還注意到所寫的環境、時間，從而得出了自己的判斷）。我是很欣賞這種研究的。另外，在關於魯迅葬禮的描寫中，作者強調了救國會在當時所起的重大作用，這就把久已為人們所遺忘的歷史真相重現在世人的眼前。」

這本書出版沒多久，裴真（陳漱渝）就在《著了魔的心理分析》（刊《魯迅研究月刊》2001年第3期）一文中對這本書做出了批評。裴真首先引用了許壽裳、許廣平、周作人共同編撰而由許壽裳總其成的「最為可靠、最具權威」的《魯迅年譜》，指出，許壽裳在該年譜1927年10月項下原來寫的是：「與番禺許廣平女士以愛情結合，成為伴侶」。許廣平定稿時，將這行文字改成了簡單明瞭的6個字：「與許廣平同居」。裴真強調：「以許廣平心胸之開闊，思想之前衛，有什麼必要故意把她跟魯迅的同居的時間推遲兩年呢？」裴真認為《魔祟》是許廣平「在上海跟魯迅同居生活的藝術寫照，委婉含蓄的抒發了她對魯迅的緬懷和愧疚之情——這種愧疚之感正是她對魯迅摯愛和對自己苛責的自然流露。」而「《魯迅與許廣平》一書的作者無視上述歷史背景，把魯迅故居南屋接待一般來客的客廳當成了魯迅通宵寫作的書房，尤其不能原諒的，是有意或無意的抹殺了許廣平當時跟許羨蘇同住的事實。經過這種走火入魔的分析與大膽的加工篡改，魯迅的正義之舉就變成了金屋藏嬌、乘人之危的劣跡。這種主觀臆斷的不良學風居然能受到某些人的欣賞，真是令人匪夷所思。」

倪墨炎在4月28日發表了《關於〈魯迅與許廣平〉的幾個問題》（刊《文滙讀書週報》）一文反駁裴真的批評。倪墨炎首先指出：《魔祟》所寫的不是夫妻間日常的性愛生活的「平凡的一

幕」，而是極不平凡的一幕——它記下了魯迅與許廣平的第一次性愛生活。在分析了劇中的時間、地點之後，倪墨炎強調，「我們對於《魔祟》的結論是：內容是寫魯迅和許廣平的第一次性愛，時間是1926年初夏，地點是北京西三條魯迅家的南屋。由於大家都可以理解的原因，我們在《魯迅與許廣平》中寫得十分含蓄，但時間、地點和事情，還是不含糊的，細心的讀者必可瞭解我們對《魔祟》所敘述的內容。」倪墨炎還在文中披露了「一個長途電話傳來的驚人的資訊：許廣平對她人生歷程中的事，是有記錄的。其中記錄著：1925年10月20日第一次接吻，1926年5月某日第一次性愛。」

6月23日的《文滙讀書週報》刊登了周海嬰先生的《關於〈魔祟〉答倪墨炎先生》一文。周海嬰在文章中譴責倪墨炎「不顧我的反對，不惜失信，不惜傷害我，公然侵犯我父母的隱私權」：在收到《魯迅與許廣平》樣書後，周海嬰發現書中「序二」有一段話不妥就打電話要求更正，指出應當以許廣平自己的認定為依據即1927年和魯迅同居，但這篇文章未能刊出，而他私下和倪墨炎說的幾句話卻被倪墨炎當作「絕密訊息」披露。

倪墨炎在《我與海嬰先生的交往與爭議》（部分內容刊登在《世紀書窗》，本書收錄的是作者的修改稿）一文中披露了他在寫作《魯迅與許廣平》一書的前後和海嬰的交往，特別記述了他和海嬰圍繞《魯迅與許廣平》一書的爭議細節，並對海嬰文章中的一些說法進行了辯解。在文章最後，倪墨炎表示他和海嬰已經恢復了友誼。

8月11日，「序二」的作者劉緒源先生為回應裘真在《人民日報》發表的批評他的文章而在該報發表了一封短信，承認自己原來說魯迅與許廣平在1925年同居的說法是錯的，並引用倪墨炎的文章，強調「正確的時間應在1926年5月」。稍後，劉緒源又在《安徽文學》2001年第9期發表了《一段公案》一文。在文中，劉緒源

首先回顧了這次論爭的經過，然後指出：魯迅與許廣平真實的同居時間是1926年5月。這就與《魔祟》中的時間（初夏）與地點（極似北京西三條魯迅舊居南屋）驚人的相合了。

倪墨炎在《從〈魯迅與許廣平〉談到〈魔祟〉》（刊《上海魯迅研究》12輯）一文中公佈了他們對《魔祟》作了「逐字逐句思考」後的結論：「從《魔祟》的內容看，包括對B的心理壓力和G的內心活動的表達，可以充分說明確實寫魯、許第一次性愛；從《魔祟》的環境描寫，那房子一大一小隔為二，木門上的方框，床、門、窗（是推向院子的紙糊木窗）的位置，地上鋪磚因而可以煙灰滿地撒等細節，說明這確是發生在北京魯迅家南屋；而時間必是1926年初夏：魯、許在北京有可能在一起的「初夏」，只有1926年的初夏。」

王錫榮既不同意倪墨炎的觀點也不完全同意陳漱渝的觀點。在分析了《魔祟》劇中的一些細節後，王錫榮認為：「相比之下，如果說這是寫實，或以何處為依據的話，我寧願相信這裏寫的是廣州的白雲樓」；「對該劇細細品味，就不難發現，它寫的恰恰是同居生活而非『第一次』」；「至於劇情的時間，最可能的是1927年的初夏」；「說寫作的時間當在魯迅去世後，是比較可信的」。王錫榮最後強調，《魔祟》「是寓言，是象徵，而不是紀實」，「以它為據來確定魯迅、許廣平的『第一次』，或兩人生活中的某一具體事實，都未免有些過於大膽，為史家所不取。」

倪墨炎在《我看〈魔祟〉論爭中的幾個問題》（未刊稿）一文中逐一批駁了王錫榮的觀點，並對這次論爭進行了總結，指出這次論爭暴露出的問題值得學術界反思。

在上述文章發表之後，暫時還沒有相關文章，這一論爭暫時告一段落。據悉，還有一些相關文章正在撰寫、發表中，因時間關係，無法收入本書。

三、魯迅死因之謎論爭綜述

魯迅死因之謎的論爭可以追溯到1984年。

1984年的2月22日，上海魯迅紀念館邀請上海九家醫院的23位肺科、放射科專家審讀魯迅先生在1936年6月15日拍攝的X光片，這23位專家、教授組成的「魯迅先生胸部X光片讀片會」做出的「臨床討論意見」是：「根據病史摘錄及1936年6月15日後前位X線胸片，一致診斷為：（1）慢性支氣管炎，嚴重肺氣腫，肺大疱；（2）二肺上中部慢性肺結核病；（3）右側結核性滲出性胸膜炎。根據逝世前26小時的病情紀錄，大家一致認為魯迅先生死於上述疾病基礎上發生的左側自發性氣胸。」這是首次科學地確定魯迅致死的病因，糾正了此前魯迅死於肺結核的錯誤說法。

5月5日，《南京日報·週末》刊登了南京圖書館紀維周先生的《揭開魯迅死因之謎》一文。紀維周引用了周建人的說法，指出須藤醫生是具有侵略性質的日本在鄉軍人會的副會長並經常在電話裏講關於中日之間交涉與衝突的情況。在魯迅去世後不久，有人就曾在密信中告訴周建人，魯迅不是死於肺病，而是被日本醫生所謀害。紀維周還指出須藤醫生的誤診、延遲治療及治療報告與實際不符等情況，並表示「這真是一個謎，使人疑惑不解」。

紀維周的文章在國內外引起了較大的反響，日本的主要報刊在13、14日紛紛報導了紀文的相關消息，並陸續刊發了日本學者質疑紀文的文章。6月4日，日本《朝日新聞（夕刊）》刊發了專攻內科醫學和魯迅病史的專家泉彪之助質疑紀文的文章《魯迅死因》。泉文認為，須藤與魯迅的友誼是深厚的，彼此之間十分信賴。據須藤的治療記錄和增田涉的回憶，可以看出魯迅之死，決不是因注射針藥後急速惡化所致，而是肺結核與肺氣腫併發之故，這一結論與

紀文的論斷不吻合。泉文最後指出，以魯迅的病狀推論，即使在醫學發達的今天，根據日本胸部臨床治療紀錄，其死亡率也達到百分之二十八點六。須藤醫生未能成功的挽救魯迅的併發症，應是無可指責的。紀文對於魯迅有深誼的須藤，一個深得民譽、醫德高尚的須藤作如是之斷，令人難以苟同且深感遺憾。6月14日，該刊又發表了竹內好的《歷史的認識與繼承的重要性》一文，竹內好認為，根據當時有關魯迅的紀錄，醫療水平，魯迅身體的衰弱情況，應該說，須藤是盡了全力，魯迅的真正死因應該是不難做出判斷的。竹內好強調，魯迅死因新說的提出以及對其質疑，顯然是中日兩國之間不幸歷史悲劇的後遺症。當今中日友好氣氛中還罩有陰影，這是日本方面應該認識的。

7月21日，蔡瓊在《團結報》發表《魯迅先生並非死於肺病》一文，再次提出「魯迅先生的突然病故，曾引起人們的懷疑」，有人在密信中要求周建人調查須藤。須藤的下落不明及與實際情形不符的醫療報告「給人們留下了一個難解的謎」。

8月25日，《團結報》發表了北京魯迅博物館魯迅研究室陳漱渝撰寫的《日本讀者對於魯迅死因的看法.》一文，在編者按中，報社強調：「指出魯迅先生並非死於肺結核，而是死於氣胸。這是一個可以研討的醫學課題，但由此而引申到當年治病的須藤醫生有什麼責任，是沒有根據的。現在發表魯迅研究室陳漱渝同志的文章，以正視聽。」陳漱渝首先介紹了紀維周、蔡瓊的觀點，然後介紹了日本學者泉彪之助和竹內好質疑紀文的觀點，最後公佈了周海嬰就魯迅死因委託他所作的說明：紀維周的文章，對魯迅的死因進行推測，但未提供任何新的確鑿的史料，不能代表中國魯迅研究界的看法，也不能代表他本人的看法。

8月26日，日本《朝日新聞（朝刊）》以「魯迅兒子周氏否定

魯迅之死與日本原軍醫有關的論點」的標題迅速報導了陳漱渝文章的觀點。

9月8日，《南京日報・週末》刊登了批評紀維周的文章，編者在按語中指出：紀氏的文章發表後，國內部分魯迅研究者來信指出，紀氏的懷疑沒有根據，特別是魯迅之死與霍元甲之死相提並論是不妥當的。我們認為這一指責是正確的。本報刊登紀實的文章時缺乏慎重的態度。

9月12日，日本《朝日新聞（夕刊）》以「魯迅死因之謎的論爭可以中止了——中國報紙刊登了自我批評」的標題報導了《南京日報・週末》刊登自我批評的消息，並指出「魯迅之死的論爭大致可以終止了」。

9月23日，上海魯迅紀念館副館長楊藍在《解放日報》發表《關於魯迅胸部X線讀片會始末》一文，文章強調，「前一時期，有的報刊發表文章，從讀片會懷疑到魯迅的死因，從魯迅的死因又引申到對對日本須藤醫生的譴責是沒有根據的。這既不實事求是，更有悖於科學態度。」

至此，這場關於魯迅死因的論爭因為政治和外交的因素而被強行終結了，紀維周先生作為論爭的發起人也受到了不公正的批判。

進入新世紀，周海嬰先生再次提出魯迅死因之謎。在2001年5月15日出版的《收穫》雜誌上，周海嬰發表了《關於父親的死.》一文，提出魯迅之死存在六大疑點：

疑點之一：周建人曾建議不要請須藤治療。周海嬰披露說，須藤是魯迅信任的醫生和朋友，但周建人曾聽人說須藤是日本「烏龍會」副會長——「烏龍會」是個「在鄉軍人」團體，其性質是侵略中國的——所以認為他不太可靠，建議魯迅不要找須藤治療。當時，魯迅猶豫了一下，說：「還是叫他看下去，大概不要緊吧。」

疑點之二：美國肺科專家診斷認為，魯迅患的是結核性肋膜炎，但須藤對此矢口否認。周海嬰說，周建人曾親口告訴他，那位姓鄧的美國肺科專家醫生告訴魯迅，該病如不及時治療，不出半年時間就會有生命危險，但如果立即休養和治療，則至少能活10年。然而，須藤在一個月後才承認魯迅所患的病確是肋膜炎，才給魯迅抽積水。

疑點之三：許廣平認為，須藤的診斷報告有假。魯迅去世後，須藤寫了一份診斷報告。許廣平認為，報告不符合當時的實際情況。診斷報告的前段，講魯迅如何剛強等一類的空話，後段講述用藥，把診斷肋膜積水的時間提前了。這種倒填治療時間的方法，十分可疑。

懷疑之四：內山完造曾表示，不要找須藤治周海嬰的病。周海嬰披露，魯迅逝世後，周海嬰患病，日本友人內山完造對周建人說：「海嬰的病，不要叫須藤醫生看了吧。」那意思似乎是，已經有一個讓他治壞了，別讓第二個再受害了。

疑點之五：魯迅逝世後，須藤似乎「失蹤」了。周海嬰說，魯迅逝世後，他就再也沒有遇到過須藤。解放後，許廣平多次訪日進行友好活動，曾見了許多好朋友，包括許多其他日本醫生。但「奇怪的是，其中卻沒有這位與我家的關係那麼不同尋常的須藤先生，也沒有聽到誰來傳個話，問候幾句」。

周海嬰說：「日本人向來重禮儀，母親訪日又是媒體追蹤報導的目標，他竟會毫不知情，什麼表示也沒有，這是不可思議的。」

疑點之六：須藤為什麼沒有提出住院建議。周海嬰說：「須藤似乎是故意對父親的病採取拖延行為。因為在那個時代，即使並不太重的病症，只要有需要，經濟上又許可，送入醫院治療總是為病人家屬所願意的。須藤為什麼沒有提出這樣的建議，而只讓父親挨在家裏消極等死？」

周海嬰最後說：「如今父親去世已經一個甲子，這件隱藏在上

輩子人心中的疑惑，總是在我心頭閃閃爍爍不時顯現。是親人的多疑，還是出於莫須有的不信任？我以為，否定不容易，肯定也難尋佐證。但我想，還是拋棄顧慮，將之如實寫下來為好。」

周海嬰的這篇文章被多家著名媒體轉載後在國內引起了強烈的反響，一些讀者相信了魯迅先生是被日本人害死的說法。一些魯迅研究專家在接受記者對此事的追蹤採訪時也表示經過仔細研究，須藤的診斷報告確實和魯迅日記有關治療的記載不符合，疑點並非沒有。另外，須藤誤診這一事實基本上可以確定。至少在魯迅肺氣腫發作後，須藤沒有及時採取搶救措施。此外，須藤在最後階段的治療措施也不恰當。專家們強調，須藤醫生確實延誤了魯迅的病情，同時對魯迅的病情也存在著誤診，作為一個守護在病人身邊、相當於「專職醫生」的人，須藤很難洗脫「故意不搶救」的嫌疑，但也認為現在還沒有有力的證據來證明魯迅是受須藤謀殺的，也沒有根據說明是政治謀殺。

何滿子先生在評論周海嬰的書（《文學自由談》2002年第1期）時也披露了他所親歷的一件事：1950－1951年在上海醫學院兼課期間在一次會議間隙聽到幾位醫學專家在議論魯迅的死因。他們的意見是：三十年代尚未發明治療肺結核的特效藥，徹底治癒肺結核的確很難，但治療這種病也並非沒有別的什麼手段，手術如果準確及時，是能延長患者的生命的。他們斷定，這個須藤肯定不是肺科專家，醫技平常，耽誤了治療時機。當時根本不知道須藤有日本軍人組織烏龍會的副會長的背景這個可疑身份，所以只判斷為庸醫誤人，應屬於醫療事故。

秋石在質疑周海嬰的《魯迅與我七十年》一書時對周海嬰的疑點提出了批評，他強調：「魯迅因肺結核晚期又不同意外出休養療病，於1936年10月19日逝世。應當說，有關魯迅的死因是十分明瞭

的，也是一個沒有什麼爭議的問題。」「魯迅的死因並非像海嬰所說的是一個『公案』，倒是海嬰所言中，同魯迅當年的書信日記及同他人的談話，同許廣平、馮雪峰、茅盾、胡風等一些親近者及當事人的當時記述，有著如此之大、之多的差異」。「歷史的真實是誰也不能捏造或篡改的」。

作為醫學專家和魯迅研究專家的周正章先生在2002年1月發表了《魯迅先生死於須藤誤診真相》（《魯迅世界》2002年第1期）一文，對周海嬰再次提出的魯迅死因之謎做出了詳實的考證，這篇長達3萬多字的文章初稿寫於1984年3月，最後改定於2001年11月，歷時長達17年。周正章引述了1984年2月22日由上海九家醫院23位專家、教授組成的「魯迅先生胸部X光片讀片會」做出的「臨床討論意見」，在此基礎上，周正章指出「魯迅是直接死於自發性氣胸的這個科學結論是誰也動搖不了的」，但紀維周、蔡瓊引用上海讀片會結論質疑須藤醫生的兩篇小文章在1984年發表後「卻引來了對魯迅死因真相探討的大封殺」，使「魯迅死因真相又被塵封了17年」。周正章通過對比魯迅的日記和須藤醫生的《魯迅病歷》，指出須藤偽造病歷和倒填病歷的事實，並結合醫學知識分析魯迅親友對魯迅患病期間的回憶，強調須藤當時在自發性氣胸的病理、病因、診斷、治療上具備挽救魯迅生命的客觀條件，然而從他的處理、治療、預後幾個方面可以看出他在主觀診斷上出現了偏差，從而揭示出魯迅死於須藤誤診的真相。

王錫榮和周正章的觀點略有不同。王錫榮在《魯迅死因之謎》（《魯迅世界》2002年第4期）一文中首先回顧了「魯迅X光片讀片會引起的軒然大波」，接著引述了「周海嬰的曠世疑問」，並摘錄了魯迅的病史及魯迅關於自身疾病的相關敘述和須藤的《魯迅病歷》，在此基礎上，對周海嬰的疑問逐一做出了解答：綜合以上對

周海嬰先生八點疑問的解說，看來是「事出有因，查無實據」了。

王錫榮認為真正的疑點在於：第一，魯迅本人的記載與須藤的記載不一樣：（1）很多次看病漏記、誤記；（2）病狀描述不一致；（3）抽取積水時間有對不上之處；（4）用藥與魯迅的記錄對不上。第二，危急時的處理有誤。在此基礎上，王錫榮認為，「無論怎麼說，不管有意無意，須藤最後處置失誤的責任，是無法推卸的！」

王錫榮在文章最後指出須藤的誤診有其客觀原因，但不敢說一定是100%主觀原因，他認同誤診說，但對「偽造病歷說」還不敢輕斷，只同意「倒填病歷」的說法。

嚴家炎先生也對秋石批評周海嬰質疑須藤醫生的文章提出了反批評。在《魯迅的死與須藤醫生無關嗎？》（刊《中華讀書報》2003年3月19日）一文中，嚴家炎指出了「抹不去的須藤醫生的可疑點」：（須藤醫療）「報告的最大特點是把魯迅肋膜積水的檢查與治療時間提前了整整3個月」，「這不是在死無對證的情況下明目張膽的偽造病歷嗎？」「須藤編造這類謊言，其用心難道不正是為了掩蓋他本人『延誤』魯迅病情的重大責任嗎？」嚴家炎最後強調，海嬰採取的態度是：只把前輩的想法和有關疑點記錄下來，「將自己之所知公諸於眾。至於真相究竟如何，我也無從下結論，只能留待研究者辨析了。」應該說，這是一種客觀冷靜、實事求是的態度，不應該受到誤解和責備。

稍後，秋石就嚴家炎的批評做出了回答。在《實事求是是學術論爭的基本原則》一文中，秋石指出，「魯迅對須藤是相當尊重的，許廣平也如此」，「須藤早在鄧恩醫生診斷之前就向魯迅發出了『兩三回警告』」，以此可以否定嚴家炎、周海嬰等對須藤「拖延治療」的指責。秋石認為，「須藤並非肺病專家，偶爾出現誤診

也是在所難免，但提及『謀害』或蓄意『拖延治療』，迄今沒有任何確鑿的依據。」

　　面對眾多質疑與批評，秋石在2003年5月出版的《新文學史料》（2003年第2期）上發表了《魯迅病重、逝世及大出殯始末》一文對他在2002年9月17日發表在《文藝報》上的《愛護魯迅是我們的道義》一文進行了補充。秋石再次強調「魯迅死於疾病」：「正因為魯迅執意不去國外養病，不願停止戰鬥，才使病體越來越沉重」；「正是他夜以繼日的為亡友編輯文稿，加劇了他的病情，耽誤了治療，從而過早的走向死亡」。秋石還引用魯迅和內山完造的相關文章指出：「作為醫生，須藤先生可以說是負責的。特別是在挽救魯迅生命的最後時刻，從其要求內山完造先生再請其他醫學專家前往診治來看，須藤醫師不僅沒有延誤診治，而且是盡了最大的努力的，這是一個不爭的事實。」

　　周正章在《再駁秋石關於魯迅死因的「實事求是」》（刊《魯迅世界》2003年第4期）一文中對秋石的觀點再次進行了批駁。周正章首先指出秋石在《愛護魯迅是我們共同的道義》和《實事求是是學術論爭的基本原則》兩文中關於魯迅死因的說法不同：前文認為須藤與魯迅之死無關，而後文又認為魯迅之死與須藤誤診有關。周正章認為秋石用須藤在10月18日「實施救治的情況」去回答嚴家炎所指的1936年3月間須藤偽造魯迅病歷以掩蓋其對魯迅病情的「延誤」，是「在與嚴先生大捉迷藏」。即使是須藤在10月18日對魯迅的救治也是「一籌莫展」的，沒有採取正確的救治方法。對於秋石引用的周海嬰在1984年8月2日委託陳漱渝發表的聲明：紀維周的文章，對魯迅的死因進行推測，但未提供任何新的確鑿的史料，不能代表中國魯研界的看法，也不代表他本人的看法。周正章認為「這個口頭問答對周海嬰表達有關魯迅死因的看法沒有任何約束

力」。2003年5月5日，周正章特地為此事電話詢問周海嬰，周海嬰表示：紀維周的文章寫之前沒有和我聯繫過，怎麼能代表我的看法呢？陳漱渝的文章在發表之前，也沒有給我看過。

針對王錫榮在《魯迅死因之謎》中對周正章的觀點所作的評論，周正章在《答王錫榮並關於魯迅死因問題》（刊《魯迅世界》2003年第3期）一文中進行了反駁。對於王錫榮的「倒填病例」並非「偽造病例」的觀點，周正章指出「倒填病歷」是故意行為，是為了掩蓋自己的誤診，因此就是「偽造病歷」。周正章強調，「病歷是嚴肅的，一個字都動彈不得。」針對王錫榮的須藤可能上門為魯迅抽取體液的說法，周正章認為「太離譜了」，他指出，「時至今日，醫療服務雖日臻完善，從沒有上門抽取胸液的。這除了需要時間，還要條件，需要絕對無菌的空間。」對於王錫榮的魯迅死於肺氣腫和氣胸「在臨床上難以及時發現的」觀點，周正章也一一進行了批駁，他指出，魯迅死於自發性氣胸是早就做出的科學結論，氣胸在臨床上也「極易明確診斷」。

需要指出的是，關於魯迅死因之謎的相關論爭還沒有結束，據筆者所知一些相關文章還在撰寫、發表之中，因時間關係，無法一一收錄到本書中。

四、魯迅喪葬費用之謎

周海嬰在《魯迅與我七十年》中還專門談到了魯迅先生的「喪事與棺木」，他說：「總之，關於父親喪事中的這件大事，是個值得研究的謎。我不是個忘恩負義的人，只是如實說出心中的疑竇。」周海嬰根據自己的回憶和許廣平女士的談話否認了此前一些研究者所持的棺木由宋慶齡女士購買以及救國會捐贈了款項的說法，他指出：

有文章說，這具西式棺木是宋慶齡出資購買贈予的。胡愈之先生也有這樣的回憶。對於宋先生，我始終心存感激，因為無論她與父親的友誼，對父親生病和喪事的關懷幫助，以及後來對我們孤寡母子的照料是眾所周知的。至少，或許她有過這個動議和表示吧。但是，我從母親挑選棺木時和嬸嬸王蘊如商量的判斷，這棺木是自費購買的。

除了棺木，連葬禮費用、殯儀館等等的開支，據說也有文章道是出於「救國會」的全力資助。對此我仍是這個態度，不論是與否，一樣地萬分感激。因為，「救國會」確實也對父親的後事給予過極大的幫助。我希望我的子子孫孫永遠記住這一點。

周海嬰在詢問了梅志、黃源、胡愈之等人之後特別強調：

綜合上面幾位重要人士的證明，父親的棺木似乎並非由救國會或孫夫人宋慶齡出資。我母親歷來對黨感恩戴德，如果棺木確實是馮雪峰代表黨付的款，母親在國民黨的統治下需要保守秘密的話，那麼解放後直到她去世，時間約二十年，完全可以不必為這件事保密了。在文革期間她心臟病很嚴重，明知自己健康很差，隨時可能不測，有些事她就口述，讓秘書記錄下來，而惟獨仍將這件事深埋於心底秘而不宣，是不可思議的。而且，從馮雪峰生前歷年的文章、講話裏，也沒有看到他講過魯迅的棺木確實是我黨付的款。

王錫榮先生在《魯迅喪葬費用之謎》（社會科學報2002年12月19日）一文中對周海嬰的觀點提出了反駁。他通過分析上海魯迅紀

念館保存的魯迅喪儀的一些原始資料（一些帳單），認為「葬儀費用看來確實是有人資助的」，「而這資助者應該就是宋慶齡或者再加上救國會。」

周海嬰對王錫榮的觀點不以為然，他在《〈魯迅喪葬費用之謎〉解謎》（社會科學報2003年4月10日）一文中指出：「以胡風沒有出過錢而肯定了是胡愈之代救國會交的錢，這是一種推論，一種形式邏輯」。周海嬰在詢問過梅志和胡愈之並查考救國會資料後認為，救國會和宋慶齡都沒有出錢，許廣平留下的一份帳單顯示直到1938年，魯迅的喪葬費（連棺木）的三千元還是「尚欠」。

秋石則引用了胡風、黃源、愛潑斯坦等人的回憶文章再次反駁周海嬰的觀點，證實宋慶齡確實為魯迅購買了棺木。（《海嬰先生，請你說真話》刊社會科學報2003年5月22日）

周正章在《三駁秋石：究竟是誰不講真話？》一文中對秋石的觀點進行了反駁。周正章首先逐一辨析了秋石文中所提到的七條史料，然後對馮雪峰、宋慶齡、胡風、黃源四位當事人的回憶錄進行了互證，並引用胡愈之的證言和《魯迅喪儀收支清單》，指出「捐贈人中未見宋慶齡的姓名，更無一筆三千元收入的款項。」而《魯迅喪儀收支清單》上的筆跡經梅志先生鑒定是胡風的手跡，因此「目前在找不出另有捐贈者證據的情況下，無疑均為許廣平所支出」。在文章最後，周正章還特別引用了宋慶齡在1936年10月26日《北平晨報》上發表的文章，宋慶齡在文章中明確否認了為魯迅喪儀捐款的說法。

五、「魯迅活著會如何」之謎

周海嬰在《魯迅與我七十年》（南海出版公司2001年9月版）一書中披露了他從「一位親聆羅老先生講述的朋友」處得到的毛澤

東和羅稷南關於「魯迅活著會如何」的「秘密對話」：

> 一九五七年，毛主席曾前往上海小住，依照慣例請幾位老鄉
> 聊聊，據說有周谷城等人，羅稷南先生也是湖南老友，參加
> 了座談。大家都知道此時正值「反右」，談話的內容必然涉
> 及到對文化人士在運動中處境的估計。羅稷南老先生抽個空
> 隙，向毛主席提出了一個大膽的設想疑問：要是今天魯迅還
> 活著，它可能會怎樣？這是一個懸浮在半空中的大膽的假設
> 題，具有潛在的威脅性。其他文化界朋友若有同感，絕不敢
> 如此冒昧，羅先生卻直率地講了出來。不料毛主席對此卻十
> 分認真，沉思了片刻，回答說：以我的估計，（魯迅）要麼
> 是關在牢裏還要寫，要麼他識大體不做聲。一個近乎懸念
> 的詢問，得到的竟是如此嚴峻的回答。羅稷南先生頓時驚出一
> 身冷汗，不敢再做聲。他把這事埋在心裏，對誰也不透露。

這段令周海嬰本人「再三顧慮，是不是應該寫下來的」、屬於
「孤證」的「秘密對話」經過媒體的大肆炒作在社會上引起了強烈
反響。「孤證」提供者賀聖謨先生很快在2001年12月的《新民週
刊》上「澄清了他向周海嬰講到的一些事實」（轉引自《我的伯父
羅稷南》），但賀聖謨對周海嬰在時間、地點、人物方面敘述錯誤
的「澄清」並沒有引起一些研究者的注意，這就使得這次論爭的焦
點主要集中在周海嬰在敘述方面的錯誤上。

最早的質疑來自近年從事現代知識份子研究的學者謝泳先生。
謝泳在《對「魯迅活著會如何」的理解》（刊《文史精華》2002
年第6期）一文中首先質疑毛、羅對話的人物和時間，接著詳述了
毛澤東在1957年提到魯迅的幾次談話：3月8日的《和文藝界的談

話》、3月10日的《和新聞出版界代表談話紀要》、3月12日的《在全國宣傳工作會議上的講話》、4月的《在杭州對加強思想工作的指示》，謝泳認為：

> 這裏我們要特別注意「坐監獄和殺頭」和「關在牢裏還是要寫」這句話，是一個邏輯思路，有演變的可能。毛澤東雖然是一個非常有個性的人，但在1957年那樣的形勢下，以他政治家的身份，說出羅稷南所講那樣的話，在邏輯上好像不是很合理，假如毛澤東說了那樣的話，也只能是「反右」前，而不可能是「反右」期間。

值得一提的是，羅稷南先生的侄子陳焜先生在《我的伯父羅稷南》（刊《老照片》第24輯，2002年8月出版，《書摘》雜誌2002年12期以《設問求答於毛澤東的羅稷南》為題轉摘）一文中詳細介紹了羅稷南先生的生平，並說「自己就曾經親耳聽見我的伯父講過他這次設問求答的情況」，證實了「毛、羅對話」的真實性：

> 1957年4月以後，毛主席以魯迅為榜樣號召中國人民響應他「大鳴大放」的號召，對共產黨提批評意見，不久以後，毛主席又改為提出對「資產階級右派分子」展開「全面反擊」，把許多提了批評意見的人定成右派。在這個時候，1957年7月，羅稷南有機會受到毛主席的接見，他當面問了毛主席：「如果魯迅現在還活著會怎麼樣？」這就是在一個重要的時候向一個重要的人物提了一個非常重要的問題。……以伯父一生的經歷見識和他立即直指實質問題的洞察力量，在有了機會當面問毛主席一個問題的時候，他自然

會問出這樣一個能夠集中的揭開毛主席的思路和釋解當時全部局勢的大問題。

　　與「孤證」提供者賀聖謨先生的「澄清」一樣，陳焜先生的證明在當時同樣沒有引起太多學者的注意。

　　目前可以看到的唯一一篇引用陳焜提供材料的文章是李喬的《也談「假如魯迅還活著」》。李喬首先引用了郭沫若和胡喬木的在解放初期對魯迅的評價：郭沫若作為解放後的文化班頭對於魯迅說過這樣的話：魯迅在新政權之下，「要看他的表現，再分配適當的工作」；胡喬木1982年曾對李慎之說：「魯迅若在，難免不當右派」。然後又引用了陳焜《就毛主席答羅稷難問致周海嬰先生的一封信》，陳焜在信中講述了羅稷南親口向他披露的與毛澤東談話的情況，並表示：我願意向您證實，關於魯迅，毛主席的確說了他對羅稷南說過的那些話。但這些證人提供的史料並沒有得到廣泛的認同。正是這種對證人證詞的忽視與漠視導致本次論爭的進一步擴大。

　　更為有力的質疑來自毛澤東研究專家陳晉先生。陳晉在《「魯迅活著會怎樣？」——羅稷南1957年在上海和毛澤東「秘密對話」質疑》（刊《百年潮》2002年第9期）一文中首先考證了羅稷南的生平，認為：雲南籍的羅稷南不可能以「同鄉」和「湖南老友」的身份參加毛澤東1957年在上海同周谷城等人的座談，而且目前還沒有資料表明周谷城在1957年見過毛澤東。陳晉接著分析了「毛澤東1957年在上海召集座談會的情況」，並引用了《文匯報》的相關報導，指出：這次座談有上海市領導參加；報上刊登的羅稷南在這次座談會上的發言「內容同其他人的基調也是一致的，主要是強調在反右鬥爭中要對黨充滿信任，要有堅定的立場」；「從羅稷南當時

的情況來看，他也並非鋒芒畢露之人」，「很難想像他在7月7日晚上那次座談的大庭廣眾之下能當面向毛澤東提出『具有潛在的威脅性』話題來」。

陳晉強調：「1957年，毛澤東確實談論過『魯迅活著會怎樣』這個話題，但談話的時間、地點、場合、人物，特別是內容，都與《我與魯迅七十年》（按：原文如此）所述迥然相異。」毛澤東在1957年3月10日召集的新聞出版界部分代表座談會上談到：「有人問，魯迅現在活著會怎樣？我看魯迅活著，它敢寫也不敢寫。在不正常的空氣下面，它也會不寫的，但是，更多的可能是會寫……」

陳晉最後認為，從毛澤東作為政治領袖的身份、毛澤東對魯迅精神的一貫推崇和毛澤東談論這個話題的背景和目的來說，毛澤東「也不可能萌生出魯迅被關進牢裏或識大體不做聲的設想」。

真正把這次論爭引向高潮的是秋石先生的文章。秋石在《愛護魯迅是我們共同的道義——質疑〈魯迅與我七十年〉》（刊《文藝報》2002年9月17日，9月27日出版的《文滙讀書週報》以《海嬰先生請讀讀〈魯迅全集〉》和《海嬰先生的記憶力與魯迅遺產》為題轉摘）一文中引用了謝泳和陳晉的觀點，再次質疑周海嬰「魯迅活著會如何？」的「孤證」，秋石強調：「歷史地、全面地看，自1937年10月19日毛澤東在延安陝北公學紀念魯迅逝世周年大會上發表《論魯迅》的講話，直到1976年9月9日逝世，毛澤東一直是備加推崇魯迅的。」此外，秋石還在文章中就周海嬰書中所寫的「魯迅的死因之謎」提出質疑，並就「魯迅的精神遺產」問題激烈批評周海嬰。

秋石的文章在發表前經過北京某研究機構的資深魯迅研究專家審閱，發表後被多家媒體轉載，引起了強烈的社會反響，一位資深的魯迅史料專家在接受《中華讀書報》記者採訪時也表示「秋石的文章還是可以接受的」。

陳漱渝先生在《當前魯迅研究的熱點問題——在「廣州講壇上的報告》（刊《魯迅世界》2002年第4期，2002年10月出版）中就「要是魯迅今天還活著」的學術論爭發表了自己的看法，他認為：

> 如果說其無，似乎缺少直接的反駁材料；如果信其有，則這句話又僅僅出自羅老先生一位學生的轉述，既無當時的座談紀錄，又無羅老先生簽字認可的回憶文章，嚴格的說是連孤證也談不上……但作為一個成熟的政治家，很難設想毛澤東會在公開場合說出自毀形象的話，讓別人嚇出一身冷汗。

值得注意的是，周海嬰本人對這些質疑沒有發表任何言論。這一切似乎都表明，周海嬰的「孤證」從史實、情理方面來講都是站不住腳的。但是到了12月5日，這次論爭出現了新的變化。

12月5日的《南方週末》以整版的篇幅發表了3篇文章（同時配發了毛澤東與羅稷南、黃宗英等上海人士座談的照片），對周海嬰的「孤證」提供了人證和部分史實的補正。

賀聖謨先生在《「孤證」提供人的發言》（該文的部分內容此前已刊登在2001年12月的《新民週刊》）一文中以「孤證」提供人的身份補正了周海嬰文章中的不確切的內容：

> 羅老告訴我這件事早在他逝世前六年而不是重病之時。這件事他是否只對我一人講過，我不得而知，但以他的性格脾氣，我以為他很有可能同別的他信得過也相信他的人講過。他和毛的對話時在座談會上，不能說是「秘密對話」
>
> 羅稷南是雲南順寧人……他的普通話是說的很不錯的……他逝世於1971年，不是海嬰所說的「九十年代」。

可以說，賀聖謨先生的文章補正了周海嬰提到「毛、羅對話」時在時間、地點、人物方面的錯誤，回答了謝泳、陳晉兩先生在這方面對周海嬰文章的質疑。

最重要的文章是黃宗英女士的《我親聆毛澤東與羅稷南對話》一文（該文也在多家媒體先後刊登）。77歲的黃宗英女士以現場見證人的身份證實了海嬰的「孤證」，她的回憶與周海嬰提到的「毛、羅對話」大體上是一致的：1957年7月7日晚，毛澤東同上海36位代表人士座談：

> 我又見主席興致勃勃地問：「你現在怎麼樣啊？」羅稷南答：「現在……主席，我常常琢磨一個問題，要是魯迅今天還活著，他會怎麼樣？」「魯迅麼——」毛主席不過微微動了動身子，爽朗地答道：「要麼被關在牢裏繼續寫他的，要麼一句話也不說。」

在同時發表的《聽黃宗英說往事》一文中，作者方進玉強調黃宗英女士在撰寫這篇文章時給自己設定了五關：法律關、事實關、辯駁關、身體關、文字關，言下之意即黃宗英女士的這篇文章經得起質疑的。在黃宗英女士文章發表後，目前還沒有看到質疑她的文章。

可以說，《南方週末》刊發的這幾篇文章，特別是黃宗英女士的文章為周海嬰書中所寫的「毛、羅對話」提供了最有力的證明。但是，仍然有學者繼續懷疑周海嬰書中所寫的「毛、羅對話」的真實性：

陳漱渝先生在《學術的力量和道德的力量——〈魯迅生平疑案〉序》（刊中華讀書報2002年12月12日）一文中引用毛澤東1957年《同文藝界代表的談話》，認為：

很難設想，毛澤東在同一年談同一個問題，會說出內容大相逕庭的兩種話。以上兩種引文哪一種比較接近真實，尚待有識者進一步考證。

薛克智先生在《質疑毛澤東關於魯迅的一次談話》（刊《粵海風》雙月刊，2002年6期）一文中再次質疑「毛、羅對話」，認為「只要作一分析，羅稷南的回憶跟毛澤東同新聞出版界代表的談話內容非常一致」，「最大的可能是：羅稷南即毛澤東同新聞出版界的講話中提到的那個人，但他的回憶失之確當。」

不過，這些質疑「毛、羅對話」的學者都沒能提供出類似黃宗英女士那樣的令人信服的史料。

這次學術論爭雖然已逐漸塵埃落定，但卻為毛澤東研究和魯迅研究提供了新的研究課題，引發了一些學者的反思。

牧惠先生在《讀「毛、羅對話」》（刊《南方週末》2002年12月19日）一文中指出：

> 否定周海嬰這段紀錄的論者……顯然忽略了一切以時間地點條件為轉移這個顛撲不破的原則。既然一問一答是發生在7月「反右派」高潮時，毛澤東的講話同3月份動員人們「大鳴大放」時對魯迅的說法不一樣乃至相反，又有什麼值得大驚小怪的呢？
>
> 從周海嬰的書到黃宗英的文章引發的這一場筆墨官司，又一次驗證，「凡是」這種習慣勢力，有時是大得嚇人的。

范偉先生在《回到「毛、羅對話」的歷史情境》（刊《文藝爭鳴》2003年第2期，2003年3月出版）一文中認為：

考慮到整個事件從質疑到證實過程中所暴露出來的種種問題，考慮到短短4個月之間毛澤東對魯迅的態度為什麼發生這麼大的逆轉還沒有交代清楚，總覺有必要進一步反思清理，以端正並加深對這一事件的理解。

范偉在文章中詳細分析了「毛澤東說這句話的真正意圖和時局變化」：

> 1957年黨的中心任務是整頓『三風』（官僚主義、宗派主義和主觀主義），毛澤東認為「沒有壓力，整風不易收效」，所以他的思路是先不在各民族黨派、無黨派及社會各階層中進行，而是要積極鼓動他們向共產黨的缺點錯誤進行批判，俟黨內整風成功、工作取得完全主動後，再推動社會各界進行整風（《毛澤東文集》七卷297頁）。毛澤東在5月15日提出「事情正在起變化」，作出從整風轉向反右的新部署。6月8日號召全黨「反擊右派分子進攻」，隨之，「章羅聯盟」被揪出，《光明日報》、《文匯報》等被整頓，五十萬知識份子相繼被打成右派。
>
> 上述1957年的國內局勢構成了毛澤東兩次回答「魯迅要是活著會怎樣」式的基本背景。在這一背景下，毛澤東在回答這一問題時會是同樣的意圖嗎？7月7日和羅稷南談話的意圖非常明顯，寫即意味著失去自由，那麼3月份談話的意圖是什麼呢？
>
> 3月8日、10日分別和文藝界代表、新聞出版界代表舉行座談。這兩次談話都涉及到魯迅還活著的問題：「我看魯迅在世還會寫雜文……他一定有話講，他一定會講的，而且是

很勇敢的……但是坐監獄、受點整也難說。」

　　從3月到7月，毛澤東關注的焦點既不是魯迅，也不是雜文的寫法，而是整風；也許魯迅是廣大知識份子關注的焦點，但毛澤東不是，他抬出魯迅，是為了在大家面前樹一個風標、樹一桿旗，是為了最大限度的發揮魯迅式雜文在整風中的作用。為了服務、服從於整風，它可以隨時調整風向，讓西風壓倒東風，或讓東風壓倒西風；可以扛著這面旗高歌猛進，當然也可以砍掉這面旗。

　　局勢在6月份出現逆轉，一方面是社會主義陣營的大變動使毛澤東「反修」思想抬頭，一方面是國內「鳴」「放」出現了許多大出毛澤東以外的問題，像「黨天下」、「輪流坐莊」、「海德公園」等更是超出了毛澤東所能容忍的限度。

范偉最後強調：

從3月到7月，從北京到上海，時空的遷變背後，是政治風雲的突起變換；對魯迅態度的轉移，是毛澤東政治決策思路從整風向反右這一重大調整的典型反應。

　　黃修已先生在《披露「毛、羅對話」史實的啟示》（刊《文藝爭鳴》2003年第2期）一文中指出：

周海嬰先生可能不習慣做史料考訂工作，他只是把聽到的事實說了一遍。其中一些細節，或沒有去查清楚（如毛澤東上海談話的日期），或搞錯了（如說毛找羅是找老鄉聊聊，而

羅是雲南人）。但是，書出版後引出的強烈批評，卻主要不是因為這類細節的不實，而是一些人根本上否認會有這樣的事：這樣的事貶損了毛澤東，也貶損了魯迅。

因為毛澤東對魯迅作過最高度的評價，於是對魯迅的評價又牽涉到對毛澤東的評價之評價，評價魯迅便與評價毛澤東聯繫在一起了，問題就複雜在這裏。

黃修己認為：

> 在今天這樣一個多元的時代，對魯迅有各種各樣不同看法，這是很正常的；比那種只有一種聲音的『定評』，是進步了。所以我們要打破那種歷史有『定評』的迷信，承認自己的看法，哪怕是自己以為非常高明的看法，也只是許多種看法之一種，而且一定會帶著時代的和個人的局限性。這樣，我們的歷史研究的態度，也就可能會客觀一些，謙虛一些了。

稍後，陳漱渝又對黃修己的觀點提出了質疑（《關於所謂「毛羅對話」的公開信——質疑黃修己教授的史實觀》刊《文藝爭鳴》2003年第3期），陳漱瑜認為：

> 對於這段對話是否能成為黃教授所說的「史實」或「事實」仍然心存疑竇。這原因在於首先披露這段對話的海嬰先生並非在場者和親聆人，而向他提供這段對話的賀聖謨先生和為他提供旁證的黃宗英女士說法又不盡一致，應該屬於黃教授所說的「編史」之類。

陳漱渝強調：

> 對於評價魯迅而言，毛澤東公開發表的言論跟非公開發表的
> 言論，一貫的評價跟個別的提法，莊重的提法跟隨意的說
> 法，決不具有同樣的意義和價值。

隨著本次論爭的逐漸明朗和相關史料的披露，對謝泳、陳晉、秋石等人的質疑做出較為全面回答的時機也逐漸成熟。嚴家炎先生在《評價〈魯迅與我七十年〉的幾個問題》（刊《中國文化》雜誌第19、20期合刊，2003年4月出版）一文中對本次論爭做出了總結性的結論。他首先指出質疑者在思維方法上的錯誤：

> 如果僅僅用1957年3月毛澤東的講話去否認四個月後毛、羅
> 答問的真實性；或者以海嬰先生敘事中存在某些細節出入為
> 由去推斷毛、羅對話之不可信，這種方法未免過於簡單。

在引用了賀聖謨、陳焜、黃宗英等人證明「毛、羅對話」確實存在的材料之後，嚴家炎先生從文學史的角度分析1957年夏天的「毛、羅對話」產生的背景：毛澤東在高度評價魯迅的同時，又認為魯迅對群眾中蘊藏的革命積極性估計不足，認為魯迅批判執政的國民黨的武器——雜文，並不適用於共產黨領導的區域內。在1942年延安文藝座談會上，毛澤東就批評了延安文藝界提出的「還是雜文時代，還要魯迅筆法」的論調。

只有到1956年至1957年春提倡『百花齊放、百家爭鳴』的時候，毛澤東的提法一度才有所鬆動。

然而接下來的幾個月，中國大地上風雲突變，出現了據說是

「黑雲壓城城欲摧」的嚴重形勢……在毛澤東的號令下，依靠「全國億萬工農兵說話」才擊退這場「資產階級右派分子」的「倡狂進攻」。此時提出「如果魯迅現在還活著會怎麼樣？」的問題，當然會得到嚴峻的回答。

嚴家炎先生最後特別強調：

> 毛澤東在羅稷南面前所作的這個回答，從另一方面說，又畢竟是他與魯迅真正相知、深深瞭解魯迅思想的一個表現。

周正章在發表了長達3萬多字的《魯迅先生死於須藤誤診真相》（《魯迅世界》2002年1期）之後，又發表了《駁秋石「愛護魯迅」的「道義」》（《魯迅世界》2003年1期）一文，逐一駁斥了秋石文中的錯誤觀點，在「關於對海嬰『羅稷南孤證』的攻擊」一節中，周正章指出：

> 賀先生與陳先生兩位的證詞，是比海嬰更直接的證詞，可證海嬰所言並非「孤證」。
> 而黃宗英女士「以現場直接見證人的身份，不僅證實了海嬰所言不是『孤證』，而且也證實了羅稷南所言確非『孤證』」。

稍後，本次論爭的重要人物秋石在《〈愛護魯迅是我們的共同道義〉一文寫作、發表的前前後後》（未刊稿）一文中披露了這篇引起強烈社會反響的文章的寫作經過和文章發表後的「極富曲折性、故事性」的情節，並特別強調他是本著愛護魯迅的願望寫作此

文的，並沒有什麼政治背景，另外，他和《求是》雜誌寫「三個代表」的「秋石」並不是一個人。

至此，這次在思想界、文化界引起強烈反響的論爭也就暫時告一段落了，但論爭所暴露出來的問題卻值得人們深思、回味。

（本文是《魯迅的五大未解之謎——世紀初的魯迅論爭》一書的序言，有刪改。該書已由東方出版社在2003年10月出版。）

關於魯迅其文的史實考辨

魯迅訴章士釗的訴狀與互辯書考論
——兼談章士釗的兩則佚文

　　有關魯迅訴章士釗的公案，學界已多有論述，但筆者在拜讀了相關研究文章之後卻感到前人的論述還在一定程度上存在著不全或帶有偏見之處，這或許是局限於當時的歷史環境，因而也是可以理解的。鑒於前人對魯迅訴章士釗案的經過已多有論述，本文將在前人研究的基礎上主要探討魯迅訴章士釗的訴狀與互辯書是否應是魯迅佚文的問題。

（一）魯迅訴章士釗的簡要經過

　　八月十日，章士釗遵照執政的命令停辦國立女子師範大學。

　　八月十二日，章士釗向臨時執政段祺瑞遞交了呈請審批准予免去周樹人教育部僉事職務的免職文（附帶指出，2000年出版的《章士釗全集》沒有收錄此文，因此此文應是章士釗的佚文），我們從魯迅保存下來的抄件可以看出章士釗所指出的免職理由：

　　　　敬祈呈者，竊查官吏服務，首先恪守本分，服從命令。
　　茲有本部僉事周樹人，兼任國立女子師範大學教員，於本部
　　下令停辦該校以後，結合黨徒，附合女生，倡設校務維持

會，充任委員。以此違法抗令，殊屬不合，應請明令免去本職，以示懲戒（並請補交高等文官懲戒委員會核議，以完法律手續）。是否有當，理合呈請　　　　鑒核施行。　謹呈

臨時執政

　　　　　　　十二（按：原文為「五」，後改為「二」）日

　　從魯迅的互辯書中可以看出這個呈文是在八月十三日獲得批准，而魯迅也是在此日被「公舉」為校務維持委員會委員。魯迅在十四日的日記中寫道：「我之免職令發表。」當日有許多友人前來探望魯迅，其中有魯迅在紹興府中學堂教書時的學生、當時在北京圖書館擔任職員的學生宋紫佩。宋紫佩擅長行文案牘，次日，他又和魯迅塾師壽鏡吾先生的次子、當時擔任平政院記錄科主任兼文牘科辦事書記的壽洙鄰同來看望魯迅。這兩個人在魯迅訴章士釗案中起到了重要的作用。

　　據尚鉞回憶：

　　在先生被撤職的次日，我去看他。當我走進小書齋時，他正在草擬起訴書。他見我進來，便放下筆轉身和我笑著說：「老虎沒有辦法，下了冷口。」「我已知道了，先生打算怎麼辦？」我想著他的生活，這樣問他。「這是意料中的事，不過為了揭穿老虎的假面目，我要起訴。」他坦然地笑著。「找哪個律師呢？」我問，隨手在煙筒中拿起一支煙。「律師只能為夫人爭財產；為思想界爭真理，還得我們自己動手。」他也拿起一支煙，順手燃著，把火柴遞與我。（《懷念魯迅先生》，載，《魯迅回憶錄》二集，上海文藝出版社1979年6月出版）

八月十五日，《京報》發表了一篇題為《周樹人免職之裏面為女師大問題》的文章，該文迅速披露了魯迅「已預備控訴書，日內即可向平政院呈遞」的消息：

教育部僉事周樹人，係浙江紹興籍，現兼任北大及女師大教授，自女師大風潮發生，周頗為學生出力，章士釗甚為不滿，故用迅雷不及掩耳手段，秘密呈請執政准予免職。聞周在浙系中甚負清望，馬敘倫、湯爾和、蔡元培均係彼之老友，意氣用事，徒資口實。聞周已預備控訴書，日內即可向平政院呈遞云。

八月二十一日，魯迅的學生孫伏園擔任編輯的《京報副刊》刊登了題為《魯迅先生的免職》的文章，該文為魯迅的免職鳴不平：

魯迅先生的主張與章總長的不同，而魯迅先生是章總長的部員，就因此得罪了部長。但是主張是主張，工作是工作，魯迅先生管的是社會教育司的工作，豈能干涉得了教部對於女師大若何處置；然而竟因此免職了。魯迅先生的社會教育司科長果然不稱職嗎？何以十四年來都是稱職的？稱職嗎，為什麼免職呢？

八月二十二日，劉百昭率領軍警和老媽子強行把女師大學生驅逐到報子街補習科內；魯迅也在此日向平政院遞交了訴狀。他在八月二十三日給臺靜農的信中說：

這次章士釗的舉動，我倒並不為奇，其實我也太不像官，本

該早被免職的了。但這是就我自己一方面而言。至於就法律方面講，自然非控訴不可，昨天已經在平政院投了訴狀了。

魯迅博物館現在還保存著平政院開具的這張收據。

> 平政院收據
> 今收到周樹人　付正訴狀一件　附△件
> 　　　　　　　　　　　　中華民國十四年八月廿二日

八月二十四日，許壽裳、齊壽山發佈《許壽裳、齊壽山反對教育總長章士釗之宣言》，以辭職的方式抗議章士釗非法免除魯迅的僉事職務。

八月二十六日，女師大學生李桂生等24人向京師地方檢察廳遞交訴狀控告章士釗、劉百昭、戴修瓚。

九月五日，魯迅赴平政院遞交了訴狀的補充內容，從章士釗答辯書中的內容可知主要是追加對章士釗「倒填日期」的指控。這張訴狀的收據也保存至今：

> 平政院收據
> 今收到周樹人　正訴狀一件　　附△件
> 　　　　　　　　　　　　中華民國十四年九月五日

九月十二日，魯迅收到了平政院准予受理此案的通知：

> 平政院批第壹柒貳號
> 原具狀人　周樹人

状一件，因不服教育部免職之處分等情由。狀悉，　據
稱因不服教育部違法免職之處分，提起行政訴訟等情。案經
本院審查與行政訴訟相符，堪予受理。仰侯將訴狀副本咨送
被告官署，依法答辯。此批。

中華民國十四年九月十二日

十月十三日，魯迅收到了平政院的通知和轉來的章士釗的答辯
書，因其中有魯迅書信的殘篇，茲轉錄如下：

平政院　為
通知事。據該訴訟人聲稱前因教育部違法免職提起行政
訴訟一案，奉鈞院批准受理並咨行被告答辯各在案。此項答
辯書想已提出，請即發下以便互辯等情。查本案答辯書現准
教育部咨送到院，茲將副本發交該訴訟人，如有互辯理由，
限文到五日繕具訴狀呈院可也。特此通知。
右仰訴訟人周樹人　准此

中華民國十四年十月十三日

魯迅在當天的日記中記述：「得平政院通知，即送紫佩並附
信。」十月十六日，魯迅就得到了宋紫佩送來的互辯書提綱。魯迅
在對提綱進行修改之後立即送交平政院。魯迅博物館現在還保存著
平政院開具的收據：

平政院收據
今收到周樹人　正訴狀一件　附一件

中華民國十四年十月十六日

十一月二十九日，遊行學生搗毀章士釗和劉百昭等人的住宅，十一月三十日，女師大學生復校。章士釗等人避居天津。

新任教育總長易培基在接到平政院轉來的魯迅的互辯書後沒有再行答辯，而是稱：「此案係前任章總長辦理，本部無再行答辯之必要。」

一九二六年一月十六日，教育總長易培基簽發命令，在平政院還沒有審理完魯迅訴章士釗非法免職案的情況下就恢復了魯迅的職務：

教育部令第十六號
兹派周樹人暫署本部簽事，在秘書處辦事。此令。
中華民國十五年一月十六日
教育總長　易培基

一月十八日下午，魯迅開始赴教育部上班。

二月二十四日，魯迅收到壽洙鄰的信：「案已於昨日開會通過，完全勝利，大約辦稿呈報得批登公報，約需兩星期也。」

三月四日教育總長易培基簽發教育部部令第五一號：

本部暫屬僉事周樹人應照原敘等級給俸……此令。
教育總長　易培基

三月十六日，魯迅接到平政院通知：

前據訴訟人因不服教育部呈請免職之處分，提起行政訴訟一案，業經本院依法裁決，仰即……繳納裁決書送達費一元，以便送達裁決書。

三月十七日魯迅日記記載：往平政院交裁決書送達費一元。

三月三十一日發出國務總理賈德耀簽發「臨時執政訓令第十三號」：

> 令教育總長
>
> 　據平政院院長王大燮呈，審理前教育部僉事周樹人陳述不服教育部呈請免職之處分，指為違法，提起行政訴訟一案，依法裁決教育部之處分應予取消等語，著教教育部查照執行，此令。
>
> 國務總理　賈德耀

四月六日，魯迅收到了平政院的裁決書：

> 平政院　為
>
> 　通知事。前據該訴訟人周樹人訴為不服教育部呈請免職之處分提起行政訴訟一案，業經本院就書狀裁決。自將裁決書繕本送達，仰即遵照，特此通知。
>
> 右仰訴訟人周樹人　准此
> 中華民國十五年四月六日

至此，這場官司終於以魯迅的勝利而告終。

有趣的是，魯迅在平政院裁決結果出來之前的三個月就已經提前恢復了教育部僉事職務，而他又在南下廈門大學的三個月之後才被正式解除僉事職務。一九二六年十一月二十七日，教育總長任可澄簽發教育部部令第一七〇、一七一號：

本部暫屬僉事毋庸周樹人在秘書處辦事，此令。

教育總長　任可澄

毋庸周樹人暫屬僉事，此令。

教育總長　任可澄

（二）魯迅訴章士釗的訴狀與互辯書的殘篇

　　鑒於魯迅訴章士釗的訴狀與互辯書的原件迄今沒有發現，本文將從魯迅保存下來的《平政院裁決書》入手先鉤稽出訴狀與互辯書的殘篇。

　　1983年4月出版的《魯迅生平史料彙編》第三輯全文收錄了《平政院裁決書》（原件現存魯迅博物館，全文無標點），為了下文論述的方便，茲將全文轉錄如下：

平政院裁決書

原告：周樹人，年四十四歲，浙江紹興縣人，前教育部
　　　僉事

被告：教育部

　　右　原告因不服被告呈請免職之處分，指為違法，提起行政訴訟，本庭審理裁決如左：

主文：

教育部之處分取消之。

事實：

　　原告曾任教育部僉事，已歷多年。上年八月間被告停辦國立女子師範大學，該校學生不服解散，爭執甚劇。被告以原告兼任該校教員，認為有勾結學生反抗部令情事，遂行呈

請免職。原告不服，指為處分違法，來院提起行政訴訟。分由第一庭審查，批准受理。續據被告答辯到院，當即發交原告互辯，嗣後又將互辯咨送被告，旋准咨覆：「此案係前任總長辦理，本部無再行答辯之必要」等語。茲將原告陳訴互辯及被告答辯各要旨列左：

原告陳訴要旨：

「樹人充教育部僉事，已十有四載，恪恭將事，故任職以來，屢獲獎敘。詎教育總長章士釗，竟無故將樹人呈請免職。查文官免職係屬懲戒處分之一，依文官懲戒條例第十八條之規定，須先交付懲戒，始能依法執行。乃竟濫用職權，擅自處分，無故將樹人免職，並違文官懲戒條例第一條及文官保障法草案第二條之規定，此種違法處分，實難緘默」等語。

被告答辯要旨：

本部停辦國立女子師範大學，委部員前往接收，不意本部僉事周樹人，原係社會司第一科科長，地位職責均極重要，乃於本部停辦該校正屬行政嚴重之時，竟敢勾結該校教員及少數不良學生，繆託校務維持會名義，妄有主張，公然與所服務之官署立於反抗地位。據接收委員報告，親見該員盤踞校舍，集眾開會，確有種種不合之行為。校務維持會擅舉該員為委員，該員又不聲明否認，顯係有意抗阻本部行政。查官吏服務令第一條：凡官吏應竭盡忠勤，服從法律命令以行職務。第二條：長官就其範圍以內所發命令，屬官有服從之義務。第四條：屬官對於長官所發命令如有意見，得隨時陳述。第二十九條：凡官吏有違上開各條者，該管長官依其情節，分別訓告或付懲戒。規定至為明切。今周樹人既

未將意見陳述，複以本部屬官不服從本部長官命令，實已違反文官服務條令第一第二第四各條之規定。本部原擬循例呈請交付懲戒，乃其時女師大風潮形勢嚴重，若不即時採取行政處分，一任周樹人以部員公然反抗本部行政，深恐群相效尤，此項風潮愈演愈惡，難以平息。不得已於將呈請周樹人免職等語。

　　原告互辯要旨：

　　「（一）查該部稱樹人以部員資格，勾結該校教員及不良學生妄有主張等語，不明言勾結何事，信口虛捏，全無事實證據。樹人平日品性人格，向不干預外事，社會共曉。此次女師大應否解散，尤與樹人無涉，該部對於該校舉動是否合宜，從不過問，觀答辯內有周樹人既未將意見陳述一言，可知樹人在女師大擔任教員，關於教課，為個人應負之責，若有團體發表事件，應由團體負責，尤不能涉及個人。

　　（二）該答辯稱，據接收委員報告，入校辦公時親見該員盤踞校舍，集眾開會，確有種種不合之行為云云。試問報告委員何人？報告何在？樹人盤踞何狀？不合何事？概未言明，即入人罪？答辯又稱：該偽校務維持會擅舉該員為委員，該員又不聲明否認，顯系有意抗阻本部行政。查校務維持會公舉樹人為委員系在八月十三日，而該部呈請免職據稱在十二日，豈預知將舉樹人為委員而先為免職之罪名耶？況他人公舉樹人，何能為樹人之罪？（三）官吏服務令第二條：長官就其監督範圍以內發佈命令，屬官有服從之義務，但有左列各項情形者不在此限。樹人任教育部僉事，充社會教育司第一科科長，與女師大停辦與否，職務上毫無關係，乃反以未陳述意見指為抗違命令，理由何在？且又以未陳述意見即為

違反服務令第一第二第四等條，其理由又安在？殊不可解。

（四）該答辯書謂本部原擬循例呈請懲戒，乃其時女師大風潮最劇，形勢嚴重，若不即時採取行政處分，一任周樹人以部員公然反抗本部行政，深恐群相效尤，此次風潮愈演愈惡，難以平息，不得已呈請免職。查以教長權利整頓一女校，何至形勢嚴重？依法免一部員，何至用非常處分？且行政處分原以合法為範圍，凡違法令之行政處分，當然無效」等語。

理由：

依據前述事實，被告停辦國立女師大學，原告兼任該校教員是否確有反抗部令情事，被告未能證明，縱使屬實，涉及文官懲戒條例規定範圍，自應交付懲戒，由該委員會依法議決處分，方為合法。被告遽行呈請免職，確與現行法令規定程式不符，至被告答辯內稱「原擬循例交付懲戒，其時形勢嚴重，若不採用行政處分，深恐群相效尤」等語，不知原告果有反抗部令嫌疑，先行將原告停職或依法交付懲戒已足示儆，何患群相效尤，又何至迫不及待，必須採用非常處分？答辯各節並無理由，據此論斷，所有被告呈請免職之處分屬違法，應予取消。茲依行政訴訟法第二十三條之規定裁決如主文。

第一庭庭長、評事　邵章（印）

第一庭評事　　　　吳焻（印）

第一庭評事　　　　賀俞（印）

第一庭評事　　　　延紅（印）

第一庭評事　　　　周貞亮（印）

第一庭書記官　　　孫祖漁（印）

中華民國十五年三月廿三日

從《平政院裁決書》中可以鈎稽出魯迅訴狀和互辯書的主要內容如下：

（1）訴狀

樹人充教育部僉事，已十有四載，恪恭將事，故任職以來，屢獲獎敘。詎教育總長章士釗，竟無故將樹人呈請免職。查文官免職係屬懲戒處分之一，依文官懲戒條例第十八條之規定，須先交付懲戒，始能依法執行。乃竟濫用職權，擅自處分，無故將樹人免職，並違文官懲戒條例第一條及文官保障法草案第二條之規定，此種違法處分，實難緘默。

（2）互辯書

（一）查該部稱樹人以部員資格，勾結該校教員及不良學生妄有主張等語，不明言勾結何事，信口虛捏，全無事實證據。樹人平日品性人格，向不干預外事，社會共曉。此次女師大應否解散，尤與樹人無涉，該部對於該校舉動是否合宜，從不過問，觀答辯內有周樹人既未將意見陳述一言，可知樹人在女師大擔任教員，關於教課，為個人應負之責，若有團體發表事件，應由團體負責，尤不能涉及個人。

（二）該答辯稱，據接收委員報告，入校辦公時親見該員盤踞校舍，集眾開會，確有種種不合之行為云云。試問報告委員何人？報告何在？樹人盤踞何狀？不合何事？概未言明，即入人罪？答辯又稱：該偽校務維持會擅舉該員為委員，該員又不聲明否認，顯係有意抗阻本部行政。查校務維持會公舉樹人為委員係在八月

十三日，而該部呈請免職據稱在十二日，豈預知將舉樹人為委員而先為免職之罪名耶？況他人公舉樹人，何能為樹人之罪？

（三）官吏服務令第二條：長官就其監督範圍以內發佈命令，屬官有服從之義務，但有左列各項情形者不在此限。樹人任教育部僉事，充社會教育司第一科科長，與女師大停辦與否，職務上毫無關係，乃反以未陳述意見指為抗違命令，理由何在？且又以未陳述意見即為違反服務令第一第二第四等條，其理由又安在？殊不可解。

（四）該答辯書謂本部原擬循例呈請懲戒，乃其時女師大風潮最劇，形勢嚴重，若不即時採取行政處分，一任周樹人以部員公然反抗本部行政，深恐群相效尤，此次風潮愈演愈惡，難以平息，不得已呈請免職。查以教長權利整頓一女校，何至形勢嚴重？依法免一部員，何至用非常處分？且行政處分原以合法為範圍，凡違法令之行政處分，當然無效。

（三）魯迅訴章士釗的訴狀與互辯書的原貌考

（1）魯迅訴狀的原貌考

鑒於魯迅的訴狀至今沒有發現原件，我們可以從如下幾個角度嘗試恢復其原貌。

《魯迅生平史料彙編》第三輯全文收錄了《國立北京女子師範大學被難學生控告章士釗劉百昭戴修鸞狀詞》，這為我們提供了民國時期訴狀的樣本。

國立北京女子師範大學被難學生控告章士釗劉百昭戴修鶯狀詞

告訴人

李桂生　年二十三歲　安徽太平人

雷瑜　　年二十二歲　湖南寶慶人

……（共24人，此處略）

　　右告訴人均系國立北京女子師範大學學生。原住國立北京女子師範大學內，現寓報子街補習科內。

被告人

章士釗，湖南人。現任教育總長。

劉百昭，湖南人。教育部專門教育司司長。

戴修鶯，湖南人。現任教育部科長。

　　為傷害侮辱，濫施捕禁，怙惡不悛，數罪俱發；懇請提起公訴，按律懲辦，以保障民權事。竊生等，離家萬里，負笈京華，素守學生本分，毫無越軌行動。禍因章士釗重長教育，懷挾私恨，激動學潮……自應依法告訴，付訖均廳迅拘該章士釗、劉百昭、戴修鶯及其餘一干人等到案。提起公訴，按律懲辦，以保人權施行。

　　　　　　　　　　　　　謹呈

京師地方檢察廳　公鑒

　　　　　　　　中華民國十四年八月二十六日

　李桂生　印　　劉和珍　印　　雷瑜　印　　張靜淑　印

（以下是20人的印，此處略）

　　魯迅博物館還保存著章士釗的答辯書，這可以為我們提供重要的參考。附帶指出，2000年出版的《章士釗全集》沒有收錄此文，

因此該文應是章士釗的佚文。

查周樹人免職理由，本部上執政呈文業經聲敘明白，茲更為貴院述之：本年八月十日，本部遵照執政訓令停辦國立女子師範大學，當委部員劉百昭等前往接收，不意本部僉事周樹人，原係社會司第一科科長，地位職責均極重要，乃於本部執行令准停辦該校，正屬行政嚴重之時，竟敢勾結該校教員、搗亂分子及少數不良學生，繆托校務維持會名義，妄有主張，公然與所服務之官署悍然立於反抗地位。據接收委員會報告，入校辦公時親見該員盤踞校舍，集眾開會，確有種種不合之行為。又該偽校務維持會，擅舉該員為委員，該員又不聲明否認，顯系有意抗阻本部行政，既情理之所難容，亦法律之所不許。查官吏服務令第一條：凡官吏應竭盡忠勤，從法律命令以行職務。第二條：長官就其範圍以內發佈命令，屬員有服從之義務。第四條：屬官對於長官所發命令如有意見，得隨時陳述。第二十九條：凡官吏有違上開各條者，該管長官依其情節，分別訓告，或付懲戒。規定至為明切。今周樹人既未將意見陳述，復以本部屬員不服從本部長官命令，實已違反文官服務條令第一第二第四各條之規定。本部原擬循例呈請交付懲戒，乃其時女師大風潮最劇，形勢嚴重，若不即時採取行政處分，一任周樹人以部員公然反抗本部行政，深恐群相效尤，此項風潮愈演愈惡，難以平息。不得已於八月十二日呈請　執政將周樹人免職，十三日由執政明令照准，此周樹人免職經過之實在情形也。查原訴狀內有無故免職等語，系欲以無故二字遮掩其與女師大教習學生集會違令各行為，希圖脫免。至追加理由所稱本部呈請執

政將周樹人免職稿件倒填日月一節，實因此項免職事件情出非常，本部總長係於十二日面呈 執政，即日明令發表，隨後再將呈稿補發存案。即日補發，無所謂倒填，情勢急迫，本部總長應有權執行此非常處分，周樹人不得引為口實。茲特詳敘事實答辯如右。

倘若我們對照一下章士釗的答辯書和裁決書中所引述的「被告答辯要旨」，可以看出，裁決書基本上完整引述了章士釗的答辯書的主要內容。因此，我們可以認為裁決書也引述了魯迅的訴狀的主要內容。按照訴狀的體例和裁決書的相關內容，我們大致可以恢復魯迅訴狀的原貌如下：

教育部前僉事周樹人控告教育部狀詞

告訴人：

周樹人，年四十四歲，浙江紹興縣人。

右告訴人係前教育部僉事，住宮門口三條胡同。

被告：教育部

　　為違法呈請免職；懇請提起行政訴訟，按律裁決，以保障民權

　　樹人充教育部僉事，已十有四載，恪恭將事，故任職以來，屢獲獎敘。詎教育總長章士釗，竟無故將樹人呈請免職。查文官免職係屬懲戒處分之一，依文官懲戒條例第十八條之規定，須先交付懲戒，始能依法執行。乃竟濫用職權，擅自處分，無故將樹人免職，並違文官懲戒條例第一條及文官保障法草案第二條之規定，此種違法處分，實難緘默。提起行政訴訟，按律裁決，以保障民權施行。

謹呈

北平平政院　公鑒

中華民國十四年八月二十二日

周樹人　印

（2）魯迅互辯書的原貌考

魯迅博物館現在還保存著一份互辯書的提綱，這份提綱寫在四頁帶有「法政學堂校外自修科筆記本」字樣的紙張上。孫瑛先生在對這份提綱進行筆跡鑑定後認為是宋紫佩的筆跡，並推測有兩個可能：「一個是宋紫佩或許當時正從事於這樣的『自修』；一個可能是由他再去請教那位『法官』壽洙鄰，同時就在壽洙鄰那裏取到這種紙張將提綱寫了出來。」

鑑於一些研究者對這份提綱的引述或者不全或者有不少錯誤，茲將這份提綱的全文轉錄如下：

提綱：

甲　事實之誣欄

一、查該總長妄稱○○以部員資格勾結該校教員搗亂分子及少數不良學生，繆托校務維持會名義，妄有主張等語全部略言，勾結何事？搗亂分子及不良學生何人？○○主張何事？信口虛捏，全無事實證據，殊不稱長官體統，有玷人格。況各部職員兼任國立各校教員不下數百人，○○為女師大兼任教員之一，在部則為官吏，在校則為教員，兩種資格，各有職責，不容率混。乃該總長竟誣為以部員資格勾結該校，何所見而雲然？尤屬荒謬。

二、○○平日品性人格，向不干預外事，社會共曉。此次女

師大應否解散，與○○無涉，故該總長對於該校舉動是否合宜，○○從不過問。在部誣衊個人，朦惑執政，不但違憲，實犯刑章。據答辯書有周樹人既未將意見陳述一言，可知從未干預之。○○在女師大擔任教員職務，一方關於教課，固為個人應負之責，一方關於公眾，又為團體共負之責。若有團體發表之事件，應由團體負責，尤不能涉及個人，更不能為誣○○一人而加以非法？譬如現北大與教部脫離關係，公然反抗，實為團體之運動，豈北大教員之兼部職員者將悉負其責也？

三、該答辯稱「據接收委員會報告云云至種種不法行為」，試問報告委員何人？報告何在？○○盤踞何狀？不合何事？概未言明，即入人罪○○？且謂教員維持校務會為偽託，偽者何在耶？豈凡為教員者於法不得維持校務耶？

四、答辯又稱「該偽校務維持會推舉○○為委員乃在八月十三日」，而該總長呈請免職折稱在十二日，豈預知將舉○○為委員而先為免職之罪名耶？況他人公舉，何能為○○之罪？

五、照舊云云至。○○充教育部僉事、社會教育司科長，與女師大停辦與否，職守上毫無關係。故對於女師大停辦命令從未一字陳述意見，亦實無陳述之職責，既未陳述意見，即無違命之舉動及言論可知，乃章士釗反以未陳意見指為抗違命令，其理由何在？又以未陳述意見即為違反服務令第一、二、四等條，此理由又安在？殊不可解。豈官吏須出位陳述職守以外之意見方為遵守服務令耶？何悖謬至此！

六、該答辯書謂本部原「擬循例呈請懲戒，乃其時云云，不

得已呈請免職。」查以教長權利整頓一女校，何至形勢嚴重？依法免一部員職，何至迫不及待？風潮難平，事關學界，何至非常處分？此等飾詞，殊為可笑！且所謂行政處分，原以合法為範圍，凡違法令之行政處分，當然無效，此官吏服務令所明白規定者。今章士釗不依法懲戒，殊屬身為長官弁髦法令……

基上理由，請將章士釗答辯各節加以駁斥，並懇迅賜裁決，撤銷該部違法處分，以伸法紀

呈

平政院

十月十六日

　　如果把這份提綱和《平政院裁決書》中引述的魯迅最終呈交的互辯書對照一下，就可以看出魯迅基本上是在這份提綱的基礎上整理出最終的互辯書：魯迅把提綱中的第一、第二兩條合併為互辯書的第一條，把提綱中的第三、第四條合併為互辯書的第二條，把提綱中的六條調整為四條；此外魯迅還對提綱的文字進行了加工，使之更加流暢，並特別刪除了一些比較激烈的文字，使之更加有理、有力、有節。

　　在此基礎上，我們可以嘗試恢復魯迅互辯書的原貌如下：

周樹人互辯書

（一）查該部稱樹人以部員資格，勾結該校教員及不良學生妄有主張等語，不明言勾結何事，信口虛捏，全無事實證據。樹人平日品性人格，向不干預外事，社會共曉。此次女師大應否解散，尤與樹人無涉，該部對於

該校舉動是否合宜，從不過問，觀答辯內有周樹人既未將意見陳述一言可知。樹人在女師大擔任教員，關於教課，為個人應負之責，若有團體發表事件，應由團體負責，尤不能涉及個人。

（二）該答辯稱，據接收委員報告，入校辦公時親見該員盤踞校舍，集眾開會，確有種種不合之行為云云。試問報告委員何人？報告何在？樹人盤踞何狀？不合何事？概未言明，即入人罪？答辯又稱：該偽校務維持會擅舉該員為委員，該員又不聲明否認，顯係有意抗阻本部行政。查校務維持會公舉樹人為委員係在八月十三日，而該部呈請免職據稱在十二日，豈預知將舉樹人為委員而先為免職之罪名耶？況他人公舉樹人，何能為樹人之罪？

（三）官吏服務令第二條：長官就其監督範圍以內發佈命令，屬官有服從之義務，但有左列各項情形者不在此限。樹人任教育部僉事，充社會教育司第一科科長，與女師大停辦與否，職務上毫無關係，乃反以未陳述意見指為抗違命令，理由何在？且又以未陳述意見即為違反服務令第一第二第四等條，其理由又安在？殊不可解。

（四）該答辯書謂本部原擬循例呈請懲戒，乃其時女師大風潮最劇，形勢嚴重，若不即時採取行政處分，一任周樹人以部員公然反抗本部行政，深恐群相效尤，此次風潮愈演愈惡，難以平息，不得已呈請免職。查以教長權利整頓一女校，何至形勢嚴重？依法免一部員，何至用非常處分？且行政處分原以合法為範圍，凡違

法令之行政處分，當然無效。

基上理由，請將章士釗答辯各節加以駁斥，並懇迅賜裁決，撤銷該部違法處分，以伸法紀。

呈

平政院

十月十六日

（四）結論

由於長期以來一直沒有發現魯迅的訴狀與互辯書的原件，所以魯迅的這兩篇文章一直沒有得到應有的重視。值得慶幸的是，魯迅本人保存著平政院關於本案的裁決書，使後人可以從這份裁決書一窺魯迅的訴狀與互辯書的主要內容。因為裁決書引述了魯迅的訴狀與互辯書的主要內容，筆者認為，鑒於這兩篇文章的內容並不是普通的事務性文字，而是涉及到魯迅的鬥爭策略，對於研究魯迅當時的思想狀況有著重要的參考價值，因此在某種程度上，這兩篇文章也可視為魯迅的佚文。至少，魯迅的互辯書在對照原來的提綱再增補部分帶有訴狀格式文字的情況下，可以視為魯迅的佚文。

新發現的魯迅題《初期白話詩稿》佚文本事

筆者近日在北京魯迅博物館資料庫查看資料時偶然看到一幅魯迅在《初期白話詩稿》扉頁上題贈許壽裳的手跡，於是立即抄錄了這幅手跡的內容，通過查找人民文學出版社在2005年出版的《魯迅全集》和人民出版社在2009年出版的《魯迅著譯編年全集》，確認這幅手跡的內容沒有被編入這兩部魯迅全集之中，應當是魯迅的佚文。

一、魯迅題《初期白話詩稿》文字介紹

魯迅在《初期白話詩稿》扉頁的題詞如下：

> 劉半農所贈五本之一，以此分送季市兄也。
>
> 魯迅記（並蓋「魯迅」印）
>
> 一九三三年三月二日
>
> 上海

查魯迅日記，1933年3月1日的日記記載：「……得靜農信並《初期白話詩稿》五本，半農所贈。得季市（按：即許壽裳）信。……夜寄母親信。復靜農信……」（《魯迅全集》第16卷，人

民文學出版社2005年出版。下文引用的魯迅日記及書信的內容均引自此版。）查魯迅書信，魯迅在1933年3月1日至臺靜農的信中告訴臺靜農收到了《初期白話詩稿》：「靜農兄：二月廿四信，講稿並白話詩五本，今日同時收到……」魯迅收到5本《初期白話詩稿》後很快就又把該書送給了幾位朋友。魯迅在3月5日地日記記載：「……晚端仁及雁賓（按：即茅盾）來，同至聚風樓夜飯，共五人。贈端仁、雁賓以《初期白話詩稿》各一本……」魯迅在3月9日的日記記載：「……季市來，贈以《豎琴》兩本，《初期白話詩稿》一本……」魯迅還特地在送給許壽裳的這本《初期白話詩稿》的扉頁上題寫了幾句話，從落款時間可以看出魯迅是在收到此書的次日即3月2日就準備送給許壽裳。通過魯迅書信可以看出，魯迅在3月2日寫信告訴許壽裳已經委託內山書店直接給他郵寄了兩本代買的兒童心理學書籍，大約是因為這兩本兒童心理學書籍是從內山書店購買並由內山書店直接郵寄，所以魯迅沒有把這本《初期白話詩稿》和代買的兩本兒童心理學方面的書一塊郵寄，直到3月9日，許壽裳來訪，魯迅才面交給他。不過，從魯迅收到《初期白話詩稿》的次日就題款送給許壽裳也可以看出兩人的友誼之深厚。

因為這本《初期白話詩稿》扉頁上有魯迅的手跡，所以被作為國家一級文物收藏在魯迅博物館文物庫房之中。從魯迅博物館文物來源檔案中可以看到，這本書是1957年從從許壽裳的藏書中提出來的，該書由陶伯勤（按：是許壽裳夫人）女士捐贈，經手人是魯迅博物館當時負責文物工作的許羨蘇和葉淑穗兩位女士。因為查閱魯迅的文物比較困難，所以魯迅的這個題詞不被研究者所知，也因此一直沒有被公開發表過。

魯迅收到了5本《初期白話詩稿》，在日記中記載有3本送給了友人，其餘2本自己保存留念了。據魯迅博物館編《魯迅手跡和藏

書目錄》，在線裝本子部第七藝術類記載：《初期白話詩稿》劉復輯　民國二十二年北平星雲堂書店　彩色影印本一冊　白紙本另一部。另外，從魯迅博物館的藏書資料庫中，可以檢索出現有《初期白話詩稿》4本：魯迅題款贈許壽裳的一本，魯迅本人藏書中的兩本，錢玄同藏書中的一本。另外，查魯迅日記可以看出宋紫佩也送給魯迅一本《初期白話詩稿》，魯迅在6月4日的日記中記載：「……得紫佩信並《初期白話詩稿》一本，五月三十日發……」筆者推測，有可能這一本書是由周作人在收到劉半農交來的樣書之後交給宋紫佩轉寄給魯迅的，因為《初期白話詩稿》也保留了周作人為魯迅抄寫的兩首詩的手稿，只是這一本的下落待考。

　　劉半農在《初期白話詩稿‧引言》中說：「魯迅先生在當時作詩署名唐俟，那時他和周豈明先生同住在紹興縣館裏，詩稿是豈明代抄，魯迅自己寫了個名字。現在豈明住在北平，魯迅住在上海，恐怕不容易再有那樣合作的機會，這一點稿子，也就很可珍貴了。」周作人抄寫魯迅的兩首詩投寄給《新青年》的編輯劉半農，這顯示出周氏兄弟的親密關係，但是魯迅和周作人在1923年決裂之後就幾乎沒有往來，這本《初期白話詩稿》為周氏兄弟的友誼提供了一個歷史見證。此外，這一本《初期白話詩稿》也是魯迅和劉半農友誼的一個歷史見證，收入《初期白話詩稿》的魯迅的這兩首詩就是劉半農親自約稿並編輯發表的。

二、劉半農為何託台靜農轉寄《初期白話詩稿》？

　　值得一提的是，劉半農為了紀念《新青年》雜誌在1917年提倡新詩十五周年，而在1932年底根據自己保存下來的李大釗、沈尹默、沈兼士、周作人、胡適、陳衡哲、陳獨秀、魯迅等8人的新詩手稿（按：魯迅的兩首詩係周作人抄寫，魯迅只簽了名字「唐

俟」）編選的《初期白話詩稿》，在1933年由北平星雲堂書店影印出版後沒有直接郵寄給該書作者之一的魯迅，而是交給魯迅的友人臺靜農轉寄。這是因為劉半農和魯迅的關係已經比較僵了。

魯迅與劉半農在《新青年》雜誌時期的交往比較密切，劉半農和錢玄同作為《新青年》的編輯還多次邀魯迅為《新青年》寫稿。但是自劉半農在1920年出國留學後，兩人就疏遠了。1925年秋，劉半農學成回國，但他和魯迅的交往仍然比較少。1926年春，劉半農重印《何典》，並請魯迅寫序言。魯迅在序言中說：「我看了樣本，以為校勘稍迂，空格令人氣悶。半農的士大夫氣似乎還太多。」（《魯迅全集》第七卷第308頁）這引起了劉半農的不滿，魯迅在劉半農去世後寫的《憶劉半農君》一文中說：「我那時還以老朋友自居，在序文上說了幾句老實話，事後，才知道半農頗不高興了。」（《魯迅全集》第六卷第74頁）

兩年後，魯迅再次引起了劉半農的強烈不滿。這是因為魯迅在1928年4月2日出版的《語絲》4卷14期上刊登了讀者洛卿的來信，這封信指出了劉半農關於林則徐命運結局的史實錯誤。魯迅後來在1929年12月22日撰寫的《我和〈語絲〉的始終》一文中寫出了劉半農不給《語絲》雜誌投稿的原因：「自從我萬不得已，選登了一篇極平和的糾正劉半農先生的『林則徐被俘』之誤的來信以後，他就不再有片紙隻字。」（《魯迅全集》第四卷第174頁）從兩人在此事發生四個月之後的會見情景可以看出兩人的關係已經陷入低谷了。1928年8月4日晚，李小峰請客，魯迅和林語堂、劉半農、沈尹默、郁達夫等出席，但是魯迅和劉半農已經無話可談了。魯迅後來在《憶劉半農君》一文中提到了這次會面：「五六年前，曾在上海的宴會上見過一回面，那時候，我們幾乎已經無話可談了。」（《魯迅全集》第6卷第75頁）多年之後，魯迅在1932年11月20日

回到北平探望母親，劉半農本來想去看望魯迅，但被別人勸止了。對此，魯迅後來在《憶劉半農君》一文中文章說：「不過，半農的忠厚，是還使我感動的。我前年曾到北平，後來有人通知我，半農是要來看我的，有誰恐嚇了他一下，不敢來了。這使我很慚愧，因為我到北平後，實在未曾有過訪問半農的心思。」（《魯迅全集》第6卷第75頁）

　　大約也就是在這次魯迅回北平探望母親之後不久，劉半農在1932年年底把自己保存下來的白話詩稿編輯成《初期白話詩稿》一書交給北平星雲堂書店出版。劉半農鑒於自己與魯迅的關係已經比較僵了，所以在該書於1933年2月出版之後就委託自己和魯迅的共同朋友台靜農給魯迅郵寄了5本樣書。劉半農通過臺靜農和魯迅聯繫也是有先例的。1927年9月，劉半農就是通過臺靜農轉達了他和瑞典人斯文赫定希望推薦魯迅為諾貝爾文學獎候選人的建議的，不過，魯迅對此建議予以婉拒。

　　1933年10月12日，魯迅看到了劉半農在《論語》第26期上發表的《問卷雜詩》六首，於是撰寫了《「感舊」以後（下）》批評劉半農嘲笑青年學生用錯字的行為：「當時的白話運動是勝利了，有些戰士，還因此爬了上去，但也因為爬了上去，就不但不再為白話戰鬥，並且將它踏在腳下，拿出古字來嘲笑後進的青年了。因為還正在用古書古字來笑人，有些青年便又以看古書為必不可省的工夫，以常用文言的作者為應該模仿的格式，不再從新的道路上去企圖發展，打出新的局面來了。」（《魯迅全集》第五卷第352頁）

　　雖然魯迅對劉半農在漸居了要津之後的許多行為不滿，並撰文予以批評，但是當劉半農在1934年7月14日去世之後，魯迅對這位昔日的友人表達了懷念之情，他在8月1日撰寫的《憶劉半農君》一文中說：「現在他死了，我對於他的感情，和他生時也並無變化，

我愛十年前的半農，而憎惡他的近幾年。這憎惡是朋友的憎惡，因為我希望他常是十年前的半農，他的為戰士，即使『淺』罷，卻於中國更為有益。我願以憤火照出他的戰績，免使一群陷沙鬼將他先前的光榮和死屍一同拖入爛泥的深淵。」（《魯迅全集》第六卷第75頁）

新發現的魯迅致蔡元培書信本事

　　筆者近日在北京魯迅博物館資料庫查看資料時偶然看到一幅魯迅介紹荊有麟去見蔡元培的書信手跡，當時抄錄了這幅手跡的內容，通過查找人民文學出版社在2005年出版的《魯迅全集》和人民出版社在2009年出版的《魯迅著譯編年全集》，確認這幅手跡的內容沒有被編入這兩部魯迅全集之中，應當是魯迅的佚文。在魯迅先生誕辰130之際發現魯迅的這篇佚文，無疑也是對魯迅先生的最好的紀念。

一、魯迅致蔡元培信介紹

　　魯迅在一張蓋有「春陽寫真館」印章的裝照片的袋子的正面寫下了如下文字：

　　呈
　　蔡子民先生
　　　　樹人

　　另外，魯迅在一個小一號的裝照片的袋子上寫有如下文字：

介紹

荊有麟君面奉

蔡孑民先生

　　周樹人

　　十二月六日

　　在這張紙上標有0014的號碼，並有「已辦」字樣。與上述信封和信紙在一起的還有魯迅寫在兩張稿紙上的致蔡元培的信件，分別標有0015和0016的號碼，已經被《魯迅全集》收錄。信的內容如下：

致　　蔡元培

　　子民先生几下，謹啟者：久違雅範，結念彌深，伏知賢勞，未敢趨謁。茲有荊君有麟，本樹人舊日學生，忠於國事，服務已久，近知江北一帶，頗有散兵，半是北軍舊屬，既失渠率，逆散江湖，出沒不常，亦為民患。荊君往昔之同學及同鄉輩，間亦流落其中，得悉彼輩近態，本非夙心，倘有所依，極甘歸命，因思招之使來，略加編練，則內足以紓內顧之勞，外足以擊殘餘之敵。其於黨國，誠為兩得。已曾歷訪數處，貢其款誠，尤切希一聆先生教示，以為軌臬。輒不揣微末，特為介紹，進謁臺端，倘蒙假以顏色，俾畢其詞，更賜指揮，實為萬幸。肅此布達，敬請道安。

後學周樹人　啟上　十二月六日

　　從上述魯迅寫在照片袋上的文字和一張牛皮紙上的文字來看，這實際上是一封介紹荊有麟去拜見蔡元培的介紹信，也就是說，魯

迅在1927年12月6日給蔡元培實際上寫了兩封信，第一封是介紹荊有麟去拜見蔡元培的介紹信，第二封是魯迅向蔡元培推薦荊有麟去江北接收改編散兵的推薦信，後者雖然已經收入《魯迅全集》之中，但是和第二封信在一起的第一封信卻一直被研究者忽視，沒有被公開披露過，應當是魯迅的佚文。從魯迅博物館文物來源檔案中可以看到，這兩封魯迅致蔡元培的信都是1978年5月27日由中央辦公廳秘書局轉交國家文物局後劃撥給魯迅博物館的，經手人是魯迅博物館當時負責文物保管工作的葉淑穗女士。

查魯迅日記（按：本文所引魯迅日記內容均引自人民文學出版社2005年出版的《魯迅全集》），可以看出，魯迅在1926年10月3日到上海後和荊有麟的來往仍然比較密切，從10月21日到11月17日，有1次會見，2次回信，3次收信的記載。此後的魯迅日記中便沒有關於荊有麟的記錄，直到1927年12月1日才有荊有麟來訪並邀午餐的記錄。此後，魯迅日記有荊有麟頻繁來訪的記載：12月2日的日記記載：「……午後有麟來，贈板鴨二隻……」12月5日的日記記載：「……午後有麟來。」12月6日的日記記載：「午後有麟來……」；12月7日的日記記載：「午後有麟來，付以致蔡先生信。」從上述兩封魯迅書信可以看出，荊有麟頻繁登門訪問魯迅，是想讓魯迅介紹他拜訪蔡元培，獲得去江北收編散兵的差事。查王世儒編撰的《蔡元培先生年譜》（北京大學出版社1998年出版），沒有看到蔡元培在1927年12月接見荊有麟的記載，而且從年譜中可以看出蔡元培在12月份比較忙：12月7日出席在南園召開的國民黨中央執監委會議，12月8日出席國民黨二屆四中全會第二次預備會議，12月10日出席國民黨二屆四中全會第四次預備會議，12月11日與孫科、李濟深等談話，同日自上海赴南京，12月18日自南京返上海，12月19日自上海返南京。另外，魯迅日記在12月9日、11日、

12日，20日，23日，24日，26日，30日雖然有荊有麟來訪的記載，並有13日收到荊有麟書信的記載，但沒有收到蔡元培回信的記載。不過，從保存下來的那個裝有魯迅致蔡元培書信的照片袋上留下的「已辦」兩個字，可以推測出，荊有麟已經拿著魯迅的介紹信和書信拜訪了蔡元培，並獲得了蔡元培的幫忙。《魯迅全集》十七卷對荊有麟的注釋如下：「……1927年5月在南京辦《市民日報》，後任國民黨中央黨部工人部幹事。1928年任國民黨第22獨立師秘書長，1930至1931先後在河北懷遠縣及江蘇蕭縣任教員，1936年為國民黨中央考選委員會委員，後加入國民黨中統、軍統特務組織。」（《魯迅全集》十七卷第170－171頁）從荊有麟在1928年擔任國民黨第22獨立師秘書長一職來看，大約這次蔡元培幫助荊有麟獲得了他想要的工作。

二、魯迅與荊有麟的交往始末

荊有麟在1924年於北京世界語專門學校讀書時聽過魯迅講授《苦悶的象徵》，並因請魯迅修改文章而逐漸和魯迅來往比較密切。魯迅在北京時期離家避難，荊有麟還住在魯迅的家裏幫助魯迅看家。據荊有麟回憶：「由十三年到十五年，在這整整兩年的時光中，我常常——幾乎是每天，出入於先生之門。不特聽多了先生的談論與意見，也熟知了先生的日常生活同家庭情形，直到先生離開北京為止。先生離開北京後，我也為了生活而到處奔跑起來。此後，不特再未寫東西，送先生修改。數年中，連與先生謀面的機會都很少，直到十八年，我在南京失了業，才有機會跑到上海去看先生。那次在上海，就住在先生景雲里的寓所裏，白天同先生及景宋女士逛馬路，坐咖啡店，晚上便在先生家中閒談，吃糖果，雖然只是短短的幾天的功夫，但其間，還有機會陪先生到江灣立達學園，

去聽先生關於文學方面的講演。」（荊有麟《魯迅回憶斷片·題記》，魯迅博物館編《魯迅回憶錄（專著上）》第119－120頁，北京出版社1999年出版。）

查魯迅日記可以看出魯迅往立達學園演講的前後的確有荊有麟來訪的記錄：1927年10月26日記載：「晨有麟來……」10月28日記載「上午得紹源信並譯稿。下午往立達學園演講。」11月1日記載：「上午得有麟信……」但是時間在1927年即民國十六年，而非荊有麟文章中所說的民國十八年。

另外，從魯迅日記可以看出，魯迅在1926年10月3日從廣州到達上海後，在10月21日寄荊有麟信，荊有麟在10月26日來拜訪魯迅，在此後到年底還有3次收到荊有麟信，兩次回復荊有麟信的記載。到了1927年12月，魯迅日記多次記載荊有麟來訪，這是因為荊有麟為了找工作而登門向魯迅求助。

荊有麟又在1928年1月4日再次拜訪魯迅求助，此後還多次致信魯迅。從魯迅日記中可以看出，魯迅為了給荊有麟找工作，還特地給老友易寅村寫信推薦：魯迅在3月17日日記記載：「……下午仲芸來並交有麟信……」3月20日日記記載：「午後致有麟信，附致易寅村信……」3月25日日記記載：「上午得有麟信……」3月26日日記記載：「上午得有麟信……午後小峰來。得易寅村信……」3月27日日記記載：「午後寄有麟信，附易寅村箋……」4月6日日記記載：「午後得有麟信並日報。」（《魯迅全集》注釋說，指南京《市民日報》，荊有麟編輯。）此後，魯迅日記中還有多次收到荊有麟來信及複荊有麟信的記錄。魯迅在1928年6月1日收到了20本《思想山水人物》的樣書，在6月2日分送15位友人。日記記載：「午後以《思想山水人物》分寄欽文、矛塵、斐君、有麟、季市、仲王車王、淑卿，又分贈雪村、梓生、真吾、方仁、立峨、賢

槙、喬峰、廣平。」12月25日的日記記載：下午有麟來，夜同往ODEON看電影，並邀三弟、廣平。通過這兩則日記可以看出魯迅當時和荊有麟的關係仍然比較密切。此後，魯迅日記中關於荊有麟的記載就比較少了。

1936年7月，荊有麟得知魯迅病危後立即從南京赴上海探望魯迅，但魯迅日記沒有記載，似乎沒有接見荊有麟。魯迅逝世時，荊有麟正在西安，在兩三個月後才有機會赴上海拜謁魯迅墓。1940年的冬天，荊有麟在重慶遇到孫伏園，在談到魯迅時產生了寫回憶魯迅文章的想法，並在1942年寫成了《魯迅回憶斷片》一書，記錄了他所接觸到的魯迅在北京時期的談話與行動，為魯迅研究留下了大量的第一手資料。

新發現的魯迅致蕭軍書信本事

　　眾所周知，魯迅和青年翻譯家孟十還交往密切，不僅共同翻譯果戈理的著作，而且孟十還曾經受魯迅的委託買下了在舊書店偶然發現的一本《死魂靈百圖》，魯迅得到此書之後不久就決定翻印此書，從而把《死魂靈》及其精彩的插圖都介紹到中國，完成了一個夙願。筆者近日在魯迅博物館庫房中偶然發現一封從未公開披露過的魯迅致蕭軍的手跡，再次見證了此事。

（一）孟十還偶然發現《死魂靈百圖》

　　魯迅在翻譯果戈理的《死魂靈》的過程中開始搜集《死魂靈》的相關插圖，但是一直沒有尋找到比較滿意的插圖，他在1935年5月22日致孟十還的信中這樣說：

> 　　《死靈魂》的插圖，《世界文庫》第一本已用Taburin作，不能改了，但此公只畫到第六章為止，新近友人寄給我一套別人的插圖，共十二幅，亦只畫到第六章為止，不知何故。那一本插圖多的，我想看一看，但不急，只要便中帶給我，或放在文學社，托其轉送就好了。
>
> 　　聽說還有一種插圖的大本，也有一二百幅，還是革命前

出版，現在恐怕得不到了。

魯迅信中所說的有一、二百幅圖的書就是俄國畫家阿庚所繪的
《死魂靈百圖》。孟十還知道魯迅在搜集《死魂靈》的插圖，就留
意為魯迅多方尋找好的插圖，在11月4日偶然在一家舊書店中發現
了一本阿庚所繪的《死魂靈百圖》，就在當晚寫信告訴魯迅。魯迅
在《〈死魂靈百圖〉小引》中這樣描述孟十還發現《死魂靈百圖》
時的興奮心情：

> 今年秋末，孟十還君忽然在上海的舊書店裏看到了這畫集，
> 便像孩子望見了糖果似的，立刻奔走呼號⋯⋯

魯迅在11月6日收到此信之後，立即復信並托友人轉交給孟十
還25元錢用於購買這本書。
魯迅致孟十還的這封書信保存下來並被收入《魯迅全集》，信
的內容如下：

> 十還先生：四夜信收到。那本畫集決計把它買來，今
> 託友送上大洋二十五元，乞先生前去買下為託。將來也許可
> 以紹介給中國讀者的。順便奉送盧那察爾斯基的《解放了的
> D.Q.》美術版一本，據說那邊已經絕版，我另有一本。但
> 這一本訂線已脫，須修一修耳。又中譯本一冊，印得很壞，
> 我上印刷所的當的。不過譯文出於瞿君之手，想必還好。專
> 此布復，即頌時綏。
> 　　迅頓首
> 　　　　　　　　　　　　　　　　　　　　十一月六日

不過，通過查魯迅博物館庫房所保存的這封信，可以看出這封信並沒有通過郵局郵寄，而是通過友人轉交的，另外，還發現在信封上有魯迅的如下手跡：

　　　　外書一包，洋二十五元，乞面交環龍路一六六號江蘇飯店三樓孟十還先生收。

　　　　　　　　　　　　　　　　　　　豫托　十一月六日

　　這幅手跡此前從未發表過，鮮為人知。需要強調的是，這些文字雖然寫在信封上，但是有實質性的內容，是一封委託友人轉交書、錢等給孟十還的短信，應當算作魯迅的佚文收入《魯迅全集》之中。
　　另外，從上述魯迅手跡內容可以判斷，魯迅把11月6日寫給孟十還的信及贈送給孟十還的兩本書籍和委託孟十還代購《死魂靈百圖》的書款25元是委託友人一塊轉交給孟十還的。那麼這位友人是誰呢？
　　魯迅在1935年11月6日的日記內容如下：

　　六日　晴。上午內山書店送來《チェーホフ全集》（十二）一本，二元八角。孫式甫夫人來辭行。得孟十還信，即復。得蒲風信，即復。下午清水三郎君見訪，並贈時鐘一具。買《世界文芸大辭典》（一）一本，五元五角。晚邀劉軍及悄吟夜飯。

　　從魯迅的上述日記內容中可以推測出，魯迅很可能是在晚上宴請蕭軍、蕭紅夫婦後通過蕭軍把書和錢轉交給孟十還的，因為蕭軍、蕭紅夫婦和孟十還都是東北作家，彼此交往密切。
　　孟十還收到魯迅的信和購書款之後很快就把魯迅渴望已久的

《死魂靈百圖》買下並通過黃源轉交給魯迅。魯迅在11月8日的日記中記載：

> 八日　晴。……下午河清來並交孟十還信及所代買《死魂靈圖》一本，A.Agin繪，價二十五元。
> 九日　晴。上午得孟十還信，即復……

可惜的是，孟十還的這兩封書信連同他在此前後給魯迅的所有書信都沒有能夠保存下來。

值得一提的是，魯迅在1935年11月15日簽贈給孟十還的精裝本《死魂靈》也於2006年在上海被發現，魯迅在書上題寫了如下的文字：

> 這是重譯的書，以呈十還先生，所謂「班門弄斧」者是也。
>
> 魯迅（印）
> 一九三五年十一月十五日，上海。

從上述題寫在《死魂靈》一書上文字可以看出魯迅和孟十還當時的交往狀況，以及魯迅對孟十還俄語水平的高度評價。

（二）魯迅與孟十還合作翻印《死魂靈百圖》

魯迅得到渴望已久的《死魂靈百圖》之後很快就決定翻印出版此書，並邀請孟十還翻譯此書的序文和題句。他在12月3日致孟十還的信中說：

十還先生：今天看見吳先生，知道《密爾格勒》已譯完，要付印了。我們也決計即將《死靈魂圖》付印，所以，如果先生現在有些時間的話，乞將那書的序文和題句一譯。題句只要隨便譯，不必查譯本，將來我會照譯本改成一律的，因為我記得在什麼地方，容易查。

　　魯迅翻印《死魂靈百圖》的速度可以說非常快，他在12月3日確定由吳郎西負責印刷之後，當天就函請孟十還翻譯書中的序文和題句，並在12月10日委託黃源轉交給吳郎西印刷費400元，又在12月24日撰寫完成了《〈死魂靈百圖〉小引》。魯迅在這篇文章中說明了自己翻印這本《死魂靈百圖》的原因：

　　這大約是十月革命之際，俄國人帶了逃出國外來的；他該是一個愛好文藝的人，抱守了十六年，終於只好拿它來換衣食之資；在中國，也許未必有第二本。藏了起來，對己對人，說不定都是一種罪業，所以現在就設法來翻印這一本書，除紹介外國的藝術之外，第一，是在獻給中國的研究文學，或愛好文學者，可以和小說相輔，所謂「左圖右史」，更明白十九世紀上半的俄國中流社會的情形，第二，則想獻給插畫家，借此看看別國的寫實的典型，知道和中國向來的「出相」或「繡像」有怎樣的不同，或者能有可以取法之處；同時也以慰售出這本畫集的人，將他的原本化為千萬，廣布於世，實足償其損失而有餘，一面也庶幾不枉孟十還君的一番奔走呼號之苦。對於木刻家，卻恐怕並無大益，因為這雖說是木刻，但畫者一人，刻者又別一人，和現在的自畫自刻，刻即是畫的創作木刻，是已經大有差別的了。

此外，魯迅很重視《死魂靈百圖》的出版工作，為此付出了大量的心血，不僅在1936年2月4日致巴金的信中提出了多條印刷方面的意見，而且在1936年3月又執筆為即將出版的《死魂靈百圖》撰寫了一個精彩的廣告，指出該書的重要性和收藏價值：

> 此書（按即《死魂靈》）原有插圖三種，以阿庚所作的《死魂靈百圖》為最有名，因其不尚誇張，一味寫實，故為批評家所讚賞。惜久已絕版，雖由俄國收藏家視之，亦已為不易入手的珍籍。三閒書屋曾於去年獲得一部，不欲自秘，商請文化生活出版社協助，全部用平面複寫版精印，紙墨皆良。並收梭訶羅夫所作插畫十二幅附於卷末，以集《死魂靈》畫像之大成。讀者於讀譯本時，並翻此冊，則果戈理時代的俄國中流社會情狀，歷歷如在目前，介紹名作兼及如此多數的插圖，在中國實為空前之舉。

在魯迅、孟十還、吳朗西、巴金等人的共同努力下，《死魂靈百圖》終於出版了。1936年5月8日，魯迅收到了吳朗西送來的以「三閒書屋」名義出版的白紙綢面本《死魂靈百圖》，終於實現了一個夙願，那種興奮的心情是不言而喻的，於是立刻精心包紮此書分送各位友人，與大家分享這一喜悅。

再談《域外小說集》的存世數量

　　魯迅在1920年撰寫的《〈域外小說集〉序》中回憶1909年出版《域外小說集》時的情況時說，原計劃「待到賣回本錢再印第三第四，以至第X冊的。如此繼續下去，積少成多，也可以約略介紹了各國各家的著作了」。因此，在第二冊的末頁還預告了今後將要出版的小說篇目。但是，《域外小說集》的銷售很不理想，結果「大為失敗。第一集（印一千冊）賣了半年，總算賣掉二十冊。印第二集時，數量減少，只印五百本，但最後也只賣掉二十冊，就此告終」。[1]「於是第三冊只好停版，已成的書，便都堆在上海寄售處堆貨的屋子裏。過了四五年，這寄售處不幸被了火，我們的書和紙版，都連同化成灰燼；我們這過去的夢幻似的無用的勞力，在中國也就完全消滅了」[2]。「所以現存的書便成珍本，但當時誰也沒有珍視它」[3]。魯迅研究史上眾多的研究著作和魯迅傳記基本都採用魯迅的這個說法，在2007年11月出版的由著名魯迅資料專家朱正先生所著的《一個人的吶喊——魯迅1881——1936》也引用了魯迅的這個說法，而未加辨別。

---

[1]　魯迅1932年1月16日至增田涉的信。
[2]　魯迅《〈域外小說集〉序》。
[3]　魯迅1932年1月16日至增田涉的信。

其實，魯迅的這個說法只是來源於聽說，並不符合事實。但是，魯迅的這個說法卻誤導了眾多的研究者和收藏家，使得《域外小說集》「成了魯迅先生著譯發行量最少的一部」[4]，因此有必要再次更正，以正視聽。

據《北京商報》報導：「11月4日，北京海王村2007秋季拍賣會為藏家準備的有關新文學運動書刊中魯迅先生的早期版本著作《域外小說集》以29.7萬元拍賣成交，同場魯迅編著《北平箋譜》1933年編號簽名本以41.8萬元落槌，這是還新文學版本書應有的尊嚴。競得者為同一位北京魯迅著作版本收藏家、研究家。」該報同時說：「《域外小說集》是魯迅先生與胞弟周作人合譯的短篇小說集。1909年出版後分別在日本東京賣出21本，上海賣出20本上下，餘書存放在上海寄售處時不慎失火，將書與書板全部化為灰燼。此書初版初印本也成了魯迅先生著譯發行量最少的一部。」[5]

12月21日的《文滙讀書週報》刊登了舒蕪先生撰寫的《周啟晉藏〈域外小說集〉〈北平箋譜〉跋》一文：「謹案，《域外小說集》希世珍奇，今所知存世者七，分藏中國國家圖書館、中國現代文學館、北京魯迅博物館，此本次第八，書品佳良，蓋有神物呵護，歷劫不磨。余以耄耋衰病之年，幸得一見，彌平生之憾，啟晉世兄之惠也。《北平箋譜》解放後有重印本，此原版初印，版權頁編者魯迅、西諦，皆親筆簽名，序言作者魯迅、書者天行山鬼，印章皆出版後逐本加蓋，今亦天壤間罕有。『老見異書猶眼明』，拜觀讚歎，歡喜無量。」[6]從舒蕪先生的文章中可以看出在這次拍賣會上竟得「希世珍奇」《域外小說集》和《北平箋譜》的「北京魯

4　秦傑《1元升到29.7萬魯迅《域外小說集》秋拍》，《北京商報》2007年11月8日。
5　秦傑《1元升到29.7萬魯迅《域外小說集》秋拍》，《北京商報》2007年11月8日。
6　舒蕪《周啟晉藏〈域外小說集〉〈北平箋譜〉跋》，《文滙讀書週報》2007年12月21日。

迅著作版本收藏家、研究家」就是周啟晉先生了。

　　其實，《域外小說集》雖然被謝其章等一些收藏家稱為「新文學第一善本」，但它存世的數量遠遠不止舒蕪先生所說的這八本。唐弢先生在談到《域外小說集》的書話中就指出過：按照魯迅的回憶，「東京版《域外小說集》流行於人間的，似乎只有四十部左右。但其實不止此數。魯迅每印一書，常好持贈知音，而蔣抑卮回國後，也曾託浙江省立圖書館大批捐贈，在卷首空頁上蓋一印云『浙江省立圖書館輔導組代紹興蔣抑卮捐贈』。我曾從別的圖書館裏看到。」[7]著名收藏家謝其章在《〈域外小說集〉拍賣親歷記》一文中也採用了魯迅的《域外小說集》都毀於（1914年或1915年）的大火的說法，不過，謝先生又進一步指出：《域外小說集》除了周氏兄弟贈送友人，以及蔣抑卮贈送給圖書館、社會名流和友人的書之外，從周氏兄弟的往來信件和日記中還可以看出《域外小說集》存世的數量：「魯迅在老家到底有多少存書不清楚，數量看來很可觀，寄到北京有日記可查的是19套書送了13人，還是有餘書的卻不知下落，這個下落有兩個意思，一個是北京的餘書，一個是紹興的餘書。」[8]

　　不過，廣興隆貨棧的火災並沒有將《域外小說集》未售出者都化為灰燼，據上海廣興隆綢緞莊老闆蔣抑卮的女兒蔣思壹女士回憶：「她在少年時期常常看到家藏的一大堆《域外小說集》，也曾檢讀，直到『文革』前這些書還在，後來毀於十年浩劫之中」。[9]另外，《域外小說集》「出書後，除魯迅先生自己分贈給親朋好友

[7]　唐弢《唐弢書話》，第91頁，北京出版社，1997年出版。
[8]　謝其章《〈域外小說集〉拍賣親歷記》，《中國文物報》2008年1月9日。
[9]　據蔣思壹與陳夢熊在1984年8月20日的對話，轉引自陳夢熊《〈魯迅全集〉中的人與事‧魯迅與蔣抑卮交遊考》，上海社會科學院出版社，2004年出版。

外，抑公也一面親自將魯迅先生的書贈送友人，一面通過浙江國立圖書館分贈社會名流學者。因此《域外小說集》廣為流傳，決非僅此出售的四十本之數。」[10]

從上文可以看出，除了周氏兄弟及蔣抑卮的相當數量的贈書之外，魯迅和周作人以及蔣抑卮都還有一些存書可能留存下來，因此初版的《域外小說集》存世的數量恐怕絕非僅僅八本，而可能會有幾十本之多。例如，錢玄同的藏書中有魯迅所贈的《域外小說集》第一冊，著名魯迅研究專家林辰的藏書中有2本《域外小說集》第二冊，他們的藏書在近年先後捐給了北京魯迅博物館，使得魯迅博物館所藏的《域外小說集》第一冊有4本，第二冊有5本。而上海魯迅紀念館也有《域外小說集》第一冊4本，第二冊2本。中國現代文學館藏有初版《域外小說集》第一冊和第二冊兩套共4本（含唐弢藏書中的一套2本），僅這三個機構所藏的《域外小說集》第一冊就有10本，第二冊有9本。黃裳在2000年發表的《關於〈金陵雜記〉》一文中的記述：「沈（鵬年）君有一種『習慣』，久借不歸。從我這裏『借』去的《域外小說》初二集，木刻原本魯迅的《會稽郡故書雜集》，鄭西諦的手稿《紉秋山館行篋書目》，和其他明刻書等。時間已過去五六十年，沈君素有珍藏新文學書秘本之好，希望諸書、特別是《金陵五記》的後半部，仍有還來之日，得成全璧，不禁企予望之。」[11]由此可知，沈鵬年手中應當還有一套初版本的《域外小說集》。謝其章在文章中還引用了一位網友談論自己所看到過的現存的初版《域外小說集》的情況：「吳泰昌的藏本封面灰暗，顯舊（按：據謝其章推斷，吳泰昌藏本即為阿英的藏

<hr />

[10] 孔寶定《魯迅與蔣抑卮》，《華東師範大學學報》1983年第2期。轉引自陳夢熊《〈魯迅全集〉中的人與事·魯迅與蔣抑卮交遊考》，上海社會科學院出版社，2004年出版。

[11] 黃裳《關於〈金陵雜記〉》，載《金陵五記》，江蘇古籍出版社，2000年出版。

本）；上圖的藏本品甚佳，只是封面蓋了館印，書脊貼有書籤；唐弢的藏本品奇佳，且相當毛；錢玄同的藏本（1981年展覽本）連毛都未裁，堪稱絕佳；張中行友人的藏本只是聽說。」這位網友還認為：「己酉版《域外小說集》有兩個版本，製過兩次版，中國現代文學館藏有兩本不同的己酉版《域外小說集》，其中一本是世間孤本，朱金順，一個有重度考據癖的行家，竟沒有察覺，讓人失望。」[12]從這位網友所提到的6套《域外小說集》數量來說，錢玄同、唐弢所藏的《域外小說集》均已入藏魯迅博物館和中國現代文學館，吳泰昌和張中行友人應當還被私人珍藏著。另外，據一位著名的藏書家透露，近日在上海的收藏市場上又出現了兩本《域外小說集》的初版本。相信隨著時間的流逝，會有越來越多的《域外小說集》現世。最後需要特別指出的是，雖然《域外小說集》存世的數量可能會有幾十本之多，但它仍然具有重要的收藏價值，而這個價值不能僅僅用拍賣市場上的價值來衡量。

---

[12] 謝其章《〈域外小說集〉拍賣親歷記》，《中國文物報》2008年1月9日。

魯迅給唐弢的日語學習書目應當收入魯迅書信之中

　　1972年10月19日，唐弢給魯迅博物館寫信，希望將保存在他手中的五封魯迅給他的書信和魯迅給他的一個書目單交給魯迅博物館保存。這五封書信後來都被收入《魯迅全集》之中，但是唐弢交給魯迅博物館的這個書目單卻一直沉睡在魯迅博物館的庫房之中，鮮為人知。其實，這個書目單也應當作為魯迅書信的附件收入《魯迅全集》之中，因為這個書目單不僅是魯迅書信的一個組成部分，而且也是魯迅關心唐弢的一個歷史見證。

　　唐弢在致魯迅博物館的信中介紹了自己發現這個書目單的經過，並提出了處理意見：

　　1959年我正式調北京，處理了一些舊書，又從一本線裝書內，找到夾在裏面的先生於1936年3月17日給我的一封信，書已給蟑螂咬壞，因此信也缺了一角。在這封信內，還夾有《日語學習書目》一紙，也是先生寄給我的。許編《魯迅書簡》第二封（1934年8月9日夜，《全集》未收錄）裏說：「內山書店的關於日文書籍的目錄，今寄上。上用箭頭的是書店老闆所推舉的；我以為可緩買或且不買的，就上面不加

圈子。」指的就是這張書目，當時沒有找到，這時卻發現了，上有先生加的圈，本應作為1934年8月9日夜那封信的附件。（《唐弢文集》第10卷，第806－807頁）

從上述內容可以看出，唐弢作為收信人指出這張書目單是魯迅在1934年8月9日致他的那封書信的一個附件。按照唐弢的這一說法，這個書目單也應當和那封信一起被收入《魯迅全集》之中。但是令人遺憾的事，唐弢的意見沒有被《魯迅全集》的編者採納，造成了現收入《魯迅全集》之中的那封1934年8月9日魯迅致唐弢書信實際上是一個殘簡的失誤。

另外，唐弢為了讓魯迅博物館職工瞭解這五封書信和一張書目單的詳細背景情況，還專門撰寫了《魯迅先生信五封目錄一紙說明》，對這張書目單作了如下的說明：

一、《日語學習書目》：
這是我學日本語文，寫信向先生請教，先生抱病去向內山書店要來的，於1934年8月9日夜附在信（原信已交許廣平同志）的裏面寄來，目錄上有四本書，由先生用墨加了圈。（《唐弢文集》第10卷，第808頁）

關於魯迅關心並指導唐弢學習日語的情況，唐弢曾在發表於1936年11月15日的《紀念魯迅先生》一文中有如下的回憶：

（魯迅）叫我多看一點外國書，也並非不經思索的敷衍。
前年秋天，我在有一封書信裏，說自己很願意學學日文。借此可以多看一點書，並作翻譯時的參照，請他給我

介紹幾本日文的學習書。回信來了，他勸我劃出三四年功夫來，先學日文，其間也帶學一點俄文，並且不要間斷。他又告訴我日本翻譯界的情形，和學習日文所必須知道的幾點，那時候，他正生著病在發熱。

過了幾天，內山書店關於日文書籍的目錄寄來了，書名上面加著箭頭的，是書店老闆的推薦，他就在所推薦的書裏挑了五本，我當時因為一次買不起，就自己選買了兩本。但後來讀的，卻並不就是這兩本。

而且一共也唯讀了兩個月的書。

兩個月後，我的學日文計畫失敗了，其中的緣故很多，一時說不清。但魯迅先生仍舊給我鼓勵，勸我自修。不要間斷。我又終於間斷了，而且還索性完全放棄它。所以放棄的緣故也很多，一時說不清。但我得承認一句：艱難猶如鋼鐵，只有奮鬥的火力可以融化它。然而我沒有，我因此更其想念魯迅先生了。（《魯迅回憶錄》（散篇中冊），第659頁。北京出版社1999年出版）

唐弢在這篇紀念魯迅的文章中礙於當時的社會情況沒有說明他為何在得到魯迅的指點之後又中斷學習日語的原因，不過我們可以從1995年出版的《唐弢文集》第9卷附錄的「唐弢著作及學術、社會活動年表」中瞭解一個大概。

（唐弢在1934年1月6日由黎烈文邀請的宴會上和魯迅初次相見）

7月，唐弢受讀書會成員們的委託給魯迅寫信，提出很願意學習日語，請魯迅介紹幾本社會科學方面的日語學習

書。魯迅幾次復信，不但就學習日語方面的情況及學習方法提了意見，而且給唐弢寄去內山書店關於日文書籍的目錄；目錄上除有內山書店老闆推薦的書目外，魯迅還在他推薦的部分書上畫上圈子。

　　唐弢在魯迅的教導下，在上海郵局郵務工會醞釀開辦了日語學習班，聘請專人講授，每星期兩次。讀書會的成員能參加的都參加了，教科書就用魯迅推薦的《現代日語》上冊。當時郵務工會的大權掌握在國民黨黨棍手裏，由於工賊暗中搗亂，學習班不久就宣告結束，停辦了。

　　從上述內容來看，魯迅對唐弢學習日語的指點，實際上也間接指導了唐弢參加的由進步的郵局工人發起組織的讀書會的成員。

　　唐弢雖然沒能在魯迅的指點下完成日語的學習，但是魯迅對唐弢的關心和指導影響了唐弢的一生，唐弢也因此成為魯迅精神的踐行者和弘揚者，為魯迅研究作出了重要的貢獻。

魯迅與但丁的文學聯繫

　　回顧魯迅研究學術史，有關魯迅與外國文學的研究成果已有很多，但令人遺憾的是，魯迅與但丁之間的關係至今尚無人做過系統地梳理和研究。其實，但丁是對魯迅產生重要影響的作家之一：魯迅走上文學道路的開端是創辦《新生》雜誌，而「新生」即得名於但丁的同名詩集。程麻在《魯迅留學日本史》中指出：「魯迅等籌辦文學刊物前後，他曾細心讀過義大利文藝復興時代的詩人但丁的《神曲》，直到晚年還記憶猶新」[13]；此後，魯迅又在《摩羅詩力說》、《寫於深夜裏》、《陀思妥夫斯基的事》等文章中多處提到但丁及其《神曲》；另外，魯迅還在文章中提到過研究但丁的論著如英國學者卡萊爾著的《論英雄與英雄崇拜》（該書第三章標題為「作為英雄的詩人：但丁及莎士比亞」）和英國的但丁研究專家跋忒賴爾著的《但丁傳》；此外，魯迅的藏書中還有德、日兩種文本的《但丁〈神曲〉畫集》（陀萊著）、德文本《〈新生〉和但丁抒情詩歌總集》、《但丁》（大槻憲二翻譯的評傳）、《歐洲文藝復興史》（蔣百里著）、《歐洲文藝的歷史的展望——自但丁至高爾基》（高沖陽造著）、《中世紀歐洲文學史》（田部重治著）、《拜

---

[13]　程麻《魯迅留學日本史》，第321頁，陝西人民出版社，1987年出版。

金藝術》（辛克萊著，該書有三章專門論述《地獄》、《煉獄》和《天堂》）等書。值得一提的是，魯迅還曾為周作人校訂過《歐洲文學史》，該書中有對但丁的專門論述。雖然在魯迅的藏書中沒有發現《神曲》，但上述內容可以充分顯示出魯迅對但丁至少是比較瞭解的。

而從增田涉的下述回憶中則可以看出魯迅對但丁應當是很熟悉的：「1931年，魯迅為避難住進上海『花園莊』旅館的時候，看到一樓的一個休息室裏掛著葛布蘭式壁毯，馬上就認出了上面的圖案是但丁的《新生》中理想化的女主人公貝特麗斯的形象，說：這是（但丁）和貝特麗斯一見鍾情的鏡頭」[14]。

需要指出的是，魯迅晚年耗費了巨大精力翻譯果戈理的《死魂靈》，這誠然如一些學者所說的那樣，表明了魯迅對果戈理的喜愛和果戈理對魯迅的重要影響，但筆者認為，這些學者都忽略了魯迅在《死魂靈·第二部第一章譯者附記》中的話：「其實，只要第一部也就足夠，以後的兩部——《煉獄》和《天堂》已不是作者的力量所能達到了」[15]。很明顯，魯迅在這裏明確地把《死魂靈》看作但丁的《神曲·地獄篇》。

由此可見，魯迅的文學道路的開端（即創辦《新生》雜誌）與結束（即直到去世仍沒有完成的翻譯《死魂靈》的工作）都與但丁及其創作有著直接與間接的聯繫。

魯迅晚年在《陀思妥夫斯基的事》（1935年10月）中寫道：「回想起來，在年青的時候，讀了偉大的文學者的作品，雖然敬服那作者，然而總不能愛的，一共有兩個人。一個是但丁，那《神

---

[14] 轉引自程麻《魯迅留學日本史》，第196頁。

[15] 魯迅《死魂靈·第二部第一章譯者附記》，《魯迅全集》（1981年版）第10卷，人民文學出版社，1993年出版。

曲》的《煉獄》裏，就有我所愛的異端在；有些鬼魂還在把很重的石頭推上峻峭的岩壁去，這是極吃力的工作，但一鬆手，可就立刻壓爛了自己。不知怎地，自己好像疲乏了。於是我就在這地方停住，沒有能夠走到天國去」[16]。這段話可以簡略的表述為：魯迅沿著但丁的路走過了「地獄」和「煉獄」，就停止了，沒有走向「天堂」。

其實，魯迅的思想和創作也深受但丁的影響。作為「中世紀的最後一位詩人，同時又是新世紀的第一位詩人」的但丁在西方文學史乃至思想史、文化史上起到劃時代的作用，其「深刻、崇高、鍥而不捨的自我批判、自我懺悔、自我完善的自覺意識以及對全民族、全人類道德進步和文明發展的思慮和關切」[17]，和「重視個人的自由意志、自由選擇」[18]，強調「個人必須為自己行為負責」[19]的思想也對魯迅的思想產生了重大影響。魯迅在中國現代文學史及思想史、文化史上的地位也與但丁相似，正是在這個意義上，嚴家炎先生把魯迅比作中國的但丁。

本文嘗試從歷史的角度，梳理魯迅與但丁的關係，並分析魯迅所受但丁的影響。

一、魯迅在東京與但丁的精神相遇

許壽裳在《魯迅先生年譜》中記載：（1906年）「6月回家，與山陰朱女士結婚。同月，複赴日本，在東京研究文藝，中止學醫」；（1907年）「是年夏，擬創辦文藝雜誌，名曰《新生》，以費絀未印，後為《河南》雜誌撰文」。

---

[16] 魯迅《陀思妥夫斯基的事》，《魯迅全集》（1981年版）第6卷，第411頁。
[17] 孫乃修《但丁‧中譯本序》，轉引自喬治‧霍爾姆斯《但丁》，裴姍萍　譯，中國社會科學出版社，1987年出版。
[18] 同注釋17。
[19] 同注釋17。

據周作人回憶：「魯迅的文藝活動的計畫是在於發刊雜誌，這雜誌的名稱在從中國回東京之前早已定好了，乃是沿用但丁的名作《新生》，上面拼寫拉丁文」[20]。英國的但丁研究專家喬治・霍爾姆斯指出：「但丁曾將他與貝雅特里奇的相遇看作是一次轉變的開始。事實上，他的轉變，而不是貝雅特里奇的故事，才是這本書（指《新生》──譯注）的主題。《新生》是這樣開始的：『我的很少有人讀過的記憶之書的這個部分，有一個醒目的標題：新的生活開始了』，在這裏，這本具有心靈記錄性質的『記憶之書』以及『新的生活』等等，都是一些帶有基督教傳統內涵的用語，他們標誌著精神的歷程和轉變」[21]。

　　魯迅用「新生」作為自己創辦的文藝雜誌的名稱無疑暗含了自己的精神轉變：棄醫從文（當然也不能排除不幸的婚姻給魯迅帶來的痛苦，而《新生》也寄託了但丁對已逝的貝雅特里奇的始終不渝的精神之戀，對自由愛情的嚮往）。魯迅後來在《吶喊・自序》中回顧了創辦《新生》的情形：「第一步當然是出雜誌，名目是取『新的生命』的意思，因為我們那時大抵帶些復古的傾向，所以謂之《新生》」。許壽裳作為參與創辦者之一曾詳細地指出《新生》的取名經過：「這個雜誌的名稱，最初擬用『赫戲』或上征，都是採取《離騷》的詞句，但覺得不容易使人懂，才決定用『新生』這二字，取『新的生命』的意思」[22]。值得注意的是，當時「大低帶著復古傾向」的魯迅並沒有選用自己喜愛的《離騷》中摘取的文字作為刊物的名稱，而是選用了但丁的《新生》作為刊物的名稱。

---

[20]　周作人《魯迅的青年時代・再是東京》，轉引自《關於魯迅》，第423頁，止庵　編，新疆人民出版社1997年出版。
[21]　喬治・霍爾姆斯《但丁》，裴姍萍　譯，第27頁。
[22]　許壽裳《亡友魯迅印象記》，轉引自《魯迅回憶錄・專著上冊》，第227頁，魯迅博物館　編，北京出版社，1999年出版。

林非、劉再復在《魯迅傳》中認為：「魯迅棄醫從文這種人生道路的改變，是與他政治上從改良到革命的變化幾乎同時發生的。這之後，他充滿著用文藝為武器追隨革命派為祖國的新生而戰鬥的渴望，他確信文學藝術可以救國，可以改變人們的精神，進而使祖國贏得新生……魯迅用這名字寄託一種希望：願《新生》之刊像但丁那樣，大膽探索自己民族的靈魂，從而使古老的中華民族能夠獲得新的生機，新的活力」[23]。這段評論基本上指出了魯迅創辦《新生》的初衷，但局限於宏大敘事而相對忽略了魯迅的自身原因，如不幸的婚姻的影響等等。

　　《新生》最終因「費絀」而流產，這給魯迅帶來了重大打擊。若干年後，他在《吶喊·自序》中說：「然而我雖然自有無端的悲哀，卻也並不憤懣，因為這經驗使我反省，看見自己了：就是我決不是一個振臂一呼應者雲集的英雄。」這個打擊使魯迅回國後相當一段時間不去從事文藝工作，直到為《新青年》撰稿。

　　《新生》雖然未能面世，但「魯迅本來要在《新生》上說的話，現在都已經在《河南》上發表了」[24]。周作人後來解釋說：「魯迅的《新生》雜誌沒有辦起來，或者有人覺得可惜，其實退後幾年來看，他並不曾完全失敗，只是時間稍微遲延，工作也分散一點罷了。所想要翻譯的小說，第一批差不多都在《域外小說集》第一、二兩冊上發表了，這是一九零八至零九年的事。一九零八年裏給《河南》雜誌寫了幾篇文章，這些意思原來也就是想在《新生》上發表的……至少是《文化偏至論》與《摩羅詩力說》在《新生》裏也一定會有的，因為這是他非說不可的話」[25]。

---

[23]　林非、劉再復《魯迅傳》中國社會科學出版社，1981年出版。
[24]　周作人《魯迅的青年時代·再是東京》，轉引自《關於魯迅》，第423頁。
[25]　周作人《魯迅的故家·〈河南雜誌〉》，轉引自《關於魯迅》，第161頁。

值得一提的是，魯迅在《摩羅詩力說》中提到了但丁：「英人加勒爾（Th. Carlyle）曰：得昭昭之聲，洋洋乎歌心意而生者，為國民之首義，義大利分崩矣，然實一統也，彼生但丁（Dante Alighieri）彼有意語。大俄羅斯之扎爾，有兵刃炮火，政治之上，能轄大區行大業。然奈何無聲？中或有大物，而其為大也喑……殆兵刃炮火，無不腐蝕，而但丁之聲依然。有但丁者統一，而無聲兆之俄人，終支離而已」[26]。需要指出的是，上述這段話是魯迅從《論英雄與英雄崇拜》第三章《作為英雄的詩人：但丁與莎士比亞》中引述的。但丁在這裏被視為民族英雄，而且起到了在精神上統一全義大利的作用。作為文藝復興運動的先驅，但丁對近現代西方文化、思想產生了巨大影響，魯迅在同文中讚頌的八位詩人也深受但丁思想的影響，其「摩羅」精神是一脈相承的。在魯迅的視閾中，但丁的《神曲》能使義大利在精神上統一起來，是「移性情、改造社會」的經典之作。

魯迅後來在新版本《域外小說集·序》中指出：「我們在日本留學的時候，有一種茫漠的希望：以為文藝是可以轉移性情、改造社會的。因為這意見，便自然而然的想到了介紹外國文學這一件事」[27]。許壽裳對此解釋說：「他們所譯偏於東歐和北歐的文學，尤其是弱小民族的作品，因為他們富於掙扎、反抗、怒吼的精神」[28]。可見，魯迅譯介外國文學是符合《新生》雜誌的精神的：希望中華民族獲得「新的生命」。

在《摩羅詩力說》中，魯迅在介紹了八位詩人之後強調：「上述諸人……無不剛健不撓，抱誠守真，不取媚於群，以隨順舊俗；

---

[26] 魯迅《摩羅詩力說》，《魯迅全集》（1981年版）第1卷，第64頁。

[27] 魯迅《魯迅全集》（1981年版）第10卷，第161頁。

[28] 許壽裳《亡友魯迅印象記》，轉引自《魯迅回憶錄·專著上冊》，第255頁。

發為雄聲，以起國人之新生，而大其國於天下」[29]。在《文化偏至論》中，魯迅提出了「掊物質而張靈明，任個人而排眾數」的主張，強調「尊個人而張精神」、「人立而後萬事舉」。

魯迅上述「立人」思想和「改造國民性」的主題在但丁的《神曲》中也能找到相似的內容。歐洲中世紀處在封建宗教統治下，神權高於一切，但丁率先在作品中弘揚人的精神，強調人的尊嚴，尊重人的自由意志和自由選擇，以「人權」反抗「神權」，這種「立人」思想成了文藝復興運動的先聲，並對人類的文明產生了深遠的影響。但丁曾在《神曲‧地獄篇》中多次批評驕傲、奢侈、互相傾軋、不思進取的佛羅倫斯人，強調它們都是「犯罪」的人，並認為佛羅倫斯人的這種國民性是造成佛羅倫斯乃至整個義大利政局混亂，政治腐敗的根源。但丁通過讓那些「犯罪」的三教九流的佛羅倫斯人的魂靈在「地獄」受懲罰的形式，指出佛羅倫斯人只有改變自己的國民性，為自己的種種罪惡懺悔才能獲得拯救，並獲得新生。正是在這個意義上，《神曲》起到了「移性情，改造社會」、統一義大利的巨大作用。

二、魯迅與果戈理的精神相遇

魯迅深受果戈理的影響已是不爭的事實，學界有關此論題的論述已有很多，但就筆者所見，目前還沒有人把但丁、果戈理、魯迅聯繫在一起進行研究。筆者認為魯迅是通過果戈理來接受但丁的影響的。

周作人曾指出：「現在只能照我所見的事實來說，給與他影響的大概有這些作家作品。第一個當然要算俄國的果戈理，他自己大

---

[29] 魯迅《魯迅全集》（1981年版）第1卷，第98－99頁。

概也是承認，《狂人日記》的篇名便是直接受著影響，雖然內容截然不同，那反禮教的思想乃是魯迅所特有的。魯迅晚年很費心力，把果戈理的《死魂靈》翻譯出來，這部偉大的小說固然值得景仰，我們也可以說，這裏看出二者的相似。魯迅小說中的許多角色，除時地不同外，豈不就是《死魂靈》中的人物麼？[30]」這些評論為我們指出了理解魯迅小說的關鍵所在。

韋素園在1926年評論果戈理時特別指出了果戈理的《死魂靈》與但丁的《神曲》的關係：「他一生最大的傑作是《死靈》，前後曆有十七年之久，終於尚未完成。他想在三部《死靈》中，劃出三個俄羅斯來，猶如坦丁的《神曲》：地域，淨土，天堂。一幅死的王國低陰森可怕的圖畫，第一部《死靈》完成了；第二部，在他死前不久，為一己的內心懊惱，深夜時候，喚醒小兒，同到書齋，卻將那待付印的謄清的稿本燒去了，現在只剩一些殘篇；第三部當然是更談不到了。他想寫出快樂的，健全的，一些純潔無疵的『活的靈魂』，顯現給現時過著愁苦的，病態的，陰森到萬分的生活的兄弟們（也就是第一部《死靈》中的人物），然而卻寫不出，——這雖說為他不曾秉賦這種天才，可是數百年來農奴制度形成的十九世紀俄羅斯背景，卻至少也是主要原因」[31]。

魯迅雖然沒有直接談到過果戈理與但丁的關係，但是他多次談到過果戈理的創作：「他那《外套》裏的大小官吏，《鼻子》裏的紳士、醫生、先人們之類的典型，是雖在中國的現在，也還可以遇見的」[32]，「至於《死魂靈》中的許多角色，可真是生動極了，還

---

[30] 周作人《魯迅的青年時代·魯迅的文學修養》，轉引自《關於魯迅》，第444頁。

[31] 韋素園《〈外套〉的序》《莽原》半月刊第十六期，民國十五年八月二十五日出版。

[32] 魯迅《論諷刺》，《魯迅全集》（1981年版）第6卷，第219頁。

是我們相識遇見了有些熟識的人物」[33]；「《死魂靈》其中的許多人物，到現在還很有生氣，使我們不同國度，不同時代的讀者，也覺得仿佛寫著自己的周圍，不得不嘆服他偉大的寫實的本領」[34]。其實這些話也可以用來評價魯迅本人的作品。

另外，從一些俄國學者對果戈理的評論中也可以看出魯迅與果戈理在創作上的相似之處。俄國存在主義神學家尼·別爾加耶夫指出：果戈理「描繪的不是現實的人們，而是最原始的惡的靈魂，首先是俄羅斯人所具有的虛偽的靈魂」[35]。魯迅在小說中也描寫出了現代中國人的靈魂，他曾自述他之所以寫《阿Q正傳》，是因為要「畫出這樣的沉默的國民的靈魂來」，而且「我還怕我所見的（阿Q）並非現代的前身，而是其後，或者竟是二三十年之後」[36]。另一位俄國學者列夫·舍斯托夫認為：果戈理「臨死前才弄明白，他的真正的《狂人日記》是《死魂靈》和《與友人書簡選》……《書簡選》不過是對《死魂靈》的注釋與補充，當然，它完全是用另一種形式重新揭示出民族靈魂的夙願」[37]。其實，魯迅的部分雜文、書信也可視作其小說的「注釋和補充」，也「揭示出民族靈魂」。

韋素園曾說《阿Q正傳》融化了果戈理的精神，而且有特殊風格，魯迅是同意這個意見的[38]。其實，《吶喊》、《彷徨》中還有一些小說如《祝福》、《離婚》、《孔乙己》等也可以說是融化

---

[33] 魯迅《幾乎無事的悲劇》《魯迅全集》（1981年版）第6卷，第292頁。

[34] 魯迅《〈死魂靈〉百圖小引》《魯迅全集》（1981年版）第6卷，第354頁。

[35] 珂德略來夫斯基《死魂靈·序》，魯迅譯，《魯迅譯文集》10卷人民文學出版社，1973年版。

[36] （俄）尼·別爾加耶夫《俄羅斯的思想》雷永生譯，第80頁，三聯書店，1995年出版。

[37] （俄）列夫·舍斯托夫《在約伯的天平上》，董友譯，第106頁，三聯書店，1992年出版。

[38] 李霽野《回憶魯迅先生》，新文藝出版社，1956年出版。

了果戈理的精神：「以不可見之淚痕悲色，振其邦人」[39]，善於從
「極平常的或者簡直近於沒有事物的悲劇」中反映重大社會問題。

　　基於上述材料，筆者認為，魯迅對果戈理特別是《死魂靈》如
此著迷也應當與但丁有關。

三、魯迅、果戈理、但丁的創作比較

　　魯迅在《死魂靈・第二部第一章譯者附記》中指出：《死魂
靈》「其實，只要第一部也就足夠了，以後的兩部——《煉獄》和
《天堂》已不是作者的力量所能達到了。」可見，魯迅是把《死魂
靈》第一部視為但丁的《神曲・地獄篇》的。珂德略來夫斯基在所
寫的《死魂靈・序》（魯迅譯）中指出：「果戈理是把自己想做一
個從黑暗進向光明的但丁第二的，有一種思想，很深的掌握而且震
撼著詩人的魂靈，是仗著感悟和悔恨，將他的主角拔出孽障，縱使
不入聖堅之域，也使他成為高貴的和道德的人。這思想，是要在詩
的第二部和第三部上表現出來的，然而果戈理沒有做好佈置和草
案，失敗了，到底是把先前所寫下來的一切・都拋在火裏面。所以
完成的詩的圓滿的形式，留給我們的，就只有詩篇的第一部：俄
國人的墮落的歷史，他的邪惡，他的空虛，他的無聊和庸俗的故
事。」「據作者的理想，《死魂靈》該是一篇『詩』，用所有光明
和黑暗的兩方面，顯示出俄國的政治生活和社會生活的一切五花八
門來」[40]。這段評論明確地指出了果戈理是模仿但丁的《神曲》來
創作《死魂靈》的。《死魂靈》是小說，但也像一首「詩」，是俄
國的《神曲》。果戈理在臨死前焚燒第二部的大部分手稿，僅存五

---

[39] 魯迅《摩羅詩力說》，《魯迅全集》（1981年版）第1卷。
[40] 珂德略來夫斯基《死魂靈・序》，魯迅譯，《魯迅譯文集》10卷　人民文學出版社，
　　1973年版。

章，是一部未完成之作，值得注意的是，《神曲》也是未完成之作，其「最後13章」是後來有爭議地補齊的。

在同文中，珂德略來夫斯基還指出：「在果戈理，作家的職務是這樣的和他本心的特質融和為一的。在果戈理，他的詩是給他淨罪的犧牲。他所敘述的罪，要求贖取和懲罰——他的主角的罪，也如他本身的一樣。他的作品就變為一個犯罪和迷誤的魂靈的淨化和明悟的歷史，帶上一種深深的神秘的氣味來——和果戈理總以尊敬的驚異來讀的但丁的敘述詩（筆者按：指《神曲》）有著相象的意義了」[41]。眾所周知，但丁的《神曲》是用夢幻手法敘述自己遊歷「地獄」、「煉獄」和「天堂」的所見所聞，其間充滿了但丁的自我批判、自我懺悔，所以可以把《神曲》視為但丁的精神歷程的象徵，表達了「人經過苦難的磨練會獲得拯救」的主題。正如列夫・舍斯托夫曾指出的那樣：「果戈理不是在《作者自白》，而是在《死魂靈》中講自己」；「果戈理不是社會真相的『揭露者』，而是自己命運和全人類命運的占卜者。因為就是他本人告訴我們，在他的聽得見的笑聲地下有看不見的眼淚，以及當我們嘲笑乞乞科夫和諾茲德廖夫時，我們也就嘲笑了他們的創造者」[42]。可以說，《死魂靈》記錄著果戈理的精神歷程，如同但丁在《神曲》中記錄了自己的精神歷程一樣。

魯迅的《吶喊》尤其是《彷徨》中的許多小說也可看作是其精神歷程的表現：《孤獨者》中的魏連殳，《在酒樓上》中的呂緯甫，《傷逝》中的涓生等人物形象都有魯迅的影子；而《兄弟》、《一件小事》、《社戲》、《頭髮的故事》、《故鄉》、《兔和

---

[41] 同注釋40。
[42] （俄）列夫・舍斯托夫《在約伯的天平上》，董友譯，第111頁。

貓》、《鴨的喜劇》、《端午節》等小說所寫的內容多是魯迅親身經歷過的。從這個角度來說，魯迅在小說中也是在「講自己」，講自己的精神歷程。魯迅曾指出：「凡是人的靈魂的偉大的審問者，同時也一定是偉大的犯人。審問者在堂上舉劾著他的惡，犯人在階下陳述他自己的善；審問者在靈魂中揭發污穢，犯人在所揭發的污穢中闡明那埋藏的光耀。這樣，就顯示出靈魂的深」[43]。從這種意義上來說，魯迅在《阿Q正傳》、《藥》、《風波》、《白光》、《肥皂》、《高老夫子》、《明天》等小說中，作為「人的靈魂的偉大審問者」對國民劣根性的揭露，也可以視為是對自己思想中的「毒氣」與「鬼氣」的揭示，正如但丁在《地獄篇》和《煉獄篇》中對自身的弱點（如驕傲、嫉妒）的揭露一樣。

值得注意的是，但丁、果戈理、魯迅三人的作品都是採用「遊記」結構：《神曲》記敘了但丁遊歷地獄、煉獄和天堂的所見所聞所感；《死魂靈》記敘了乞乞科夫（也可以說是果戈理自己）在俄羅斯大地遊歷時的見聞和感想；魯迅的《吶喊》、《彷徨》乃至《故事新編》、《野草》等，也基本上採用了「遊記」的結構來記敘人物（也包括魯迅本人的見聞與感想）[44]。

總之，但丁的《神曲》、果戈理的《死魂靈》、魯迅的小說在內容與結構方面是相似的，在思想上是一脈相承的（有的學者已經指出魯迅的小說有「詩」的意味，是一種「詩」。這類似於果戈理《死魂靈》的寫法，果戈理是把《死魂靈》當作詩來寫的，而《死魂靈》的寫法又是模仿《神曲》的，因此，也可把魯迅的小說視為對《神曲》的模仿）。

---

[43] 魯迅《〈窮人〉小引》，《魯迅全集》（1981年版）第1卷，第104頁。

[44] 王潤華在《探索病態社會與黑暗魂靈之旅：魯迅小說中遊記結構研究》對此有精彩論述，參見《中國現代文學研究叢刊》1992年第2期。

作為唯一以愛情為題材的小說，《傷逝》在魯迅的創作中顯得很特別。有關《傷逝》的種種「新解」已有很多，但筆者認為應當結合但丁的《新生》來理解《傷逝》，這樣才能正確的把握《傷逝》的創作意圖。

喬治‧霍爾姆斯曾指出：「但丁曾將他與貝雅特里奇的相遇看作是一次轉變的開始。事實上，他的轉變，而不是貝雅特里奇的故事，才是這本書（指《新生》──譯注）的主題。《新生》是這樣開始的：『我的很少有人讀過的記憶之書的這個部分，有一個醒目的標題：新的生活開始了。』在這裏，這本具有心靈記錄性質的『記憶之書』以及『新的生活』等等，都是一些帶有基督教傳統內涵的用語，它們標誌著精神的歷程與轉變。雖然他僅僅是將早期的詩作編入一個虛構的故事之中，但他同時也一次記錄了他的觀點和信念的轉變。正是這種轉變，使得他不再像過去那樣信奉卡瓦爾康提的詩歌理論了。現在，他已經不再像『高雅的愛情詩』詩派那樣，將愛情看作一種破壞性的情感，卻把它當成一種可以拯救人類的宗教力量」[45]。

可以說，魯迅的《傷逝》主要標誌著他的「精神的歷程與轉變」，表達「新的生活開始了」的主題：小說的結尾寫涓生一再表示「要向著新的生路跨出去」，這實際上也是魯迅心態的表露。《傷逝》也是假借「一個虛構的故事」，「一次記錄了他的觀點和信念的轉變」，他像但丁不再把「愛情看作是一種破壞性的情感，卻把它當成一種可以拯救人類的宗教力量」那樣，不再回避許廣平對自己的愛情，不再擔心自己會給所愛者帶來傷害，而是相信自己也是可以愛的。

---

[45] 喬治‧霍爾姆斯《但丁》，裘姍萍譯，第27頁。

《野草》也是記錄魯迅心靈歷程的作品，他在語言運用及寫作方法上更類似但丁的《神曲》。《野草》的語言神奇詭秘，作品充滿了神秘氣息，一些作品還使用了夢幻手法：「從1924年4月寫的《死火》到同年7月創作的《死後》，有7篇散文詩連續是一些自己夢境的形式出現的……在幻想的夢境中書寫自己的思想感受」[46]。錢理群也指出：「《野草》是心靈煉獄中的熔鑄的魯迅詩，是從孤獨的個體的存在體驗昇華出來的魯迅哲學」[47]，「正是對『絕望』的刻骨銘心的生命體驗與『反抗絕望』的生命哲學，將《野草》內在的統一為一個整體」[48]。可以說，《野草》是魯迅自我剖析中期思想的紀錄：「常覺得惟『黑暗與虛無』乃是『實有』，卻偏要向這些作絕望的抗戰，所以很多著偏激的聲音。其實這或者是年齡和精力的關係，也許未必一定的確的，因為我終於不能證實：惟黑暗與虛無乃是實有。」所以「《野草》的獨語的主體部分正是這樣具有一種自我審視的性質」。王曉明也認為「他寫《野草》的目的是和寫《孤獨者》差不多，想通過自我描述來把握自己」[49]。

　　但丁的《神曲‧煉獄篇》寫靈魂在「煉獄」中滌除自身罪惡並朝天堂前進的過程，但丁也在攀登淨界山途中逐漸滌除自身的七大罪惡，這其間包含了但丁的自我懺悔、自我批判以及對人生歷程的分析總結。但丁最後在維吉爾的引導下滌除完自身的罪惡並進入天堂。魯迅在《野草》中也對自己的靈魂進行剖析，但「終於不能證實：惟黑暗與虛無乃是實有」，只好「彷徨於無地」。他後來說：「不知怎地，自己也好像很是疲乏了。於是我就在這地方（按：指

---

46 孫玉石《野草研究》，第147頁，中國社會科學出版社，1982年出版。

47 錢理群等著《中國現代文學30年（修訂版）》，第52—53頁，北京大學出版社，1998年出版。

49 王曉明《魯迅傳》，第108－112頁，上海文藝出版社，1993年出版。

煉獄）停住，沒有能夠走到天國去。」魯迅在《野草》中雖然剖析了自己的靈魂，但並沒有抵觸自己思想中的陰暗的東西，也並沒有像但丁那樣最後升入天堂。魯迅後來不喜愛但丁、陀思妥耶夫斯基，與這兩個人最後都陷入宗教神秘的情緒有關。果戈理晚年也像但丁那樣陷入宗教神秘的情緒之中，但他臨死前焚燒了帶有宗教神秘情緒的《死魂靈》第二部的大部分，也可以說是迷途知返了。而魯迅到晚年仍作著「絕望的抗戰」，沒有陷入宗教的神秘情緒之中。

綜上所述，魯迅的小說是通過果戈理的《死魂靈》接受了但丁《神曲》的影響，而《野草》則直接受到了《神曲‧煉獄篇》的影響。

魯迅寫完《野草》後，在1926年4－5月的政治避難期間，開始創作《朝華夕拾》，此後於1926年8月26日南下，在廈門繼續創作《朝華夕拾》。王曉明認為魯迅「回顧茫然，無論對社會，還是對人生，他都不知說什麼好，自然是只能寫回憶了」；「在整個20年代中期，這『無話可說』一直是魯迅的心態」；「他在1926年8月南下時，會暗中決定『沉默』兩年，就說明他自己也知道這一點」[50]。

筆者認為，王曉明上述論述只是指出魯迅創作銳減的表像，尚未揭示出其本質：魯迅創作銳減的原因，應當如他在《陀思妥夫斯基的事》一文中所說，他沿著但丁的路走過了「地獄」和「煉獄」，「但就在這地方（煉獄）停住了，沒有能夠走到天國去。」《吶喊》、《彷徨》和《野草》可視為魯迅的精神歷程走過「地獄」和「煉獄」的象徵。魯迅在《彷徨》、《野草》中進行的精神探索並沒有尋到新生的路，「絕望之與虛妄，正與希望相同」，這

---

[50] 同注釋49。

才是魯迅決定「沉默兩年」的原因，也是魯迅最後沒有走到「天國」的原因。

需要特別指出的是，但丁的《天堂》和《地獄》、《煉獄》兩部的創作時間相隔較長，而且是寫於流放國外期間；果戈理在旅居義大利的十多年期間寫完《死魂靈》第一部，又用了十多年的時間創作第二部；魯迅的《故事新編》大多寫於1935年前後，距離《吶喊》、《彷徨》的創作時間也有十多年，而且也多是寫於旅居上海期間。

但丁的《神曲》「丟失」了「最後13章」，是一部不完整的巨著，這是因為但丁想以此象徵人不可能完全理解神學，不可能達到神學的高度；果戈理在臨死前焚毀《死魂靈》第二部的大部分手稿，是因為他有濃厚的宗教思想，想塑造出「一些巨大的形象……及在世界上任何地方都找不到的最美麗、最高尚的俄羅斯女性」。但果戈理創造的理想人物是沒有現實基礎的，顯得蒼白無力，果戈理對自己的創作也很不滿意，以致焚毀了第二部的大部分手稿；魯迅晚年仍然對於怨敵「一個也不寬恕」，沒有產生偉大崇高的宗教情懷，這也與魯迅靈魂中的「鬼氣」和「毒氣」有關。他在致山本初枝的信中說：「前次惠函中曾提及天國一事，其實我是討厭天國的。中國的善人們我大抵都厭惡，倘將來朝夕同這樣的人相處，真是不堪設想」[51]。魯迅晚年創作的《故事新編》正是他晚年心態的流露，他用油滑的手法消解了傳統中的聖賢人物，這也表明他不願走向「天國」。

---

[51] 魯迅《魯迅全集》（1981年出版）第13卷，第638頁。

四、魯迅在上海與但丁的精神疏離

魯迅於1926年南下廈門，半年之後又赴廣州，再半年後又北上上海，與許廣平生活在一起。王彬彬曾指出，魯迅「最終不得不在上海灘棲息下來，並從這裏走向『墳』。但棲息下來的，僅隻身而已，至於心，則直到生命之火熄滅，也未曾安頓下來。初來上海時，魯迅固然有一種漂泊感，一種視上海為逆旅的心態。但實際上，這種漂泊感，這種逆旅心態，此後是持續終生的」[52]。魯迅正是在這種心態中度過了在上海的十年，並創作了《故事新編》中的大部分小說。筆者發現，《故事新編》中的小說與但丁《神曲·天堂篇》所寫內容驚人的相似，只不過所表達的思想互相對立而已。

《神曲·天堂篇》寫於但丁流放在國外期間，直至生命終止仍未寫完（「最後13章丟失」），《天堂篇》的創作風格與十多年前連續創作的《地獄篇》、《煉獄篇》截然不同。《天堂篇》主要記敘了但丁在貝雅特里奇的引導下在飛向天堂的途中與許多人物的對話，內容涉及天文、物理、神學、歷史等方面。王維克先生在《神曲》中譯本序言《但丁及其神曲》中曾用圖表來表示但丁在飛向天堂途中所遇到的人物：

天　府：（10）光與愛之天，靈魂居住之所

水晶天：（9）天使

恒星天：（8）聖靈

土星天：（7）節欲之隱士

---

[52] 王彬彬《魯迅在上海的逆旅心態》，《上海魯迅研究》第8輯，百家出版社，1997年出版。

木星天：（6）賢明之君主

火星天：（5）盡忠之戰士

太陽天：（4）學者

金星天：（3）多情人

水星天：（2）行善人

月球天：（1）操守未堅者

（空間中之諸天，為靈魂暫時「顯示」之處）

　　王維克先生對此作了解釋：（1）月球天，居住著靈魂未能堅持信誓者；（2）水星天，居住著行善的靈魂；（3）金星天，居住著多情的靈魂；（4）太陽天，居住著對於哲學和神學有研究的靈魂；（5）火星天，居住著為信仰而戰死者的靈魂；（6）木星天，居住著正直聰明的君主的靈魂；（7）土星天，居住著隱逸寡欲者的靈魂；（8）恒星天，居住著勝利的靈魂，如基督、聖母、聖彼德、聖約翰、聖雅各、亞當等；（9）水星天，即原動天，居住著9位天使；（10）天府，為靈魂的居住之所，每個靈魂從這裏可以瞻望著上帝，他們淹沒在光和愛之中。[53]

　　返觀魯迅的《故事新編》，可以看出這8篇小說與《天堂篇》中的8層天可以一一對應：《補天》寫女媧造人，及在死後被小人利用的故事，可對應於《天堂篇》中的「恒星天」，在「恒星天」居住的是人類的創造者——上帝，他被他創造的人與神簇擁著、景仰著；《奔月》寫後羿對嫦娥的愛情，可對應於《天堂篇》中的「金星天」，「金星天」描述「多情人」福爾谷對一個女性的執著

---

[53] 王維克《神曲·譯者序》第28頁，轉引自但丁《神曲》，王維克　譯，人民文學出版社，1983年出版。

的、無與倫比的愛；《鑄劍》塑造了一個代人報仇的戰士的形象，可對應於《天堂篇》中「火星天」中的「盡忠之戰士」；《非攻》中主張兼愛、非攻的墨子可對應於《天堂篇》「水星天」中率領義勇軍幫助脫魯耶戰士愛奈亞與拉丁國王杜祿交戰的「行善人」巴朗德；《理水》中的大禹可對應於《天堂篇》「木星天」中的「賢明之君主」；《採薇》中的伯夷、叔齊可對應於《天堂篇》「土星天」中的「節欲之隱士」；《出關》中的老子、孔子可對應於《天堂篇》「太陽天」中的學者；《起死》中信奉「此一是非，彼亦一是非」的莊子可對應於《天堂篇》「月球天」中「未能堅守操守者」（或未能堅持自己誓願者）。

需要指出的是，上述8個天是但丁飛向天堂途中所經過的天，真正的天國要從第9層天「水晶天」算起，另外，《神曲》自「土星天」（即第21章「節欲之隱士」）後丟失；而魯迅《故事新編》也是以描寫隱士伯夷、叔齊故事的《采薇》結束。

另外，上述人物除女媧是神話中的人物、上帝是宗教中的神之外，其餘的人物都是歷史上有記載的人物，如果列表表示《天堂篇》與《故事新編》的對應關係，可得出下表：

圖示如下：

從上表可以看出，《神曲・天堂篇》是按照托勒密天文學理論構築的空間結構，天堂也是各種受人尊敬的善良的靈魂或信基督教的靈魂的「居住之所」，是西方人嚮往的彼岸世界；《故事新編》是按故事發生的時代順序構築的時間結構，其中所寫的古聖先賢也是被中國人所敬仰的歷史人物，甚至是所膜拜的人物（尤以老莊、孔、禹、墨為甚）。可以說，《故事新編》也以與《天堂篇》相似的人物構築了中國式的「天堂」，只不過但丁的「天堂」是共時性結構，而魯迅構築的「天堂」是歷時性的。其實兩部作品的結構也可以說是共時性與歷時性兼具的：但丁從「月球天」一直上升到「水晶天」，這一逐漸探究基督教神學奧秘的上升過程也是歷時性的；《故事新編》雖是從上古（《補天》）一直寫到戰國（《起死》），這一探究中國傳統文化奧秘的下溯過程是歷時的，但8篇小說也構成了中國傳統文化中的共時性整體（是中國傳統文化中的儒、道、墨、俠文化等的共時性呈現）。

總之，《神曲・天堂篇》是在共時性的結構中包含了歷史性的內容；《故事新編》是在歷時性的結構中包含了共時性的內容。

值得注意的是，魯迅所寫的第一篇《補天》是與《天堂篇》第八層的「恒星天」相應的：《補天》寫女媧的造人和死後被無恥之徒利用的故事；「恒星天」則寫上帝造人及人對上帝的讚美（聖靈即「神愛」）。而魯迅所寫的第八篇（《起死》）卻與《天堂篇》第一層天「月球天」相對應：《起死》寫莊子的「隨便」哲學及由此引發的荒誕故事，揭露莊子不能堅持自己的學說理論，從而暴露其表裏不一的本質；「月球天」則寫貝雅特里采向但丁強調人的自由意志的高貴性，人不能因暴力的脅迫而改變自己的意志，要寧死不屈，同時也寫到了一些不能堅持自己意志的靈魂。

可以說，魯迅把「天堂」順序顛倒過來，從表面上或形式上顛

覆了「天堂」：《天堂篇》是從寫善良程度相對較少的靈魂逐步上升、過渡到神，而《故事新編》是從寫神（女媧）到寫人，這樣就顛覆了天堂的等級次序，從而否定了彼岸世界，消解了宗教神學。

再則，但丁的《天堂篇》充滿著莊嚴肅穆的神學氣氛，是對基督教神學的讚美；而《故事新編》卻採用了「油滑」手法對中國傳統文化中的代表人物肆意消解，不僅顛覆了此前的正史、官史的敘述，而且在顛覆的基礎上重構了魯迅個人理解的歷史，正如錢理群先生所言：「在魯迅獨特的神話世界裏，一端展開的是魯迅內心的某些側面，一端也展開著經過魯迅主觀心靈篩選的傳統」[54]。這無疑是對中國傳統文化的再次重構。魯迅正是在拆解正史敘述所建構的中國傳統文化的「天國」基礎上，重構了自己所理解的中國傳統文化的「天國」（按：此處「天國」是喻指各種偉大人物所構成的文化空間）。

下面對圖表中的各項再作逐一解釋：圖表中只有第三層「金星天」與《奔月》的秩序有點例外。《奔月》所寫時間為上古，理應上移到《補天》之下，但《奔月》寫失意的英雄後羿對刁妻嫦娥過分的愛（多情人），可對應於「金星天」中「多情人」。因為金星在西方文化中是愛情的象徵，所以把《奔月》挪到與金星對應的位置（這只是空間上的位置變化，時間上沒有變化，而《故事新編》是以時間為順序的）。《奔月》結尾寫嫦娥奔月，後羿付出許多的愛卻得不到回報，這無疑也是對「多情人」的反諷與消解。第二層天「水星天」與《故事新編》中的第七篇《非攻》（寫作時間為第四篇）相對應：「水星天」的「行善人」靈魂中曾有一位是帶領援兵幫助一個小國抵禦外敵入侵的「靈魂」，這與《非攻》中援宋禦

---

[54] 錢理群《心靈的探尋》，上海文藝出版社，1985年出版。

楚，主張「兼愛」、「非攻」的墨子很相似，但《非攻》的結尾寫了墨子被宋國士兵連搜帶募，想在城門洞躲雨卻被宋兵趕出，以致淋雨後感冒好多天的不幸遭遇，是對「施愛於無愛人間而不得所愛的墨子」的莫大反諷，也是對墨子「兼愛」主張的消解。

第四層天「太陽天」可與《故事新編》第六篇《出關》對應：在「太陽天」中，學者（神學家）湯瑪斯‧阿奎那和聖菩那圖拉分別向但丁介紹了基督的「兩個王子」：聖芳濟和聖多密尼克（這也是基督教的兩大支派），前者是「大天使」，象徵仁愛，後者是「第二位天使」，象徵知識。但丁很是推崇這兩位教派的創立者。《出關》中寫到我國傳統文化中兩大思想流派的創立者老子（道家）和孔子（儒家），「孔子以柔進取，而老子卻以柔退走」。雖然兩者都是尚柔的，但魯迅認為「孔勝老敗，卻是我的意見，……於是加以漫畫，送他出了關，毫無愛惜」[55]。魯迅使用了「油滑」手法嘲諷了老子的「無為無不為」的哲學，也是對中國傳統文化中兩大支柱之一的道家哲學的消解。

第五層天「火星天」可與《故事新編》的《鑄劍》對應：「火星天」居住著「盡忠之戰士」的靈魂，主要是一些十字軍東征時戰死的騎士的靈魂，此外，但丁還在此為自己被放逐辯白；《鑄劍》寫宴之敖者捨身代眉間尺復仇的故事，宴之敖者是一個俠客的形象，魯迅是帶著尊敬的心理來刻畫這一形象的（魯迅曾說：「《故事新編》中除了《鑄劍》外都不免油滑」）。但正如有的學者所指出的那樣，「小說尾聲出人意料地用了近兩千字（超過對頭顱之戰的描寫），寫出一出超出典實，悲壯之氣頓逝的鬧劇。」「地面的怪誕與反差透發出的是令人窒息的反諷：復仇者的悲壯之舉不過是

55　魯迅《出關》《魯迅全集》（1981年版）第13卷，第318頁。

被『示眾』」，「至此，悲壯的復仇之舉完全被顛覆了」[56]。尤為值得注意的是，魯迅也為自己被逐出八道灣做了辯護：宴之敖者的「宴」就是表示被家中的日本女人逐出來的意思。小說中的眉間尺「賞玩老鼠」的細節及眉間尺「近來很有點不大喜歡紅鼻子的人」都暗示出人物身上有魯迅的影子。

第六層天「木星天」可與《故事新編》第三篇《理水》相對應。「木星天」居住著「賢明之君主」的靈魂；而《理水》則描述了中國傳統文化中賢明君主的代表之一大禹的故事（大禹是夏朝的建立者）。小說的結尾寫禹被尊為百姓的楷模，不學就以犯罪論處，禹也開始講究做「祭祀和法事的闊綽」，以至「終於太平到連百獸都會跳舞，鳳凰也來湊熱鬧了」。正如一位學者所指出的那樣：「精神的『復舊』，因其在本質上並未脫出傳統的因襲：禹付出的犧牲一經標榜，相反導致自身價值的畸變，其根源即在於此。從中可以讀出魯迅對自我生命形態的自嘲——繼承於中國傳統文化的『禹墨之愛』，不過是一副『虛空的重擔』。對此，魯迅已不再是承擔，而是還原——拆毀——並盡速剝落」[57]。魯迅由此消解了歷史上的「賢明之君主」。

第七層天「土星天」對應《故事新編》的第四篇《採薇》。「土星天」居住著「節欲之隱士」的靈魂。但丁讚揚了基督教中苦修節欲的修士，批評了當時（中世紀）教會中貪欲的不良分子。《採薇》中的伯夷與叔齊在歷史上是以餓死在首陽山知名並流芳千古的。他倆「義不食周粟」，在小說中卻欲殺死鹿，食鹿肉，這就成了不節制慾望的隱士了。魯迅由此（也通過阿金對伯夷、叔齊的

---

[56] 陳方竟《故事新編的深層意蘊》，《文藝研究》1993年第1期。
[57] 同注釋56。

質問）消解了歷史上「有道則出無道則隱」儒道合一的哲學。

綜觀魯迅的小說《吶喊》、《彷徨》、《故事新編》，可以發現期間所體現的作者的精神歷程可以類比但丁在《神曲》中所體現的精神歷程，只不過魯迅晚年並沒有像但丁或果戈理那樣陷入宗教神秘情緒之中。

五、結論

在追溯了魯迅的文學道路並指出他所受到的但丁影響之後，我們應當思考魯迅為何受到但丁那麼多的影響。

但丁作為文藝復興的先驅其思想對後來的歐洲文化產生了重要的影響，尤其是他高揚「人權」以反對神權，重視個人的自由意志、自由選擇，強調人的尊嚴，主張「個人必須為自己行為負責」的思想，自我分析、自我批判、自我懺悔的進取意識，對各民族文化的關心等方面都對魯迅產生了重要影響。汪暉等人指出魯迅的思想中有存在主義色彩，這的確有一定道理，但他沒有注意到存在主義思想的源頭在但丁那裏，從而忽視了但丁思想在魯迅思想資源中的主導地位。

但丁是以探索自己的精神歷程來為義大利乃至全人類尋找精神拯救之路；魯迅對於現代中國而言無疑起到了類似的作用，但魯迅的獨特性在於他最後沒有像但丁那樣皈依神學（劉小楓在《拯救與逍遙》中對此提出了批評，徐麟在《魯迅中期思想研究》中對劉小楓的批評作了反批評）而是始終保持戰士的本色：但丁有過不幸的初戀和從政的經歷，魯迅也有類似的經歷；但丁的痛苦都寄託於他的傑作《新生》與《神曲》中，魯迅的痛苦也都寄託於他的《自選集》中。附帶指出，魯迅在《野草》後創作了《朝花夕拾》，而但丁在《天堂篇》中也有一個章節追溯自己家族和個人的歷史，兩者

的相似性是很明顯的：如果把《野草》視為《彷徨》的補充，《朝花夕拾》視為《故事新編》的補充的話。特別需要指出的是，魯迅寫完《朝花夕拾》最後一篇《范愛農》（1926年11月8日）之後不久就開始創作《奔月》（1926年12月作），沿著四年前寫《補天》的路子，繼續創作《故事新編》。

魯迅晚年引人注目的抱病翻譯果戈理的《死魂靈》，可能是與果戈理有同感吧：果戈理想做但丁第二，但他只走過了「地獄」，沒有能夠走到「煉獄」和「天堂」——那時他的能力所不能達到的；魯迅走過了「地獄」和「煉獄」，但沒有走向「天堂」，那是他所不願意去的，這也是魯迅的價值所在。可以說，魯迅晚年花費很大的精力翻譯《死魂靈》也是為後人留下探索其心靈世界的指向標。

在《陀思妥夫斯基的事》一文中，魯迅指出：「不過作為中國的讀者的我，卻還不能熟悉陀思妥夫期基式的忍從——對於橫逆之來的真正的忍從。在中國，沒有俄國的基督。在中國君臨的是『禮』，而不是神。」[58]這無疑指出中西文化的差異之一：「禮」教與宗教（即「禮」與神）。魯迅投身文藝運動就是以「打倒吃人的禮教」為旗幟的，魯迅畢生堅持這一原則，始終保持這一本色，所以在晚年沒有像但丁、陀思妥夫斯基、果戈理那樣陷入宗教的神秘情緒中。而「陀思妥夫斯基式的忍從，終於也並不只成了說教或抗議就完結。因為這是擋不住的忍從，太偉大的忍從的緣故。人們也只好帶著罪業，一直闖進但丁的天國，在這裏這才大家合唱著，再來修煉天人的功德了。」[59]但魯迅拒絕陀思妥夫斯基的忍從，認

---

[58]　《魯迅全集》（1981年版）第6卷，第411頁。
[59]　同注釋58。

為「這恐怕也還是虛偽，因為壓迫者只為被壓迫者的不德之一的這虛偽，對於同類，是惡，而對於壓迫者，卻是道德的。」[60]因此魯迅不能也不願意在晚年在思想上走到天國去，甚至顛覆了天國。

馬翰如先生在《我們為什麼走不進天堂？》一文中指出：「這種通過審痛意識而形成的與古老祖先的精神溝通和對話，這種超驗的靈魂相遇，正是《神曲》中但丁與維吉爾以及諸多先哲人祖相遇的情節的潛在原型結構。但丁正是在審痛意識的形而上層次上從痛苦的地獄走進歡樂的天堂的」，然而「對於中國人來講，這種超越歷史時空的形而上的精神痛苦，這種由痛苦分娩出來的人的本真靈魂的新鮮感和欣悅感，這種傾聽古老靈魂的深情呼喚以及對人類精神生活漫長道路溯源的穿透力，早已被歷史化了的三皇五帝的厚厚的舊塵封埋了。」[61]魯迅用「油滑」手法穿透「三皇五帝的厚厚的舊塵」，但仍沒有從痛苦中「分娩出寧靜的愉悅」，所以未能獲得精神上的「再生」，從而走到天國去。

---

[60] 同注釋58。
[61] 馬翰如《我們為什麼走不進天堂？》《讀書》1990年第3期。

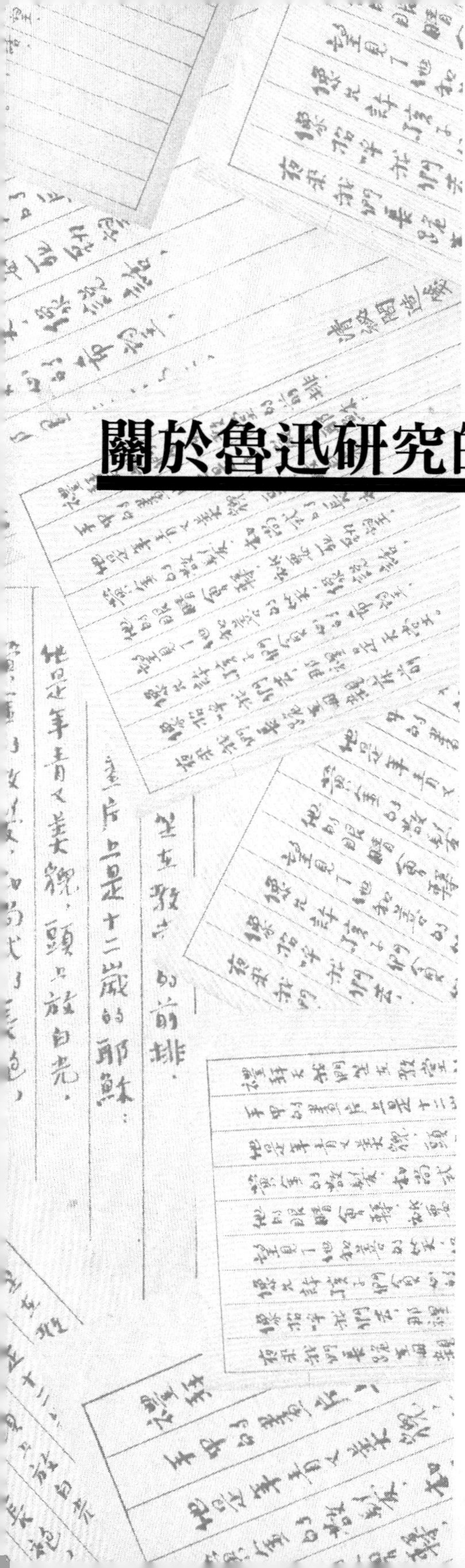

關於魯迅研究的史實考辨

許廣平與電影《魯迅傳》的創作
——兼談許廣平的三則佚文

　　為了紀念魯迅誕辰八十周年，上海天馬電影製片廠的著名導演陳鯉庭提出拍攝一部魯迅傳記片。上海市文化局長石西民就這一創作方案請示文化部，得到了文化部黨組書記錢俊瑞的支持，於是在1960年啟動了電影《魯迅傳》的拍攝工作。

　　1960年初，上海電影製片廠成立了《魯迅傳》創作組，邀請陳白塵參加《魯迅傳》劇本的創作，後來為了增加創作力量又確定由陳白塵、葉以群、柯靈、杜宣、唐弢、陳鯉庭等6人集體編劇，負責創作劇本，並指定陳白塵為執筆人。為了更好的創作劇本，《魯迅傳》創作組派人先後赴北京、廣州、紹興等地對一些見過魯迅的人士進行訪談，搜集了大量的背景資料。筆者從陳白塵先生的女兒陳虹教授那裏所看到的幾份油印的資料之中有三篇訪問許廣平的談話記錄，另外還有一篇許廣平記錄的她訪問李立三的記錄，這些鮮為人知的資料一方面提供了大量的歷史細節，另一方面也顯示出許廣平對電影《魯迅傳》創作的大力支持。

一、三次接待《魯迅傳》創作組成員的訪問

為了搜集創作資料，《魯迅傳》創作組成員先後三次訪問魯迅先生的夫人許廣平，許廣平在百忙之中抽出時間和《魯迅傳》創作組的成員進行了三次談話，因為這三次談話的內容沒有被收入《許廣平文集》，很少為人所知，特轉錄如下。

1960年4月17日，《魯迅傳》創作組成員第一次訪問許廣平，許廣平在這次會談中重點回憶了「女師大」風潮的經過和「三‧一八」慘案的有關情況，為劇本的創作提供了重要的參考。

《訪問許廣平同志的記錄》

（一）

女師大風潮是以反對楊蔭榆開始的。

楊蔭榆是無錫人，和吳稚暉、陳源等是同鄉。平時愛穿黑斗篷，頭上繫白頭繩。原來在女師大做舍監的，當時對學生是出名的「凶」。天冷時，不許女同學把手伸在插袋內，被她一見就要罵，後被學校方面保送美國哥倫比亞大學，在美國鍍金回來，就成了英美留學的一派，和「現代評論」勾結，奔走於同是無錫人的吳稚暉、陳源之門（當時他們把持庚款路路通），對章士釗吹拍附庸。章士釗等輩見她一是女師大舊人；二是女師大應由女人當校長，本意由章的老婆吳弱男去就任，先由楊蔭榆去收拾一下；三是楊新從美國回來，得哥倫比亞的資格先為安頓一下，當中主要原因是要楊蔭榆為吳弱男開道。

他們為了「先發制人」，「賊喊捉賊」就散佈北大的「某籍某系」控制著女師大的謠言，又佈置學校裏的「親楊

派」攻擊許壽裳任用私人（當時許壽裳介紹了一個親戚來校任職）。楊蔭榆趕跑了許壽裳，自己來當校長。當時在女師大教書的全是北大的名教授，三沈、二周、二馬等，課程內容也幾乎和北大一樣。但楊蔭榆來當了校長，就排擠進步教授，楊蔭榆想以鴛鴦蝴蝶派（也有懂英文的）教師來代替北大派的教授，楊蔭榆想壓迫愛鬧事的學生，就先向支持運動的北大派開刀，但學生們都擁護北大派教授的，只有少數人快畢業的同學，怕得不到文憑才不敢公開反對楊蔭榆，也有個別的成為「擁楊黨」，而絕大多部份（分）學生都恨楊蔭榆。

有一時期，魯迅看看不對，就提出辭職，學生知道了，全班學生都到教務處挽留，要校方一定要挽留魯迅先生，不答應不走，後來魯迅就留下來了。當時周作人也算進步教授，他上課時，學生點過名以後，就溜出去了，有時只剩下幾個人，有的還在打毛線，周作人給學生最少總批60分的。魯迅上課時則一個人都不走的。

學生不滿楊蔭榆，從1924年秋開始掀起了反對楊蔭榆的風潮，當時為首的是張平江、劉和珍、許廣平等人。在1925年「五‧七」之前，一個在教育部的吳家驤（？）叫我同劉和珍到他家裏勸我們「得罪了校長，向她認個錯就算了」。劉和珍和我都說：「我們是刀架在頭上也不認錯」。他表示很惋惜，說他是「從旁來規勸的，很不願意眼看著出事」，又說「很可能校長要開除幾個人」。回來後，我們就在學（校）旁幾間空屋內開會，準備鬥爭。當時宿舍門九時就關了，舍監管的很嚴，我們就用只凳子從窗子裏爬進去，爬過一段很長的走廊，才到宿舍睡覺。

不久楊蔭榆公佈了開除六個學生的名單（即蒲振聲、張平江、劉和珍、許廣平、鄭德音、姜伯諦）

六個學生都是外鄉人，家都不在北京，我是廣東，劉是江西，張是四川，離開了學校到哪里去呢？

於是自己首先團結起來，依靠外面的政治力量，在共產黨和國民黨左派的幫助下，和帝國主義、軍閥的走狗們鬥爭。

張平江是國民黨是四川人，她去和張繼、李石曾、易培基等聯繫。當時國民黨也受段祺瑞壓迫，國共合作的。

有一個姓鄭的同學鄭一紅（？）當時是共產黨員。大概通過黨的關係也去找過李大釗同志。這點就不大清楚了。

我和劉和珍當時是無黨無派。劉和珍比我小一點，我在高師本科三、四年級，劉和珍是預科。她是江西人，學生會改選時選她擔任學生會會長或主席，我是總幹事。劉和珍人很老實，學生會的決定她總是照做，很聽話的，家裏很窮苦，有一回去各個先生處去拜訪，下車時幾個銅板也拿不出來，她比我還窮。（當時三天兩頭群眾集會，遊行示威，各校走在前面撐大旗的總是一些高大的學生，女師大隊伍前面的旗總是我和劉和珍兩人拿的，一個拿校旗，一個拿五色旗（當時的國旗），而陸晶清等矮小的總是走在最後面的。）

當時，李石曾對學生們的請求是口惠而實不知，其他教授們有的也明哲保身。只有黨發動了北京的學生們來支援我們。就在這種情況下魯迅先生挺身而出為我們說話。

章士釗下令停辦，女師大封門，劉百昭雇來三河老媽子來強拉學生們出去，我們幾十個人意志堅定，手拉著手不肯走。

這些三河老媽子都是窮苦人出身，當時受了利用，他（她）們的樣子是藍布褂、黑衣裳、兩隻小腳，像北京老大娘的樣子。還有劉百昭帶來的暗探，穿大褂，戴禮帽，打手的樣子。

女師大鐵門鎖上，使裏面和外界隔絕，但黨發動了各界人士、學生來支援我們。

（二）

楚溪春最近寫了一篇關於「三‧一八」的回憶，他完全為自己辯護、為段祺瑞等開脫。他當時是段祺瑞的一個團長，竟說出事當時還不知道，聽了電話才知道。這時候他是總指揮，衛隊要得到他的命令才能開槍，他怎麼會不知道呢？

「三‧一八」的槍殺學生是故意佈置好的。（我當時沒有參加，故不能肯定）在「三‧一八」以前已有過好多次遊行請願了。當時鹿鍾麟當警備司令，馮玉祥的西北軍稱國民革命軍，和段祺瑞有矛盾的。而李石曾、易培基、顧孟餘、朱家驊等人，當時是左右逢源的。（朱家驊是張靜江的外甥，五四時候從歐洲回國，比較年青，身穿皮茄克，遊行時常把大旗插在皮茄克的皮口袋裏，用員警用的傳聲筒喊口號，在北大教授中是個出風頭的人物，當時很能迷惑一部份（分）人。）

在「三‧一八」前，我們去訪問于右任。于右任帶著煽動性的對我們說：「你們儘管去，黃花崗烈士中也沒有一個女的，你們去幹吧。」他一再鼓動我們去當女烈士，我們一聽，就「寒心」了。

當時于右任是名流，國民黨在北京的有名人物。段祺瑞

誘殺的陰謀可能他早已知道了，但他不動聲色的叫我們去。他們想趁此搞共產黨和左派。魯迅也在文章裏談到李石曾，當熟朋友行動而自己神色不動，滿不在乎，表示不以為然的。

在「三・一七」晚上，在女師大一個院子裏，加入國民黨的幾個學生在相互說話，相約明天要穿厚一點的衣服，可能挨打，穿厚了可以頂槍棍、水籠頭澆，可見他們已曉得什麼消息了，但我是學生會的人，他們沒來通知我們，聽見這種話，心裏大不高興，但當時也想不到會開槍。

我因那一天為魯迅抄《墳》的稿子而沒有去參加遊行。劉和珍抗（扛）了大旗，首先中槍，楊德群去扶也中彈，張靜淑去扶他（她）們，也中槍彈。劉和珍被彈穿左胸，當場身死，但段祺瑞還污蔑她每月有60元盧布津貼，但她被死時身穿棉衣裏面一塊一塊有許多補釘（丁）了。我憤怒的在追悼會上把血衣示眾，揭露和抨擊了北洋政府的卑鄙無恥。

（三）

魯迅在上海時，有一天從外面回來，非常高興。我問他「為什麼這樣高興？」他說「我今天見了一個人，是成仿吾。鐵一樣的，裏裏外外都變了，外面膚色曬得黑了，內心意志也像鐵了」。這一次我特地去訪問了成仿吾同志，他說：「當時去上海和魯迅見了面，通過他和上海黨接上了關係，後來回延安，曾向黨中央彙報過」。我當時就寫了一段登在當時的《直入》內。

（按：《直入》第13頁：「在他魯迅去世前一二年，成先生忽然秘密來到上海，接見一下，已經是一位黑實的個子，像鋼鐵一樣，不但加強了內容，而且儀表也的確兩樣了。在回來之後，他還一直高興著這一次的會面。稱道不置

（止）。見1941年11月19日出版「奔流新集之一：直入」第
13頁）

魯迅先生逝世以後，在黨的領導下，群眾送喪，成為抗
日救亡運動的一個高潮。但胡風和肖軍跑來說：「把魯迅搞
成政治人物是很危險的。」

1960年6月3日，許廣平向第二次來訪的《魯迅傳》創作組成員
在此介紹了「女師大」風潮的一些細節。

《訪問許廣平同志（第二次）的記錄》

女師大鬥爭最緊張的日子魯迅住過一夜

女師大鬥爭最緊張的時候，章士釗放出謠言說「男女
混雜……」這是藉口陷害。章派了軍警在女師大外面站隊。
越是造謠越是表現自尊，維持好秩序，我們也派女生輪流在
裏面站隊，此外，我們還請了李石曾夫人、顧孟餘夫人（當
時她們算是左派），來校替代舍監。我們還去請求李石曾等
支持，當時高壓力量大，李石曾等不大理，魯迅先生在這個
時候毅然住到女師大來。李石曾夫人、顧孟餘夫人她們住在
裏面學生宿舍一起，魯迅先生住在外面的教員休息室內，當
晚，他其實是一夜沒有睡。許欽文後來有篇小說提到為了編
書事，曾到女師大去找魯迅先生，即指此事。

關於女師大事件

章士釗想要他的老婆吳弱男當女子大學校長，因此，先
由楊蔭榆來「清道」。楊蔭榆藉口修理校舍，提早放學，想
使「調虎離山」，叫女生都搬出宿舍去。

學生警惕，不上她當。她就造謠言，閉大門，割電線，

還申言要把六個鬧事女生用員警押解回原籍。六個女生就分頭躲開以免遭到毒手。我當時無處可去，就到魯迅先生家中躲了幾天，魯迅先生當時不僅激於義憤，還認為這是光明與黑暗的鬥爭，這是政治鬥爭，因此他就挺身而出。

學校大鐵門被反動軍警用鐵鏈鎖住，企圖將女師大學生和外界隔絕。當時，地下黨發動各校，組織支援，送東西，來慰問，鼓勵了我們的鬥爭。當時校內沒有電燈後，就點洋蠟，但很危險，凡（萬？）一火警怎麼辦？於是，我們一鼓作氣將大門上的鐵鏈拉斷了。

女師大勝利復校

女師大維持會在宗帽胡同時，學生不止20個，因當時有很多名教授，又招了一期新生，共有一百多人。去宗帽胡同之前，先在報子街，報子街魯迅先生沒有去過。

宗帽胡同的地方是張平江想法搞來的。張平江是宣佈非法開除的六個學生之一，她是國民黨的活動份子，同張繼有關係。房子原是一個有錢人的宿舍，很大，外面做教室，包括文科、理科、預科……裏面做宿舍。所有教授都是免費的，付房租，維持學生的費用，則由李石曾負責解決。李石曾辦教育弄錢是很有辦法的，他當時還算是左派。

到十一月，鬥爭勝利了，我們排著隊，浩浩蕩蕩的復校。當時還請了法政大學的女生拉來助威，已經畢業的女師大學生和北大學生等都來助威。到校門口，門口站隊，唱校歌，女子大學的學生出來歡迎，看到大門上掛著章士釗寫的「女子大學」的招牌，我們就上去拿下來，將它劈了，把女師大的招牌掛上去。我們說：我們決不在章士釗的牌子下低頭，所以女子大學的同學也沒有話說。

復校後，由易培基當校長。他當時也算左派，是李石曾的關係。但易培基一進來，就大批任用私人，他先介紹向培良進來，後來，教職員，管財政的都用同鄉湖南人。接著，他將家裏開支都報銷在學校裏，連他家裏用的女傭人也算學校的帳，很不像話。

　　魯迅先生和其他一些進步教授，看到工作告一段落，功成身退，同時也看出易培基的苗頭不大好，就都辭職回去。

　　關於「三‧一八」

　　楊德群是預科學生，和劉和珍身材差不多高。那一天她和劉和珍一同抗（扛）大旗在前面，陸晶清在後面。

　　那天軍警射擊是有目標的，一個是專揀剪短頭髮的，一個是胸前掛有「學生會」記號的，還有抗（扛）大旗的就是最顯著的射擊目標。

　　當時遊行示威隊伍中，在女師大學生旁邊的是小學生，那天不知會屠殺，所以讓一些小學生也去了。段祺瑞的衛隊在房頂上放排槍，居高臨下，小學生看到出事了，就都哭了，女師大學生就去掩護小學生，有一個湖南同學張靜淑，自己背脊骨旁中了子彈，但他（她）一手扶著中了彈的楊德群，一手還攙扶著小學生。

　　楚溪春當時是主要的參謀長，當時情況他是完全知道的，但在《文史資料》上寫的完全不可靠。

　　1960年11月2日，許廣平回答了第三次來訪的《魯迅傳》創作組成員所提出的關於魯迅個性和生活方面的一些問題，向他們介紹了魯迅的一些情況。

《訪問許廣平先生記錄》

魯迅先生給一般人的印象是嚴峻，但對他平時待人很誠懇、開朗的一面不應忽視，尤以對青年是革命的愛，經常爽朗地大笑。

周建老與魯迅很像，亦有不同，建老較拘謹。曹□□寫魯迅歪曲的很，但是有一點還很對，即在上層社會人物中能處之泰然，如對章士釗，就沒有忌諱。對禮貌上亦很懂得，如上汽車，讓我先上去。

說魯迅衣服滿天星是指補釘（丁）很多，上課時跳上跳下，是指不死釘在講臺上不動，同時為考慮學生是否看得見，就走到後面看看。學生聽周作人的課常常編絨線，聽魯迅先生的課則都集中精力聽到底，魯迅講課很吸引人。

魯迅在北大上課時，穿墨綠呢長袍，外加黑色馬褂（禮服呢），後來在北大時大家打破這習慣不穿馬褂。上課時的音調，不是講演式的，很平常，不加感情的宣揚。在北大時可能因課堂裏坐滿了人所以不能走來走去。

魯迅先生是否熱中有冷的調子？他遇到陌生人或摸不到底的人，沒有共同語言的人，是比較有戒備的，只能看見其冷的一面。對熟悉的有共同語言的人如瞿秋白、李大釗、章川島、孫伏園等則很熟悉，沒有戒備，很熱情、誠懇，對青年學生亦是熱情、誠懇。

魯迅先生接待客人安靜的多還是動的多？他住老虎尾巴時地方小，不可能走動的多，在上海時接待客人是圍著一張長桌，走動亦不多。

魯迅的性子還是較急的，對工作安排很有計劃，如約定講演時間，決不遲到。個性是急的，但有修養。

魯迅在創作時，不願意有人打擾他。若在創作時叫他吃飯等就不高興。最氣憤的時候如何爆發？對家庭內有，對外人甚至敵人主要是筆戰。家庭內有一次我懷孕時，因床太擠，我提前起來睡在樓下去了，他醒來後，到三樓乒乒乓乓搗亂。發完後，下來亦不說什麼。對林語堂發怒亦僅是說理，不是怒罵。出門，總是以包袱包書，不是用皮包，右手夾煙捲，左手夾書。走路、上電車仍抽煙。走路頭平視，稍有八字腳，慢步，走路不快（不趕）很穩重。穩健的步伐。

　　《傷逝》有他本人性格上的憂鬱感，指婚姻上的憂鬱。

　　開會的神態可以問一下馮玉（雪）峰。

　　魯迅之形象嚴峻和溫和應注意那一方面？論爭時嚴峻，平時則較溫和。年輕時由於辛亥革命時代的感應，所以感到嚴峻些，至上海晚年時，由於對將來感到有希望，信心更足，上海時期雖有敵人，打擊他，但是可以輕易回擊掉，所以心情舒展。他的心情與時代的苦難是分不開的，曾經有人說他在上海時消極、消沉，實際是不對的，假如消沉他可以不工作，但是他仍然翻譯外國的以至弱小民族的進步作品。他的信心是一貫有的，不是波浪式的發展。

　　魯迅很注意國際的事件，如十月革命前，對世界語工作主動幫助，後來才發現世界語是無政府主義者，但當時魯迅對中國應該在國際上有所影響的一點上是一貫注意的。

　　劉和珍是師大預科的學生，過去學教育系，不聽文科課程，女師大風潮後，一起去找魯迅。她已剪髮，是江西人，性格很溫和，不大聲說話。所以當主席，是因為能接受群眾意見。

　　楊德群是因為犧牲了才成名的，平時不接近。

過去學校臨近畢業的學生就不搞會長工作，一般預科學生學習一、二年後就當會長或主席，以培養新生力量。

　　當時學校教授分二大派，一是北大派，魯迅是北大派，北大派同情學生的活動。

　　胡風等說魯迅對人不調和，憎惡的一方面，我看應注意主要應看從政治上看。如與郭老雖有太陽社之爭，但到廣州，魯迅仍要與太陽社結成統一戰線的想法。如對作人儘管不和好，當作人有作品發表時，仍買回來閱讀。

　　雖然因為記憶和時代因素等方面的原因，許廣平的上述回憶內容有一些錯誤，但是作為「女師大」風潮的參加者和魯迅先生的夫人，許廣平在這三次與《魯迅傳》創作組成員的談話中仍然提供了關於「女師大」風潮、「三‧一八」慘案和魯迅個性及生活方面的第一手資料，為《魯迅傳》劇本的創作提供了很有價值的參考。

二、四次為飾演自己的著名演員于藍解答問題

　　許廣平還為確定將在電影《魯迅傳》中飾演她的于藍提供了許多幫助。

　　在籌備電影《魯迅傳》劇本的過程中，上海電影局又在1961年成立了攝製組，于伶擔任歷史顧問，陳鯉庭擔任導演，趙丹飾演魯迅，于藍飾演許廣平，孫道臨飾演瞿秋白，藍馬飾演李大釗，于是之飾演范愛農，石羽飾演胡適，謝添飾演阿Q，此外，還有衛禹平、白穆、韓非、梁波羅、任申等著名演員在片中扮演各種角色，可謂是星光燦爛，雲集了當時中國電影界的一大批精英。

　　于藍為了演好許廣平這一角色，多次向許廣平請教其生平問題，許廣平雖然工作繁忙，仍然支持于藍的工作，耐心地向于藍講

起了自己的生平經歷，並首次披露了她和魯迅的一些生活細節，不僅為于藍飾演好許廣平這一角色提供了很好的參照，而且也為魯迅研究提供了第一手的珍貴資料。

許廣平在和于藍進行了四次談話：在1960年12月6日的談話中，許廣平介紹了自己童年時期的經歷，如出生第三天就被父親作為娃娃親許配給馬家，自己反對裹腳，機智地學習國語等故事；在1960年12月27日的談話中，許廣平介紹了自己在二哥的幫助下解除了婚約，並到廣州女師附小高小、天津女師、北京女高師的學習經歷，另外，還談到了她和魯迅由相知到相戀的經過；在1961年6月4日的談話中，許廣平重點講了她和魯迅定情的經過，這不僅是許廣平而且也是魯迅生平中的一件大事（于藍對此作了詳細的記錄：「有一次她給魯迅抄稿子，魯迅叫她停下來，看看她手指的紋路，實際是想握著她的手。許大姐感覺到了魯迅對她的愛。她說自己是打破了一切束縛，解放了的女性，對於愛情是沒有任何條件的，所以魯迅先生深深愛上了她。」）；在1961年6月5日的談話中，許廣平又繼續講到她和魯迅的愛情，並講到了在兩人婚後生活中發生的一些事，其中還特地談到了兩人之間的小糾紛。（于藍也對此作了詳細的記錄：「她還談到一次魯迅和她避難住在外邊，不知什麼原因魯迅不見了，她急死了，自己跑到內山書店和周建人家，兩處都不見，她自己又跑回原來住處，怕敵人監視，不敢開燈，摸著黑一個房間一個房間地摸，她都嚇死了也找不到。周建老和內山都又跑來探問。過了一會兒，魯迅悄悄地回來了，原來他到南京路獨一處去了。許大姐懷著愛意地說：『他就是任起性來，什麼都不管』。」）于藍後來說：「她和我談的話，是在特殊的規定情景中，為了使我理解他，她以極為真誠而平等的態度訴說了她的一些往事。我想她在這些往事中的精神風貌和特有的心態是鮮為人

知的。」（以上均引自于藍《許廣平的風采》，載中國民主促進會中央宣傳部、魯迅博物館　編《許廣平》，開明出版社1995年出版）

三、為《魯迅傳》創作組提供相關資料

許廣平還為《魯迅傳》創作組提供了一些重要的相關資料。

許廣平大概是為了寫作《魯迅回憶錄》（作家出版社1961年出版）而在1960年3月1日訪問了李立三，請李立三回憶和魯迅會見的情況，並把這次談話記錄交給《魯迅傳》創作組供他們寫作劇本時參考。因這一份談話記錄未曾披露過，特轉錄如下：

《李立三同志的談話摘記》

李立三同志說：（大意）

關於一九二八年創造社與魯迅筆戰的問題，在原則上他們之間是有分歧的，創造社講無產階級革命文學，而魯迅在當時還沒有成為一個馬列主義者，這是事實；但創造社有關門主義的錯誤，同時，個別人也有罵名人藉以出名的思想，因此，彼此之間，爭論的很厲害。

當時，黨中央發現了這一問題之後，曾研究了魯迅在各個階段的鬥爭歷史，認為魯迅一貫站在進步方面，便指定我和魯迅作一次會面，談談這個問題。當時魯迅談了些什麼？已不能記憶，只記得我談了二個問題：

（一）我們要實行廣泛的團結，反對國民黨反動派。因此，在這次會面了不久之後，我們即發動成立「自由大同盟」，後來又有了「左聯」和「民權保障同盟」。那次談話，我對創造社方面有所批評。

（二）分析無產階級是最革命、最先進的階級，為什麼它是最革命、最先進呢？就因為他是無產者。接著又談了無產階級革命的問題。

經過那次談話以後，魯迅完全和黨一致了。和創造社的對罵也不見了。魯迅的革命立場從未動搖過。（以後，魯迅在有一些回憶和一些文章中，對創造社的個別人也曾提到過一、二句，但那口氣，已經和過去完全不同了。）在此以前，魯迅可能和黨有關係，但我不知道。

這次會見的地點，是在我們黨的一個秘密機關（大概是創造社的黨組）。至於，和魯迅如何聯繫，由誰陪見，已完全不記得了。（陳賡同志是當時特科的負責人，很可能知道此事。）

在這次會見之前，我們曾經首先去找過創造社黨組負責人談過，指出他們所犯的錯誤所在，和錯誤的性質，並幫助他們克服和改正。後來，在創造社黨開過會，也費了不少力量，因為當時創造社內包括黨員和非黨員，有很多的一批人。

李立三的上述回憶提供了他和魯迅會見時所談的兩點主要內容，《魯迅傳》創作組在《魯迅傳》劇本的下部是否把這些內容寫進了劇本，因為筆者還沒有看到過劇本的下部，所以不敢斷定，但是，筆者傾向於劇本的下部寫入了這些內容。

另外，許廣平把這兩點內容寫進了《魯迅回憶錄》，後來朱正在《魯迅回憶錄正誤》（湖南人民出版社1979年出版，後多次再版）一書中專門寫了一篇題為《關於魯迅和李立三的會見》的文章，引用了馮雪峰的相關回憶來糾正許廣平的錯誤。李立三的上述

回憶不僅證明許廣平在這一點上並沒有錯,而且也為馮雪峰的相關回憶提供了一個補充。

此外,許廣平還為《魯迅傳》的劇本創作提供了一些有益的意見。

電影《魯迅傳》的創作始終得到政府的高度重視,不僅周恩來總理曾召集陳鯉庭、柯靈等部分創作人員談話,就創作和拍攝工作提出了六點意見,而且周揚、夏衍、林默涵等當時文藝界主要領導人多次召集創作組和攝製組成員談話,就創作和拍攝工作提出來的大量的指示。

1961年3月6日,林默涵在北京召集部分專家學者舉行《魯迅傳》座談會,就《魯迅傳》劇本的第3稿徵求大家的意見。許廣平在這次會議上作了發言,提出了較好的建議(因為這則發言的內容沒有被收入《許廣平文集》,很少為人所知,特轉錄如下):

> 大家很關心,很重視這個劇本。我聽到的反應是毛病很少,很完整。前兩次的草稿我看了,只有技術性的小毛病。把我寫得太好了,我還沒有那麼好。那時我是傻不那兒的;當然,完全照原樣寫,于藍也很難演。那時當然比現在活潑一些。今天發的這份材料(按:指編輯部所搜集的北大和師大的反應)中說:「魯迅在許多地方都氣衝衝的,這不符合他的性格。」這個意見我同意。魯迅就是對敵人說話也不都是氣衝衝的,他的筆調很凶,見了人並不那樣。北大同學提議把劇名改為《民族魂》,大家認為怎麼樣?這樣「傳」的意思就少一些了。

許廣平在這次發言中提到劇本把魯迅寫得怒氣衝衝是不符合魯

迅的性格特點的，這與她在第三次和《魯迅傳》創作組成員談話時所提到的魯迅性格特點是一致的，創作組在後來修改劇本時參考了許廣平的這個意見。

四、永遠的遺憾

兩年多來，《魯迅傳》創作組和攝製組為這部影片的拍攝付出了大量的勞動，不僅召開了多次討論會，而且走訪了許多見過魯迅的各界人士，收集了大量的資料，許多演員還先後到紹興體驗生活，趙丹為了演好魯迅，不僅把家裏佈置成魯迅的書房，而且模仿魯迅的形象，穿起長衫，留起鬍子，模仿魯迅抽煙喝酒。

1961年1、2月合刊的《人民文學》刊登了陳白塵執筆的電影文學劇本《魯迅傳》（上）的第三稿，同年年底出版的《電影創作》第六號上刊登了《魯迅》的第五稿。創作組在多次徵求社會各界的意見之後，經過六次修改，終於在1962年底完成了劇本的定稿。1963年1月，上海文藝出版社出版了建國後創作的第一部以魯迅為主人公的電影文學劇本《魯迅》。這個劇本主要描寫魯迅在1909年1927年的革命活動，「著重於描寫五四運動前後魯迅在文化戰線和思想戰線上的重大鬥爭，以及魯迅在這一系列的革命鬥爭中，在黨的關懷和影響下，從進化論者成為階級論者，從革命民主主義開始邁向共產主義的思想轉變和發展過程」。（劇本「內容提要」）

《魯迅傳》創作組和攝製組經過兩年多的緊張工作，可以說已經基本完成了正式開拍前的準備工作了。但是，國內的政治形勢卻發生了變化。當時上海市委第一書記、市長柯慶施和上海市委宣傳部部長張春橋按照江青的指示，要求上海的文藝界、電影界要「大寫13年」，重點寫反映建國後社會主義建設的題材。1964年「四清」運動期間，電影界的目標是清除「夏（衍）陳（荒煤）路

線」。張春橋到天馬電影製片廠和海燕電影製片廠蹲點，並直接下到攝製人員最多的《魯迅傳》攝製組。有人首先揭發演員趙丹、夏天的問題，接著又把攝製組到紹興體驗生活，途經杭州向周揚、夏衍請示工作說成是「遊山玩水」。張春橋聽後說「這不是裴多菲俱樂部嗎？」不久，有關方面傳達張春橋的指示：「電影《魯迅傳》攝製組的黨組織爛掉了。」（田一野《籌拍歷史巨片〈魯迅傳〉始末》，《大眾電影》（總386期）1985年8月）由此，《魯迅傳》還沒有正式開拍就被迫下馬。這不僅給已經為之付出了許多心血的《魯迅傳》創作組和攝製組的眾多成員留下了永遠的遺憾，而且也為全力支持該劇創作的許廣平留下了永遠的遺憾。

在「文革」中，電影《魯迅傳》的創作組和攝製組的成員也因為籌拍《魯迅傳》而受到了政治迫害，趙丹因為飾演魯迅還成為他挨批鬥的一大罪狀。而周揚、夏衍、林默涵等人也因為反對魯迅而受到了政治批判，其中的一條罪狀就是對《魯迅傳》的多次錯誤指示。在當時的政治背景下，許廣平也按照當時政治的需要撰文批判周揚對魯迅的攻擊和誣衊。在《紅旗》雜誌1966年第10期刊登了《中國共產黨中央委員會關於無產階級文化大革命的決定》之後不久，許廣平就緊密配合當時的政治鬥爭在《紅旗》雜誌1966年第12期刊登了《不許周揚攻擊和誣衊魯迅》一文，猛烈抨擊周揚對魯迅的攻擊和誣衊，除了揭露周揚夥同夏衍、林默涵、馮雪峰等人篡改《魯迅全集》中的《答徐懋庸並關於抗日統一戰線問題》一文的一條注釋之外，還揭露了周揚對《魯迅傳》拍攝工作的錯誤指示：

　　　一九六一年三月，周揚在對《魯迅傳》創作人員談話時，竭力玩弄從政治上貶低魯迅、抬高自己的陰謀：「魯迅究竟不是政治活動家」，「他沒有投入政治鬥爭漩渦的

中心」，「還是著重寫他作家的活動，革命活動作為他內在的、精神上的呼應。把他和革命活動的聯繫寫得太直接了，第一違背歷史，第二魯迅就被動了，難了。」

周揚不許寫魯迅和黨的關係，不許寫毛主席對魯迅的影響。胡說什麼寫了黨，魯迅「自己在摸索、奮鬥就反而削弱了」！把一個偉大的共產主義者魯迅的形象，歪曲成為脫離黨的領導、脫離群眾的個人摸索、個人奮鬥的資產階級文人，這就是周揚們的罪惡企圖！周揚甚至瘋狂的叫嚷：「不要怕這樣寫了有人會提意見：黨的影響不夠呀，毛主席都沒有提到呀，等等」。這完全暴露了他的反黨反毛主席的政治面目。

《魯迅傳》劇本為了突出魯迅的革命性，不僅把魯迅的革命活動作為主要情節，而且幾乎全部內容都是描寫魯迅的革命活動，甚至虛構了一些魯迅的革命故事，如魯迅和李大釗在西三條魯迅家中會見等，這些都在一定程度上神化了魯迅和中國共產黨的關係，有違歷史事實。因此，周揚等人對劇本提出的批評雖然不排除他們發洩因為30年代「兩個口號」論爭而產生的對魯迅的不滿的因素，但是在現在看來還是有一定的道理的，不過，在當時的政治環境下，許廣平也不得不按照政治需要批判來周揚對《魯迅傳》的指示。即使如此，許廣平仍然為《魯迅傳》這部未完成的歷史巨片貢獻了許多有益的意見。

（本文撰寫得到了陳白塵先生的女兒陳虹教授的大力支持，特此致謝。）

茅盾談電影劇本《魯迅傳》的兩則佚文考

　　2008年11月，筆者應陳白塵先生的女兒陳虹教授之邀赴上海參加陳鯉庭導演的百歲誕辰慶祝活動，有幸拜訪了陳鯉庭先生，向他請教了拍攝電影《魯迅傳》的有關問題，並得到了陳虹教授提供的關於電影《魯迅傳》的相關資料，而這些資料是電影《魯迅傳》的編劇陳白塵和電影《魯迅傳》的導演陳鯉庭兩位先生歷經「文革」劫難之後所保留下來的僅有的資料。筆者在整理這些資料的過程中看到兩篇茅盾的講話記錄，在請教了人民文學出版社張小鼎先生並查閱了《茅盾全集》之後，確認這兩篇講話記錄應當是茅盾的佚文。

一、電影劇本《魯迅傳》的創作背景及經過

　　1958年「大躍進」時期，上海市委領導人在《紅旗》雜誌發表文章，提出了「超越魯迅」的口號。周恩來總理對此表示不同意見，認為應當先瞭解魯迅、學習魯迅，才能談到所謂的「超越魯迅」，為此，他指示上海文化部門的領導人拍攝一部反映魯迅生平的電影，幫助廣大人民群眾特別是青年瞭解魯迅。上海市委文教書記石西民便指定曾任上海電影製片廠副廠長的上海作協副主席葉以群撰寫反映魯迅生平的電影劇本。1958年12月，葉以群寫出了電影

劇本《艱難時代——魯迅在上海》（因為當時北京方面也準備撰寫
關於魯迅的劇本，所以只寫魯迅在上海的一段），次年3月又寫出
了修改稿，但是上海有關部門對此劇本意見不一，認為像紀錄片，
不像故事片，還要重新修改。1960年初，葉以群利用在北京開會的
機會抽空當面向周總理匯報了劇本的情況，周總理指出：「既然要
重寫，我看拍上、下兩集，表現魯迅的一生。爭取明年七月先拿出
上集，作為向黨成立四十周年的獻禮片。」

　　石西民得知周總理的指示後就指派上海電影局長張竣祥和葉以
群在1月7日晚上邀請在京的文化部副部長夏衍、中宣部副部長林默
涵、中國作協副主席邵荃麟等人開會商量如何落實周總理的指示，
拍攝反映魯迅一生的電影。在這會議上決定成立由葉以群、陳白
塵、柯靈、杜宣等人組成的《魯迅傳》創作組，陳白塵擔任執筆
人；另外按照上海市委的指示決定成立由沈雁冰、周建人、許廣
平、楊之華、巴金、周揚、夏衍、邵荃麟、陽翰笙、陳荒煤等人組
成的《魯迅傳》顧問團。周總理在聽取有關人士的彙報後，指定葉
以群擔任創作組組長，夏衍擔任顧問團團長。1月29日，石西民在
上海召集會議，宣佈了創作電影《魯迅傳》的人員名單，陳白塵、
葉以群、唐弢、柯靈、杜宣、陳鯉庭等人負責創作劇本；陳鯉庭、
趙丹、藍馬、于藍、石羽、謝添、于是之等人負責攝製工作，正式
啟動了《魯迅傳》的創作工作。[1]

　　這部被定位為建黨四十周年獻禮片的影片不僅深受電影藝術家
的重視，匯集了國內一流的劇作家和演員，而且也得到了官方的高
度重視，周揚、夏衍、林默涵等主管宣傳文化領域的領導人多次召

---

[1]　參閱沈鵬年《歷史巨片〈魯迅傳〉的誕生與夭折》，載《生活叢刊》1986年11月，學
　　林出版社1986年出版。

集創作和攝製人員談話，周總理也在1960年4月3日親自解答《魯迅傳》創作組的疑難問題並就影片的基調作出詳細指示[2]：

> 一，總理首先指示：《魯迅傳》影片應以毛主席在《新民主主義論》中對魯迅的評價為綱。
>
> 關於黨的領導，總理指示應該寫瞿秋白和魯迅的戰鬥友誼。
>
> 總理詢及，關於創造社、太陽社和魯迅筆戰的問題，準備如何處理？我們告訴他，初步打算是想避開矛盾不寫。總理說，可以接觸一點，這不要緊，當然，寫的太多是不好的。
>
> 關於劇中涉及某些現猶健在的人物應用真名或假名的問題，他說一般可用假名，但像許廣平這樣，就不能用假名了，在反面人物中，總理提到章士釗可以不要提了。
>
> 總理還提到內山，他說，這個人至今我們還沒有完全弄清楚。他從前曾替我們掩護過一些人，解放後搞日中友協，也受到日本反動派的壓迫，但他從前的政治背景究竟如何？還不知道，假定他從前和日本統治者有關係，而日本統治者允許他給我們做些掩護工作，這也不是不可能的。
>
> 六，送火腿的事，總理說是有的，不光送給他一個人，給毛主席、黨中央，此事由馮雪峰經手，不提它算了。

4月8日，《魯迅傳》顧問團團長夏衍召集《魯迅傳》創作組開會，討論劇本的提綱。夏衍在講話中指出：（1）劇本要寫出魯迅

---

[2]　《〈魯迅傳〉創作組訪談紀錄》第一集，上海天馬電影製片廠印製，第1頁。

從進化論到階級論的思想發展過程。（2）劇本反映魯迅接受黨的領導，「俯首甘為孺子牛」的精神可以採用「魯迅自己文章中的精煉的話」或「在旁人的話中點出」。（3）劇本「從辛亥革命開始時比較妥當的」，（第一部）「自日本回國，滿腔熱血，要推翻滿清王朝，建立共和國，但革命失敗了，他陷於失望之中；第二部開始，大革命失敗了，又是一個大失望，對民族資產階級的『革命家』完全絕望了，看到無產者才有將來，成為共產主義者。這從結構上講也很好」。（4）「魯迅的性格要全面寫出來，光寫硬骨頭是不行的，他很風趣，但原則性強，一翻面，不認人。」（5）「關於人名問題可以真真假假一翻」。（6）關於王金髮如何寫的問題，「王的事蹟要核一核」[3]。

夏衍的這番講話不僅明確指出了創作《魯迅傳》劇本的政治目的，而且也指出了劇本應採取的篇章結構以及人物形象塑造的方法等，從而為劇本的創作指明了方向。《魯迅傳》創作組很快就在此基礎上寫出了《劇本提綱草案》。

4月16日，夏衍又召集了《魯迅傳》顧問團開會，討論劇本的提綱草案。陳白塵介紹了劇本的初步構思：劇本分八段，「上部斷在北伐和大革命失敗，下部結在長征勝利」。茅盾、巴金、周建人、陽翰笙、邵荃麟等人對劇本提綱草案進行了評議。夏衍最後強調指出：「整個戲最主要的兩點：第一，必須以毛主席對魯迅的評語為綱，以中國革命為背景，寫出中國革命知識份子所走過的道路和思想上經歷的變化，……第二，是黨的領導，特別是黨對文藝運動領導的一條線。……魯迅的進步實際上是靠攏黨，思想上起了變化的結果。魯迅和黨的關係早在廣州就開始，不是直到左聯才開始

---

[3]　《〈魯迅傳〉創作組訪談紀錄》第一集，上海天馬電影製片廠印製，第3-4頁。

的，更早的還有李大釗，這條線應該寫出來。」[4]

創作組在聽取了顧問團各位成員的意見之後，又得到了奉陳延年之命與魯迅聯繫的原中共中山大學支部書記徐文雅提供的魯迅與陳延年會見的資料，並赴廣州等地參觀訪問，然後回到上海開始創作劇本詳細提綱。經過一個多月的緊張工作，創作組寫出了《劇本詳細提綱》。劇本上集的提綱共分四章：第一章「辛亥革命時代」，第二章「五四時代」，第三章「五卅到三一八」，第四章「一九二七年大革命時代」，描述了魯迅從執教紹興到離開廣州奔赴上海的鬥爭經歷，並重點突出了魯迅和中國共產黨人李大釗、陳延年等人的親密關係。毫無疑問，這個《劇本詳細提綱》按照夏衍等領導人的指示，突出了共產黨對魯迅的影響和領導，但是沒能把握好魯迅和共產黨親密關係的度，以至於太突出魯迅的革命色彩了。

6月18日，夏衍到上海傳達了顧問團對《劇本詳細提綱》的意見：

> 最主要有兩個問題：一，還是個老問題，從辛亥革命起，中國歷史還是反帝反封建的歷史，作為背景，洋人這條線不清楚。毛主席講魯迅反帝反封建很徹底，魯迅的對手是洋人，在戲裏這條線不清楚。……二，魯迅在前集中調子高了，下集難以為繼。

夏衍最後指出：「骨架基本上不動，結構再堅實一點，可刪一些，可增一些，《魯迅傳》搞到這樣是不容易的，有戲。」[5]

---

[4] 《〈魯迅傳〉創作組訪談紀錄》第一集，第25－36頁。
[5] 《〈魯迅傳〉創作組訪談紀錄》第一集，第37－44頁。

創作組按照夏衍的指示開始創作劇本，陳白塵負責創作劇本的上集，柯靈、杜宣負責創作劇本的下集。11月27日，陳白塵寫完了劇本的上集，這是劇本的第一稿。該稿在《劇本詳細提綱》的基礎上吸收夏衍等人的意見作出了部分修改，有所進步，但是篇章結構未動，仍然分為四章。另外，描寫魯迅革命活動內容的章節仍然較多，魯迅的革命色彩仍然比較突出。陳白塵稍後又對該稿作了局部修改，然後刊登在1961年2月出版的《人民文學》雜誌上，這是劇本的第二稿。該稿最大的變化就是取消了原來的篇章名稱，另外增加了描寫魯迅和農民的關係以及魯迅在五四期間的文化活動的內容。

二、茅盾的佚文之一：《茅盾同志的發言摘要》

在瞭解了《魯迅傳》的創作背景和大致經過之後，我們可以從內容角度來分析茅盾的這兩篇佚文。

茅盾於1960年4月16日上午在《魯迅傳》顧問團會議上的講話內容被記錄下來，並以《茅盾同志的發言摘要》為題收入《〈魯迅傳〉創作組訪談錄》第一集。以下就是茅盾講話的內容[6]：

> 一、關於結構問題：主要根據歷史，有些地方允許虛構，如王金發應該要虛構。在歷史基礎上可以有虛構，但私人生活可以避開不寫，（夏衍插話：對海嬰可以寫一些），這可以寫，但份量不多。
>
> 照現在計畫看，從辛亥革命前後寫起，略去日本求學和生病到死，從效果看這也好，可以省一些，筆墨更

---

[6] 周揚同志和《魯迅傳》攝製組創作人員的談話記錄稿。

加精簡。我個人是傾向於分八段，照這計畫的寫法的。大事情以歷史事件為背境【景】，這樣就非分兩集不可，至於在何處分為宜，要看長短。

二、關於人物及其他問題

1、有些人一定要用真名，主要是死者，還有如反面人物，胡適就用胡適，活著的人中，許大姐一定要出場，也沒有辦法用假名的。另外的人，與其用假名，還是不出場的為妙，可以在對話中間提一下就完。

2、在左聯成立前，和創造社太陽社筆戰，可以側面寫，但馮乃超等的話可不必寫。是否可以在這中間用畫外音，如表現魯迅在筆戰的時候的思想在想，畫外音出來：「逼迫著看普列哈諾夫、馬克思主義的文藝理論書，並且翻譯出來」。並不一定要用一段話。

3、楊杏佛、瞿秋白、陳延年可用真名。陳延年的照片是否找得到？我和陳延年在廣州一段相當熟。有些人可不必出現了，如許壽裳，否則魯迅熟朋友很多，片子囉嗦了。

4、從廣州分段，從魯迅的思想發展上看也較好一些。在1927年以前，魯迅對北洋軍閥已深惡痛絕，在政治上傾向於共產黨，但思想上還不是馬列主義者。大革命以前魯迅說：「從俄國文學中看到了有階級的存在」，話是在後面說的，但思想在以前早就有了，從進化論到階級論，思想上是過度【渡】的。五四時代和李大釗的關係，也有路子可找。

5、這部影片要搞好，二個演員非常重要，一個是魯迅，一個是瞿秋白，（許廣平到可以請許大姐自己演，她

能演戲的，頭髮染黑一下。）要找一個見過魯迅的演員不一定有了，魯迅的聲音笑貌，走路說話沒有記錄下來，不能見到了，但魯迅是「文如其人」，只要多讀他的文章，可以從中揣摩。建老比魯迅先生小一號。

楊杏佛演說有時拳頭一伸，臺子一砸，很有煽動力，魯迅先生就不是這樣劍拔弩張。惲代英也是煽動家，又是另一個風格。

6、表現魯迅文章的影響問題，當時《阿Q正傳》在晨報發表，有些人疑心要罵到他了，特別是假洋鬼子，這的確是事實。以後的雜文更屬害了，尤其在九‧一八前後，罵蔣介石不抵抗，完全和歷史背境【景】配合的。寫柔石等犧牲時，可以圍繞《為了忘卻的紀念》，特別是「慣於長夜過春時」一詩，演員可以吟出來，用低音，不用朗誦，最好用老式的念詩方法念。

7、關於電報問題，（慶祝長征勝利賀電）恐怕原文也不長，好像經過史沫特萊轉去的。（夏衍插話：請茅公再擬一個好了。）

茅盾在1960年4月16日的日記中記載[7]：

十六日（晴，十幾度，一、二度。風已止，覺得比昨天冷）

---

[7] 夏衍同志和《魯迅傳》攝製組創作人員的談話記錄稿。

今晨醒來為六時。不能再睡。至六時半起身。上午九時半赴國際飯店出席《魯迅傳》影片攝製的座談會。該攝製組有顧問委員會，我被推為顧問之一。下午一時許始返家。處理公文、信件，閱抒情長詩（一千行以上的）數部。晚赴民族宮觀內蒙京劇團之演出（近代劇），九時半返家，服藥如昨，又閱書，至十二時後入睡。

從茅盾當天的日記中可以確認，茅盾確實出席了《魯迅傳》顧問團的座談會。這個講話記錄因此也可命名為《在〈魯迅傳〉顧問團會議上的講話》。從茅盾的講話內容可以看出，他對陳白塵代表《魯迅傳》創作組所介紹的關於劇本的構想以及夏衍的講話表示同意，他所談的劇本結構問題以及塑造人物形象問題不僅是周總理和夏衍講話中提到的主要問題，而且也都是這次座談會的熱點問題。另外，茅盾作為熟悉魯迅的文化名人，還為影片的拍攝提供了很好的建議，如建議演員多讀魯迅的文章來體驗魯迅，用吟詩體現魯迅在柔石犧牲後的心理等。值得一提的是，茅盾在這個講話中對於慶祝紅軍的賀電並沒有否認。

《魯迅傳》創作組的成員在聆聽了茅盾的講話之後，為了在影片中突出魯迅和共產黨領導人瞿秋白、陳延年的關係，需要進一步瞭解瞿秋白和陳延年的相關資料，於是就在這次會議之後的第二天拜訪了熟悉這兩位共產黨領導人的茅盾。

三、茅盾的佚文之二：《訪問茅盾同志的摘記》

茅盾在4月18日的日記中有如下記載[8]：

<hr>

[8] 參閱陳白塵《我這樣走來》，江蘇美術出版社2008年出版，第58頁。另外，陳虹在為

十八日〔晴後陰，大風，今晨六時卅十分醒，旋即起身。上午閱書刊，日報，《參資》。下午閱賀敬之抒情長詩。七時許，柯靈、杜宣、陳鯉庭來談《魯迅傳》影片事，九時半辭去。又閱書至十一時服藥就寢，然而竟不能睡，又服鎮靜劑，至翌晨一時許始入睡。

從茅盾日記中可以看出，茅盾當天和柯靈、杜宣、陳鯉庭等《魯迅傳》創作組的成員談了電影《魯迅傳》的事情，因此，創作組成員筆錄的《訪問茅盾同志的摘記》也可以命名為《和〈魯迅傳〉創作組的談話》。具體的談話內容如下[9]：

《訪問茅盾同志的摘記》

1960・4・18

關於陳延年

在廣州的時候，中山艦事件前，國民黨召開第二次代表大會，陳延年和惲代英等都是代表，他們去開會，我當時在宣傳部做秘書，開會時和陳常常見面。

陳延年同志的個子不高，講話很沉著、很乾脆，話不多講。在廣州是半公開身份，非常樸素，有時穿長衫，穿短的時候多。陳延年不像獨秀，但還是有一點獨秀的樣子，陳喬年比較有點書生氣，頭髮分開的。

三聯書店1997年出版的陳白塵回憶錄《對人世的告別》撰寫的序言《父親的故事》一文中說：「1964年影片終於開拍，又哪知一道指令，據說是主要演員在『生活作風』上有了什麼問題，攝製組便被莫名其妙的解散了。」

9 陳白塵《我這樣走過來》，江蘇美術出版社，2008年出版，第57－58頁。

中山艦事件發生後，我乘船離開廣州，在開船前和陳延年見過一次，陳延年要我帶信給陳獨秀，還記得的內容大概有兩點：①陳延年談了中山艦事件後對國民黨的看法，當時陳延年的看法和陳獨秀不同，陳獨秀右傾，陳延年正確。到上海匯報後，彭述之表示廣東的看法不好，彭以為蔣介石還沒有那麼壞，對蔣介石逼得太緊，會引起他的反感，說現在是資產階級革命，讓他們來領導好了，讓蔣介石坐轎，我們來抬好了。陳獨秀當時也同意彭述之的看法。事實證明，他們是右傾機會主義，錯的，而陳延年是正確的。

　　②是關於一個蘇聯派來的，在黃埔軍校的總教官契商卡的問題，當時上海方面對他有反感。

　　以後，和陳延年就沒有再見過面。

關於瞿秋白

　　認識秋白是通過鄭振鐸介紹的，和他時常往來有二個時期：一是在上海大學，一是在27年大革命失敗後。

　　他的個子高，頭髮梳分頭，人的確很瀟灑，但演瞿秋白不能專抓瀟灑，他言說的時候煽動力很強。平時也很風趣，但這種風趣又和魯迅不同，魯迅是幽默，秋白是風趣。當鄭振鐸結婚時要用兩顆圖章，一時找不到人刻，時間又很急，大家知道秋白會刻圖章的，於是就去找他幫忙，但他提出一張刻字的潤格，並定出幾天前定，幾天後交的期限，使來人瞠目結舌，到第二天鄭結婚的日子，秋白來了，帶來很厚的一封，上寫賀禮XX元，是很大的一筆數目，鄭振鐸說你太客氣了，堅辭不肯收，推之再三，打開來一看，原來是剛剛刻好的二顆圖章，數字正好是前一天訂出潤格上的數字，於是大家哄堂大笑。

瞿秋白常住在陰陽界，他對二房東說是教書的，又有楊之華夫妻二人一道，二房東也就很相信了。過去搞秘密工作，因二房東出事的很少，而被叛徒出賣的倒不少。

瞿秋白出外時一般乘黃包車，有時候做出差汽車。後來搬到南市紫霞路，國民黨是沒有想到的，他們總以為一般都住在租界上的，所以有時候住在那種地方反而不會受到注意。

關於魯迅

魯迅和一般朋友，尤其是青年人在一起時很幽默，很少聽到他講教訓人的話。在講話中時常帶點諷刺，但刺人也不一定是惡意，不能把他看作冷酷無情。但他幽默也並不是每句話都是使人發笑的，他講起話來慢吞吞，談話不長，從來沒有一談半個鐘頭的。瞿秋白講話時滔滔不絕，有時一個人常常說上半個鐘頭。

魯迅不相信傅東華，對傅不滿，有二件事很生氣，一次是黑人作家休士來中國，一次是生活（書店）把《譯文》停刊。

魯迅笑的時候很天真，不冷笑，到真正生氣時，才冷笑一下。

魯迅很重感情，他和蔡元培、許壽裳、齊壽山都很好。許壽裳在北京時，魯迅常常托許壽裳去北京圖書館查書的。

從茅盾的講話中可以看出，他重點介紹了自己和陳延年、瞿秋白交往的情況，並因為影片要塑造兩人的形象而特別介紹了兩人的外貌特徵和性格特點，另外，還介紹了魯迅的性格特點。

如果把茅盾在1960年的這次講話內容和他在1979年撰寫的回憶錄《文學與政治的交錯》的相關內容進行對照，可以看出這些內容在大體上是一致的。茅盾關於陳延年在大革命前後與陳獨秀的政治

分歧的回憶比較為治現代文學史的人士所熟知，在此我們不妨看看茅盾在回憶瞿秋白時曾寫到過瞿秋白為鄭振鐸刻圖章的故事[10]：

> 我還可以講瞿秋白的一個軼事，以見其為人之幽默。當鄭振鐸和高君箴結婚儀式之前一日，鄭振鐸這才發現他的母親沒有現成的圖章（照當時文明結婚的儀式，結婚證書上必須蓋有主婚人，即雙方家長，介紹人及新郎新娘的圖章），他就寫信請秋白代刻一個。不料秋白的回信卻是一張臨時寫起來的「秋白篆刻潤格」，內開：石章每字二元，七日取件；如屬急需，限日取件，潤格加倍；邊款不計字數，概收二元。牙章、晶章、銅章、銀章另議。鄭振鐸一看，知道秋白忙，不能刻，他知道我也能刻圖章，就轉求於我，此時已為舉行結婚儀式之前夕，我便連夜刻了起來。第二天上午，我把新刻的圖章送到鄭振鐸那裏，忽然瞿秋白差人送來一封紅紙包，大書「賀儀五十元」。鄭振鐸正在說：「何必送這樣重的禮！」我把那紙包打開一看，卻是三個圖章，一個是鄭母的，另兩個是鄭振鐸和高君箴的，鄭、高兩章合為一對，刻邊款「長樂」二字（因為鄭、高二人都是福建長樂縣人），每章各占一字，這是用意雙關的。我一算：潤格加倍，邊款兩元，恰好是五十元。這個玩笑，出人意外，鄭振鐸和我都忍不住捧腹大笑。自然，我刻的那個圖章，就收起來了，瞿秋白的篆刻比我高明十倍。鄭、高二人本來打算在證書上簽字，不用圖章，現在也用了秋白刻的圖章。下午舉行結婚儀式，瞿秋白來賀喜了，請他講話，他便用「薛寶釵出閨成大

---

[10] 陳虹《父親的故事》，載陳白塵《對人世的告別》，三聯書店，1997年出版，第11頁。

被遮蔽的魯迅
224

禮」這個題目，講了又莊嚴又詼諧的一番話，大意是婦女要解放，戀愛要自由。滿堂賓客，有瞠目結舌者，有的鼓掌歡呼。

這一段回憶雖然與茅盾在與《魯迅傳》創作組成員談話時的內容有所出入，但是大致內容是一致的，由此也可以說明茅盾的這個講話記錄是真實的。

四、小結

需要指出的是，茅盾在1960年的這兩個講話記錄均未經他本人審閱的，但即使如此，我們也可以結合《魯迅傳》創作的背景與經過以及茅盾在1979年撰寫的回憶錄來確定這兩個講話記錄的內容是真實的。而且，《魯迅傳》作為中央親自抓的向建黨四十周年獻禮的影片，為攝製影片而採訪歷史當事人的記錄在經過《魯迅傳》創作組資料員沈鵬年整理後由《魯迅傳》創作組黨小組長杜宣簽字後油印100份，在理論上也不會造假，更何況，這兩個講話記錄來自於曾經參加這兩次和茅盾談話的陳白塵和陳鯉庭之手。此外，從1960年4月採訪茅盾到1960年6月油印出版，中間僅隔了兩個多月的時間，如果訪談錄的資料整理者造假的話，相關當事人當時就能夠發現，根本就不會保存下來了。另外，這份訪談錄在油印之後很可能也給了作為《魯迅傳》創作組顧問團成員之一的茅盾一份。因此，筆者希望能把這兩個講話記錄分別更名為《在〈魯迅傳〉顧問團會議上的講話》、《和〈魯迅傳〉創作組的談話》收入《茅盾全集》之中。

（本文撰寫得到南京師大陳虹教授和人民文學出版社張小鼎編審的幫助，特此致謝！）

巴金談電影劇本《魯迅傳》的一則佚文考釋

1960年4月16日，《魯迅傳》顧問團團長夏衍召集《魯迅傳》顧問團成員開會，討論《魯迅傳》劇本的提綱草案。巴金作為顧問團成員之一也在這次會議上發表了意見，他的講話被《魯迅傳》創作組資料員沈鵬年記錄下來，在經過《魯迅傳》創作組的整理之後以《巴金同志在顧問團會議上的談話》為題收入同年6月由上海市電影局天馬電影製片廠油印的內部資料《「魯迅傳」創作組訪談記錄》第一冊之中。筆者在2009年12月初拜訪這些訪談資料的整理者沈鵬年先生時得知，《魯迅傳》顧問團成員的講話記錄都經本人審閱過，並經《魯迅傳》創作組的黨小組長杜宣簽字蓋章後付印。沈鵬年先生甚至還保留著這次顧問團會議出席人員的簽到名單，筆者看到了夏衍、茅盾、巴金等人的親筆簽名。此外，筆者從陳白塵先生的女兒陳虹教授處得到的《「魯迅傳」創作組訪談記錄》來源於《魯迅傳》劇本執筆人陳白塵和導演陳鯉庭，尤其是陳白塵還出席了這次顧問團會議向各位顧問匯報劇本的提綱草案，是見證者；而且巴金等幾位《魯迅傳》顧問團成員在4月16日的講話很快就在6月被整理好之後油印出來供陳白塵等《魯迅傳》創作組成員參考，這些都可以證明巴金的講話記錄比較可信和真實。

有關《魯迅傳》劇本創作的背景和過程，筆者在《塑造魯迅銀幕形象背後的權力政治》（《新文學史料》2010年第1期）一文中已經有較為詳細的介紹，這裏重點考釋巴金這次講話的內容。

一、巴金談話的內容

《巴金同志在顧問團會議上的談話》

1960年4月16日

以前上海已搞過一個「艱難時代」，太構於事實，每一段話都有出處，每一細節都很正確，這對學習和研究的人看，固然很有幫助，但對一般觀眾就不能激動。

對魯迅的生平、事蹟，將來可以再搞一部大型紀錄片。（夏衍同志插話：「已經有過一部魯迅生平」了）

這一次為了使更多的人，特別是青年，瞭解和學習魯迅，就一定要寫出魯迅的精神面貌，只有這樣，才能起教育人、鼓舞人的作用。

照提綱草案的八段分法，我覺得很好，影片分上下兩部也好，主要問題是要能貫串【穿】到底。有些人物可以取消，如許壽裳作用不大，可以略。凡是合乎魯迅性格的，可以創造一些不必完全拘泥於事實。對反派人物，可以誇張一下，可以加一些東西進去。有些人物可以集中概括，有些人物，與戲關係不大的，可以不要。

寫魯迅主要是寫他的思想發展，私人生活可已精煉一點。

這部片子，外國對他的期望也很大，影片放映出來，要使從來沒有見過魯迅的人，使不知道魯迅的人，也能夠瞭解，也能夠感動。

這一次搞，我相信是一定可以搞好的。

二、巴金談話考釋

（1）以前上海已搞過一個「艱難時代」，太構於事實，每一段話都有出處，每一細節都很正確，這對學習和研究的人看，固然很有幫助，但對一般觀眾就不能激動。

對魯迅的生平、事蹟，將來可以再搞一部大型紀錄片。（夏衍同志插話：「已經有過一部」魯迅生平「了」）

這一次為了使更多的人，特別是青年，瞭解和學習魯迅，就一定要寫出魯迅的精神面貌，只有這樣，才能起教育人、鼓舞人的作用。

巴金的這一段講話與《魯迅傳》創作的前期背景基本一致：

1958年「大躍進」時期，上海市委領導人在《紅旗》雜誌發表文章，提出了「超越魯迅」的口號。周恩來總理對此表示不同意見，認為應當先瞭解魯迅、學習魯迅，才能談到所謂的「超越魯迅」，為此，他指示上海文化部門的領導人拍攝一部放映魯迅生平的電影，幫助廣大人民群眾特別是青年瞭解魯迅。上海市委文教書記石西民便指定曾任上海電影製片廠副廠長的上海作協副主席葉以群撰寫反映魯迅生平的電影劇本。1958年12月，葉以群寫出了電影劇本《艱難時代——魯迅在上海》（因為當時北京方面也準備撰寫關於魯迅的劇本，所以只寫魯迅在上海的一段），次年3月又寫出了修改稿，但是上海有關部門對此劇本意見不一，認為像紀錄片，不像故事片，還要重新修改。1960年初，葉以群利用在北京開會的機會抽空當面向周總理彙報了劇本的情況，周總理指出：「既然要重寫，我看拍上、下兩集，表現魯迅的一生。爭取明年七月先拿出上集，作為向黨成立四十周年的獻禮片。」

（2）照提綱草案的八段分法，我覺得很好，影片分上下兩部也好，主要問題是要能貫串【穿】到底。有些人物可以取消，如許壽裳作用不大，可以略。凡是合乎魯迅性格的，可以創造一些不必完全拘泥於事實。對反派人物，可以誇張一下，可以加一些東西進去。有些人物可以集中概括，有些人物，與戲關係不大的，可以不要。

寫魯迅主要是寫他的思想發展，私人生活可已精煉一點。

巴金的這一段話主要是回應夏衍的講話內容，發表自己對劇本提綱草案的看法。

4月16日，夏衍召集了《魯迅傳》顧問團開會，討論劇本的提綱草案。陳白塵首先介紹了劇本的初步構思：劇本分八段，「上部斷在北伐和大革命失敗，下部結在長征勝利」。夏衍在講話中詳細介紹了劇本的提綱草案：

提綱初步考慮分上下兩集，關於整個創作過程，大體分三步：

第一步，先把結構樹立起來；初步考慮分八段行不行？怎樣斷？怎樣結？上部斷在北伐，大革命失敗；下部結在長征勝利或（魯迅）逝世。

第二步，把劇本初稿寫出來；

第三步，對魯迅的人物、性格、對話，個別細節，以及整個劇本的風格等進一步加工。

現在是邊採訪，邊把結構建立起來。當然，風格和結構有關，是很嚴肅的歷史傳記片？還是記錄性的傳記片？還是故事片？故事片像「聶耳傳」藝術上虛構較多，「魯迅

傳」是否也容許虛構？考慮了一下外國的傳記片，如美國的「服【伏】爾泰傳」（「筆伐強權」）我在抗戰前看過，看後對了一下傳記，影片有若干虛構。主要是年代和人的問題，年代不一定相同，但事件必須是事實。又如蘇聯的「詩人萊尼斯」，基本上根據歷史事實，沒有太大的虛構。

魯迅傳，私人生活不可能寫的太多。服【伏】爾泰、詩人萊尼斯也著重寫時代背景。

初步研究分前四段、後四段。這樣有一個好處：第一部開頭對辛亥革命、資產階級革命失望，進而轉到進化論；第二部開頭又對國民黨蔣介石那套革命大失望，進而轉到階級論，成為馬列主義者。

在夏衍介紹了《魯迅傳》劇本提綱草案的初步設想之後，各位顧問先後發言。在巴金發言之前，有茅盾、陽翰笙的發言。茅盾在發言中重點談了劇本結構和人物問題：

一、關於結構問題：主要根據歷史，有些地方允許虛構，如王金髮應該要虛構。在歷史基礎上可以有虛構，但私人生活可以避開不寫，（夏衍插話：對海嬰可以寫一些），這可以寫，但份量不多。

照現在計畫看，從辛亥革命前後寫起，略去日本求學和生病到死，從效果看這也好，可以省一些，筆墨更加精簡。我個人是傾向於分八段，照這計畫的寫法的。大事情以歷史事件為背境【景】，這樣就非分兩集不可，至於在何處分為宜，要看長短。

二、關於人物及其他問題

（1）有些人一定要用真名，主要是死者，還有如反面人物，胡適就用胡適，活著的人中，許大姐一定要出場，也沒有辦法用假名的。另外的人，與其用假名，還是不出場的為妙，可以在對話中間提一下就完。

（2）在左聯成立前，和創造社太陽社筆戰，可以側面寫，但馮乃超等的話可不必寫。是否可以在這中間用畫外音，如表現魯迅在筆戰的時候的思想在想，畫外音出來：「逼迫著看普列哈諾夫、馬克思主義的文藝理論書，並且翻譯出來」。並不一定要用一段話。

（3）楊杏佛、瞿秋白、陳延年可用真名。陳延年的照片是否找得到？我和陳延年在廣州一段相當熟。有些人可不必出現了，如許壽裳，否則魯迅熟朋友很多，片子嚕蘇了。

（4）從廣州分段，從魯迅的思想發展上看也較好一些。在1927年以前，魯迅對北洋軍閥已深惡痛絕，在政治上傾向於共產黨，但思想上還不是馬列主義者。大革命以前魯迅說：「從俄國文學中看到了有階級的存在」，話是在後面說的，但思想在以前早就有了，從進化論到階級論，思想上是過度【渡】的。五四時代和李大釗的關係，也有路子可找。

對照一下巴金和茅盾的發言內容，可以看出他們的發言重點都是在劇本結構和人物形象兩方面，只不過巴金講的較為簡略。需要指出的是，茅盾、巴金兩人所談的劇本結構問題以及塑造人物形象問題不僅是周總理和夏衍講話中提到的主要問題，而且也都是

這次座談會的熱點問題，出席這次會議的多位顧問都談到了這兩個問題。

茅盾在1960年4月16日的日記中記載：

十六日（晴，十幾度，一、二度。風已止，覺得比昨天冷）

今晨醒來為六時。不能再睡。至六時半起身。上午九時半赴國際飯店出席《魯迅傳》影片攝製的座談會。該攝製組有顧問委員會，我被推為顧問之一。下午一時許始返家。處理公文、信件，閱抒情長詩（一千行以上的）數部。晚赴民族宮觀內蒙京劇團之演出（近代劇），九時半返家，服藥如昨，又閱書，至十二時後入睡。（《茅盾全集》39卷（日記一集），第70頁。）

從茅盾當天的日記中可以確認，茅盾確實出席了《魯迅傳》顧問團的座談會。

（3）這部片子，外國對他的期望也很大，影片放映出來，要使從來沒有見過魯迅的人，使不知道魯迅的人，也能夠瞭解，也能夠感動。

這一次搞，我相信是一定可以搞好的。

關於《魯迅傳》在國外有反響的事，夏衍在1961年3月8日和《魯迅傳》演員趙丹、藍馬、于藍等人談話時曾經說過類似的話：「外國報刊已登了消息，很關心這部影片的生產。因此這部片子必須搞好。」（《夏衍同志和〈魯迅傳〉演員的談話》，中國電影工

作者協會編輯的《電影劇本〈魯迅傳〉討論特輯》手抄本。該文在1961年就被修改後發表，後來曾經收入夏衍關於電影的多個論文集。）由此也可確認巴金的這段講話是真實的。

另外，巴金對於電影《魯迅傳》的拍攝抱有很高的期待，這是因為電影《魯迅傳》不僅組成了陣容豪華的創作組和攝製組，匯聚了國內一流的劇作家、導演和演員，而且也得到了官方的高度重視，可以說預想中的電影《魯迅傳》將會是一部歷史巨片。但是這部歷史巨片卻命運多舛，僅僅完成劇本的定稿工作，還未來得及正式開拍就夭折了。這無疑會讓巴金先生感到很失望。

三、小結

綜上所述，筆者認為《巴金同志在顧問團會議上的談話》一文應當視為巴金先生的佚文，也應當被收入《巴金全集》。這篇文章雖然簡短，但也留下了巴金先生關注魯迅先生精神傳播的一個珍貴記錄。因為筆者一時沒有找到最新的巴金年譜，不知道巴金擔任《魯迅傳》顧問團顧問和在1960年4月16日在《魯迅傳》顧問團座談會上作了發言的事情是否已經被年譜記載，如果還沒有的話，希望上海巴金研究會準備編撰的《巴金年譜長編》能記載這兩個資料。

另外，筆者目前還沒有看到巴金參與《魯迅傳》創作的更多資料（巴金因為赴昆明視察工作錯過了上海電影局在1960年3月14日召開的關於創作《魯迅傳》的座談會），只是注意到他後來在80年代初寫的《趙丹同志》一文中說到他推薦趙丹飾演魯迅：

> 我認識趙丹時間也不短，可以說相當熟，也可以說不熟。……我們交往中也沒有什麼值得提說的事。但是他在我的腦子裏留下很深的印象，有一些鏡頭我永遠忘記不了。

......

在討論《魯迅傳》電影劇本的時候，我也曾向人推薦趙丹飾演魯迅先生，我知道他很想塑造先生的形象，而且他為此下了不少的功夫。有一個時期聽說片子要開怕了，由他擔任主角。我看見他留了鬍髭又剃掉，剃了又留起來，最後就沒有人再提影片的事。

可以說，巴金先生作為電影《魯迅傳》顧問雖然沒有較多的參與《魯迅傳》的創作，但也無疑為《魯迅傳》的創作做出了一定的貢獻。

（本文撰寫得到陳白塵先生的女兒陳虹教授的大力支持，特此致謝。）

從新發現的李立三講話記錄
再談李立三和魯迅的會見情況
──兼向朱正先生請教

朱正先生無在魯迅生平史料的考證和辨析方面做出了突出的貢獻，他的《魯迅回憶錄證誤》一書多次再版，成為眾多魯迅研究者的必讀之書。

1999年，朱正先生在《魯迅回憶錄證誤》的「三版後記」中曾這樣說：

> 人做一件事，總要找出一點冠冕堂皇的理由來，重印這本
> 二十年前出版過的舊作，也得有一個說法。我想，它可以供
> 有意研究魯迅生平的人，以及《魯迅回憶錄》的讀者參考，
> 這是不用說的。此外，我以為這書還是向作者們和讀者們的
> 一份建議，對於作者，我希望他有一種尊重讀者的態度，著
> 筆之際認真一些，慎重一些，不要以為讀者可欺，怎樣隨便
> 亂寫也不要緊。要知道，有毛病遲早會有讀者看出來的，那
> 時豈不有損自己的聲譽嗎？對於讀者，我希望他從這些具
> 體的例證看到，無論讀什麼權威的著作，也不能輕信，而
> 要自己動腦筋，判別其是非。對於這些並不準備花大力氣

研究魯迅生平的讀者，對書中的方法會比對書中的結論更
有興趣吧。

作為一位「並不準備花大力氣研究魯迅生平的讀者」，筆者對
朱正先生的這一段話印象深刻，深以為然，並按照朱正先生所指點
的方法論讀書。

2006年，朱正先生又在《魯迅回憶錄證誤（增訂本）》的「後
記」中說：

> 三十年間，出現了不少新的資料，使我能夠對書中的幾篇作
> 了修訂和增補，還寫了幾篇新稿。……這個增訂本將要面對
> 新一代的讀者了。他們以新的眼光看這本舊書。我期待他們
> 的批評。

朱正先生的這段話很讓我感動，現在的學界，一些人熱衷於翻
印舊作，但卻不對舊作所存在的一些錯誤進行修改、增補，而朱正
先生作為一個久負盛名的學者尚且能不斷根據新發現的史料修訂、
增補舊作，這種對學術和史實嚴謹負責的態度很值得學習。

筆者在五年前曾偶然得到一份許廣平女士筆錄的她和李立三會
見的談話記錄，因為一時不能確認這份資料的真實性，所以就暫且
放下，近日，筆者通過有關渠道證實了這份資料的真實性，所以就
披露出來，並以此向朱正先生請教。

一、許廣平《魯迅回憶錄》中關於魯迅與李立三會見的相關
文字

許廣平在《魯迅回憶錄「黨的一名小兵」》一章中這樣寫道：

魯迅和黨的關係是非常親密的。在北京時期，他就和中國共產黨的最早創始人之一李大釗同志有著親密的往還；在廣州時期，他曾秘密會見過黨在廣東方面的負責人陳延年同志；在上海時期，就是自由大同盟成立的前後，黨中央研究了魯迅在各階段的鬥爭歷史以後，認為魯迅一貫站在進步方面，便指定李立三同志和魯迅見面。這次見面，對魯迅有極其重要的意義。當時，黨著重指示兩點：一，革命要實行廣泛的團結，只有自己緊密地團結，才能徹底打敗敵人；二，黨也教育魯迅，無產階級是最革命、最先進的階級，為什麼它最先進、最革命？就因為它是無產階級。經過那次會見以後，魯迅的一切行動完全遵照黨的指示貫徹實行了。和瞿秋白同志相知更深，我在前一節文章中，已經做過敘述，這裏不必重複了。值得特別提出的是：魯迅生前雖然沒有能夠和我們偉大的領袖毛主席見面，但是他對毛主席的英明領導，是傾心擁護、誠懇接受的。……他這種堅決維護黨的原則，緊緊跟著黨走，一時一刻也離不開黨的忠實態度，永遠是我們學習的榜樣。（許廣平《魯迅回憶錄》，《魯迅回憶錄》專著下冊第1198頁，北京出版社1999年出版）

二、朱正《魯迅回憶錄證誤》一書中關於魯迅和李立三的會見的相關文字

朱正先生在《關於魯迅和李立三的會見》（收入《魯迅回憶錄證誤》一書中）一文中對許廣平上述文章中所提到的李立三和魯迅談話的兩點內容進行了辨析，他指出：

講話的內容，許廣平就只記了這樣兩點。第一點，團

結問題。如果是說革命作家內部不要爭吵不休，而要團結一致，共同對敵，那麼，「左聯」的成立就已經做到了這一點。這一次也許是重新強調一下，說明這樣做的必要性吧。至於第二點，說「無產階級是最革命、最先進的階級」，是馬克思主義的最初步的常識，難道李立三會認為魯迅連這些都不懂，而有待於他的諄諄教誨嗎？大家都知道，在當年的上海，不論是在國民黨反動政府直接統治下的華界，還是在帝國主義統治下的租界，鬥爭都是極其尖銳的。在那種白色恐怖之下，旅館飯店都不是什麼安全的地方。柔石、殷夫等二十多個共產黨員就是在旅館開會時被捕而犧牲的。這一件大家都知道的大慘案就發生在魯迅和李立三會見以後不到一年的時間裏。當時，李立三作為黨的主要負責人，他冒著一定的風險在飯店裏開了房間約見魯迅，決不會僅僅是為了向魯迅講授一大通政治常識和政治空談，或是為了已經實現的團結再作一回解釋，他一定還有更具體的目的。什麼目的呢？回憶錄的作者對此卻沒有作出回答。

我們應該注意回憶錄作者的一項聲明。她在《魯迅回憶錄》的《前言》中說：

牽涉到保密問題的一些事情，如有關左聯的活動以及與其他革命者的來往，我則遵守鐵的紀律，不便與聞，因而未能詳說其中情況。（專著下冊，第1084－1085頁）

這是確實的。就說這一次李立三約魯迅談話，許廣平因為「不便與聞」，當時並沒有陪同前往，所以寫作回憶錄的時候也就「因而未能詳說其中的情況」。既然寫的是自己本來不甚了然的事情，當然就不免有些不夠確切了。（朱正《魯迅回憶錄》（增訂本）第83頁，人民文學出版社2006年出版）

朱正先後引用了馮雪峰撰寫的三個文字材料：在1967年8月寫的《關於李立三約魯迅談話的經過》、在1973年7月23日答覆一個魯迅研究者的信、在1973年8月3日和中山大學中文系現代文學組的訪問者的談話，來證明當時會見談話的內容，他指出：

> 馮雪峰是這次會見的參與者，他所寫的這些材料，是現有的關於這件事情唯一的第一手資料，彌足珍貴。其中轉述魯迅的一些話，在魯迅本人的文章和書信中，以及在別人寫的一些回憶文中，都可以找到類似的說法，這也就證明了這些材料的真實性和準確性是無可懷疑的。

朱正先生在文章最後說：

> 魯迅和李立三的這一次會見，我想，這僅僅說明了魯迅和黨的關係是這樣親密，黨對魯迅是這樣信任，這才有可能發生黨的負責人約見他這樣的事情。至於要說到這次會見的具體結果，那麼，不論從當時的交談或是後來的事實來看，魯迅是並沒有聽從李立三的意見。可見許廣平所說「完全遵照」「貫徹實行」云云，就與事實有較大的出入了。（朱正《魯迅回憶錄（增訂本）》第88－89頁）

應當說，朱正先生對許廣平在文章中所寫的關於魯迅與李立三談話內容的「正誤」是非常有力的，已經被學術界認可，並被廣泛引用。

另外，除了朱正先生上述所引用的馮雪峰三次談魯迅與李立三會見的資料之外，馮雪峰在1962年11月24日於北京的家中接受幾位

茅盾研究者的訪問時曾經提到過魯迅與李立三會見的情況：

> 「左聯」成立前，李立三與魯迅見面，我陪魯迅到一品香旁邊一個外國人開的飯店（叫什麼「爵祿」，是翻譯名字），這次會見不是為了成立「左聯」，而是李立三想搞幾次大的運動（如「五一」、「五四」等）希望得到魯迅的支持。魯迅不表示支持，但話說得很客氣。（孔海珠《馮雪峰在1962年的一次談話》，《上海魯迅研究》2003年秋季號）

顯然，馮雪峰在這次談話中所提到的李立三於魯迅會見的情況與上述三次的談道李立三與魯迅會見的文字有明顯的不同，另外，這次談話的內容在時間方面也有幾處錯誤，如這次見面在5月7日，應當是「左聯」成立之後，另外李立三想搞幾次大的運動（如「五一」、「五四」等），應當說，此時李立三確實想搞幾次大的運動，但並不在「五一」、「五四」，因為他見魯迅是在5月7日，「五一」、「五四」已經過去了。需要強調的是，許廣平的《魯迅回憶錄》此時已經出版了，馮雪峰應當已經看到過許廣平關於李立三與魯迅會見的文字，但是在這次談話中並沒有表達出不同的看法。

三、夏衍關於魯迅與李立三會見的相關文字

朱正先生在這篇文章之後還附錄了夏衍的一則談話來證實自己的觀點。夏衍指出：

> 關於這次會面……馮雪峰的回憶錄講的是對的，當時一起面談的是四個人：馮雪峰陪同魯迅，潘漢年陪著李立三去

的。朱正考證許廣平回憶的正誤，許廣平把此事拔高了，說從此之後魯迅完全聽黨的話。其實不然，馮雪峰的回憶對，說這次見面是各說各的，並未取得完全一致的意見。就是見了面，談了大概不到一個鐘頭吧。馮雪峰同許廣平的回憶錄都講到：李立三這次見魯迅，是希望魯迅發表一篇文章支持他，支持黨。但是魯迅沒有同意。究竟為什麼要發宣言？發表一個什麼宣言？只要看一下當時的歷史，就很容易瞭解。左聯成立（1930年3月2日）不久，李立三在5月9日準備發表一篇宣言，就是後來在6月11日發表的那個黨史上有名的《新的革命高潮與一省和幾省的首先勝利》。在提此口號之前，李要求見魯迅，希望魯迅發一個宣言支持他，即指此事。當時是立三路線高峰，他揚言「會師武漢，飲馬長江」，搞城市暴動。為什麼魯迅冒這個危險到爵祿飯店呢？這裏有一個小秘密。當時爵祿飯店是一個中型、中檔的飯店，在西藏路、漢口路附近。上層、達官貴人不會去，平頭百姓也不去，比較安全。最重要的一點是，飯店有個領班是宜興人，是潘漢年的同鄉，人很可靠，可惜姓什麼叫什麼記不起了。1937年，抗戰前，潘漢年每次到上海，都是在那裏開個房間，約我見面，這是別人不知道的。（《夏衍談「左聯」後期》，《新文學史料》1991年第4期，轉引自朱正《魯迅回憶錄正誤》第88－89頁）

夏衍的文章不僅進一步證實了朱正「正誤」的正確性，而且，也對朱正的說法有所補充，並點明許廣平「把此事拔高了」。

四、許廣平筆錄的李立三講話內容

　　1960年3月1日，許廣平與李立三會見，請李立三回憶一下他和魯迅見面的情況，並把李立三講話的大意筆錄下來以《李立三同志的談話摘記》為題保存下來，並作為資料提供給有關研究者。

　　筆者通過多方查證，證實了這份許廣平筆錄的李立三談講話的可靠性，現全文轉錄如下：

《李立三同志的談話摘記》

　　一九六〇年三月一日，許廣平先生訪問了李立三同志，談話記錄摘要如下：

　　李立三同志說：（大意）

　　關於一九二八年創造社與魯迅筆戰的問題，在原則上他們之間是有分歧的，創造社講無產階級革命文學，而魯迅在當時還沒有成為一個馬列主義者，這是事實；但創造社有關門主義的錯誤，同時，個別人也有罵名人籍以出名的思想，因此，彼此之間，爭論的很厲害。

　　當時，黨中央發現了這一問題之後，曾研究了魯迅在各個階段的鬥爭歷史，認為魯迅一貫站在進步方面，便指定我和魯迅作一次會面，談談這個問題。當時魯迅談了些什麼？已不能記憶，只記得我談了二個問題：

（一）我們要實行廣泛的團結，反對國民黨反動派。因此，在這次會面了不久之後，我們即發動成立「自由大同盟」，後來又有了「左聯」和「民權保障同盟」。那次談話，我對創造社方面有所批評。

（二）分析無產階級是最革命、最先進的階級，為什麼它是

最革命、最先進呢？就因為他是無產者。接著又談了無產階級革命的問題。

經過那次談話以後，魯迅完全和黨一致了。和創造社的對罵也不見了。魯迅的革命立場從未動搖過。（以後，魯迅在有一些回憶和一些文章中，對創造社的個別人也曾提到過一、二句，但那口氣，已經和過去完全不同了。）在此以前，魯迅可能和黨有關係，但我不知道。

這次會見的地點，是在我們黨的一個秘密機關（大概是創造社的黨組）。至於，和魯迅如何聯繫，由誰陪見，已完全不記得了。（陳賡同志是當時特科的負責人，很可能知道此事。）

在這次會見之前，我們曾經首先去找過創造社黨組負責人談過，指出他們所犯的錯誤所在，和錯誤的性質，並幫助他們克服和改正。後來，在創造社黨開過會，也費了不少力量，因為當時創造社內包括黨員和非黨員，有很多的一批人。

從李立三的講話記錄可以看出，李立三關於他和魯迅會見時的談話內容只記得自己講的兩個問題，魯迅所談的內容已經沒有印象了，另外，還存在一些時間方面的錯誤，如「在這次會面了不久之後，我們即發動成立『自由大同盟』，後來又有了『左聯』和『民權保障同盟』」。對照李立三在1960年的講話記錄和許廣平在《魯迅回憶錄》（1959年11月寫完初稿，1961年5月由作家出版社出版）中所提到的魯迅和李立三會見的談話內容，可以確認許廣平所寫魯迅與李立三會見的談話內容即來源於李立三的這次回憶。這也從一個方面說明朱正先生所說李立三「冒著一定的風險在飯店裏開

了房間約見魯迅，決不會僅僅是為了向魯迅講授一大通政治常識和政治空談，或是為了已經實現的團結再作一回解釋，」是有點過度闡釋了。

許廣平在《魯迅回憶錄‧前言》中說：

> 本書沒有大段的魯迅談話記錄，好在這些大段的話，都在魯迅著作或給朋友的通訊裏盡言無隱，在家庭生活中倒不是講整套話的時間。加以朋友一來，我就每每張羅家務，或添菜吃飯，或看顧孩子，對魯迅和客人的談話，往往聽到片言隻語，未必全面，時日一長，便多所忘記了。因係歷史事實，不能馬虎出之，所以有些話如果找不到引證，就是有些印象，也都從略了。另外，牽涉到保密問題的一些事情，如有關左聯的活動以及與其他革命者的來往，我則遵守鐵的紀律，不便與聞，因而未能詳說其中情況。（魯迅博物館編《魯迅回憶錄》專著下冊，第1084－1085頁，北京出版社1999年出版。）

可以說，許廣平在寫到魯迅與李立三會見的情況時是比較慎重的。她因為不瞭解魯迅和李立三會見的詳情，而又需要在文章中寫到兩人會見，所以才專門請李立三回憶當時的談話內容，並把李立三所回憶的內容筆錄下來，然後又寫到文章中去。另外，許廣平和李立三同為全國政協委員，同在國務院工作，許廣平的《魯迅回憶錄》在1961年出版，而李立三在1967年6月22日才去世，李立三很有可能看到許廣平的《魯迅回憶錄》，因此，許廣平在理論上不存在歪曲或偽造李立三講話的可能。

需要特別指出的是，許廣平在寫到魯迅和李立三會見的情況

時，並非像夏衍所說的「把此事拔高了」，「說從此之後魯迅完全聽黨的話」。對照李立三的講話記錄，可以看出許廣平所說的：「經過那次會見以後，魯迅的一切行動完全遵照黨的指示貫徹實行了。」這一句話來源於李立三的講話，李立三的原話是：「經過那次談話以後，魯迅完全和黨一致了。和創造社的對罵也不見了。魯迅的革命立場從未動搖過。」因此，在批評許廣平說魯迅在和李立三會見後完全聽黨的話，這是把魯迅「拔高」了時，需要瞭解當時說這句話的人是黨的高級領導人李立三和說這句話的語境，許廣平只是引用李立三的話，在這一點上並沒有在主觀上有「拔高」魯迅的意圖。

另外，李立三所說「這次會見的地點，是在我們黨的一個秘密機關（大概是創造社的黨組）。」夏衍解釋說李立三與魯迅會見的爵祿飯店是潘漢年經常秘密會見他的地方，「比較安全」。李立三和魯迅在旅館飯店會見的確有危險，朱正先生還特地提到柔石等人在飯店裏被捕的事，但是後來的材料表明柔石等人被捕是因為有人告密，不知道朱正先生在這次「增訂本」出版時為何沒有改正，希望朱正先生在下一次修改這篇文章時能再舉一個比較恰當的例子。

五、馮雪峰、胡愈之、周建人關於李立三和魯迅會見的相關說法

1972年12月25日，北京魯迅博物館邀請馮雪峰、胡愈之等一些與魯迅有過交往的人士舉行座談會。馮雪峰在這次座談會上談到了李立三會見魯迅的情況：

> 魯迅抵制錯誤路線，主要的表現是在他文章的思想上。例如「左聯」成立於立三路線抬頭時，但魯迅在「左聯」成

立大會上的講話，是既反對右傾主義，也反對「左」傾機會主義的；在這時所寫的許多輝煌的戰鬥文章，思想上也都和立三路線根本不同。在王明路線統治時期，他的文章在思想上不同於王明路線更明顯。

李立三與魯迅見面，時間是一九三〇年五月七日晚上，地點是爵祿飯店，魯迅在日記上有到爵祿飯店的話。談話約四、五十分鐘。李立三的目的是希望魯迅發個宣言，以擁護他的「左」傾機會主義那一套政治主張。魯迅沒有同意。談話中李立三提到法國作家巴比塞，因為在這之前巴比塞發表過一篇宣言似的東西，題目好像叫《告知識階級》。但魯迅說中國革命是長期的、艱巨的，不同意赤膊上陣，要採取散兵戰、壕塹戰、持久戰等戰術。魯迅當時住在景雲里，回來後他說：「今天我們是各人講各人的。要我發表宣言很容易，可對中國革命有什麼好處？那樣我在中國就住不下去，只好到外國去當寓公。在中國我還能打一槍兩槍。」（馮雪峰《在北京魯迅博物館的談話》，《魯迅回憶錄散篇中冊》第992頁，北京出版社1999年出版）

胡愈之在這次座談會上接著馮雪峰的話題也談了他聽到魯迅曾經對他講過的魯迅和李立三會見的情況。

上面那次見面，魯迅也對我說過，記得就是我從香港回上海那時說的。他說：「李立三路線到底怎麼回事，我不明白。一天晚上，人家開好旅館找我談話，開門進去一個高高大大的人接待我。他自我介紹說他是李立三，黨要在上海搞一次大規模示威遊行，搞武裝鬥爭。還說：『你是有名的人，請

你帶隊，所以發給你一支槍。』我回答：『我沒有打過槍，要我打槍打不倒敵人，肯定會打了自己人。』」這是魯迅把當時談話內容漫畫化了。記得魯迅和我談這件事是和「憎惡自己營壘裏的蛀蟲」這段話聯繫一起的。回想當年，正是黨內「左」傾機會主義鬧宗派、搞分裂，出現了大批的叛徒，其中有披了極「左」的外衣派進來的，也有由於對革命失望而被拉出去的。魯迅憎惡的就是這些人。現在回想魯迅這一席話，意義是十分深刻的。（胡愈之《談有關魯迅的一些事情》，《魯迅回憶錄散篇中冊》第1005頁，北京出版社1999年出版）

　　對比一下馮雪峰關於李立三同魯迅見面的相關文字和胡愈之關於李立三同魯迅見面的相關文字，不難看出，兩人的講述還是有比較大的差別的。

　　周建人在《天津師院學報》1977年5期發表的《關於魯迅的若干史事》一文中也寫到了魯迅對他講述的和李立三會見的情況：

　　十五、關於魯迅與李立三會晤的情況

　　　　魯迅同我講過他見過一次李立三。他說：「李立三找我去，我去了。李立三說：『你在社會是個知名人物，有很大的影響。我希望你用周樹人的真名寫篇文章，痛罵一下蔣介石。』我說：『文章是很容易寫的。蔣介石幹的壞事太多了，我隨便揀來幾條就可以寫出來。不過，我用真名一發表文章，在上海就無法住下去了。』李立三說：『這個問題好辦！黃浦江裏停泊著很多輪船，其中也有蘇聯船，你跳上去就可以到莫斯科去了。』我說：『對，這樣一來蔣介石

是拿我沒辦法了。但我離開了中國，國內的情況就不容易理解了，我的文章也就很難寫了，就是寫出來也不知在什麼地方發表。我主張還是堅守陣地，同國民黨進行韌性戰鬥，要講究策略，用假名字寫文章，這樣，就能夠真正同國民黨反動派戰鬥到底。』李立三沒有辦法，只好說：『好吧，你自己考慮吧！』我就回來了。」魯迅對我講的會晤李立三的情況，我記得就是這一些。（周建人《回憶大哥魯迅》第119頁，上海教育出版社2001年出版）

需要指出的是，周建人在這篇文章中糾正了不少關於魯迅史實的錯誤，態度比較嚴肅認真。後來，周建人又在80年代初向正在寫作《伯父的最後歲月——魯迅在上海》一書的女兒周曄講述了魯迅曾和他談到過自己和李立三會見的事。對比周曄在書中的相關記載和周建人本人所寫的內容，可以看出兩者基本一致。

六、結論

李立三和魯迅究竟談了些什麼？從現有的上述資料來看，作為在場的人，李立三和馮雪峰的回憶以及周建人、胡愈之對魯迅講述的回憶均有明顯的不同，雖然目前學術界多採用馮雪峰的回憶，但是，李立三的回憶也應當引起重視。

從許廣平筆錄的內容可以看出，李立三的回憶內容在開頭和結尾都是談要創造社停止論爭，和魯迅搞好團結的問題，而團結魯迅的目的就是共同「反對國民黨反動派」。所以，他作為黨的高級領導人首次會見魯迅和魯迅所講的第一點是「團結」問題就可以理解了。這在一定程度上可以補充馮雪峰、胡愈之、周建人等人的回憶內容。

至於李立三所談的第二點「無產階級」和「無產階級革命」問題，因為李立三的回憶只說了幾句關於無產階級是最革命、最先進的階級的話，沒有詳談「無產階級革命」問題，不過，李立三會見魯迅的主要目的應當是動員魯迅參加「無產階級革命」，所以，馮雪峰回憶中說李立三要魯迅發表宣言支持無產階級革命的就可以補充李立三的回憶了。但是，魯迅拒絕了李立三的要求，至於魯迅拒絕李立三要求的原因，除了馮雪峰的說法之外，胡愈之和周建人的說法也可以作為一種參考。因此，應當把李立三的回憶和馮雪峰、胡愈之、周建人的回憶放在一起，這樣才能大致恢復李立三和魯迅會見的真實情景。

曹靖華、陽翰笙談電影劇本
《魯迅傳》的佚文

　　1961年2月出版的《人民文學》雜誌刊登了陳白塵等人創作的電影劇本《魯迅傳》，這個劇本在發表後很快就引起了社會各界的熱烈反響。為了聽取各位文藝界領導人和專家學者對該劇本的意見，中宣部副部長、《魯迅傳》顧問團顧問林默涵在3月6日下午召開了座談會討論這一劇本。出席這次座談會的有陳白塵、唐弢等在京的《魯迅傳》創作組成員，有許廣平、陽翰笙（中國文聯副主席）、陳荒煤（文化部電影局局長）等在京的顧問團成員，有章廷謙（川島，北大教授）、曹靖華（北大教授）等與魯迅有交往的人士，此外還有嚴文井（中國作協書記處書記兼人民文學出版社社長）、何其芳（中國社科院文學所所長）、袁文殊（中國電影工作者協會書記處書記）、陳笑雨（人民日報文藝部主任）、李希凡（人民日報文藝部）、袁水拍（中宣部文藝處處長）等文藝界的領導人和專家學者，會議由林默涵主持。

　　《魯迅傳》劇本執筆人陳白塵首先匯報了這一稿劇本的修改情況：

　　　　這次修改，主要改了兩點：一、加強魯迅和農民的關

係。這主要在第一章裏，表現在他和閏水、阿冬等人關係上。幼年時代的魯迅和農民的關係較深，但很難寫，很難集中。要寫，可能寫得很長；而且幼年時代抒情的東西多，和後面生活統一不起來，又不敢放手虛構，因為沒有資本，真是捉襟見肘。附帶改的是關於王金發的戲，上次稿，用翰笙同志的話說是「把他擠到反革命方面去了」。這次稿，把章介眉放在正面來寫，王金發的地位挪後了。（章介眉的地位還不夠突出）王金發於辛亥革命有功，死得不很妙。（那時他向袁世凱投降了）但無論如何是被敵人殺死的。關於章介眉，這次寫作中發現有新材料，他當過袁世凱的秘書，死於1926年，所以後來沒敢再發展下去，只寫到五四之前出現一下，作為封建僵屍（的代表）。

二、關於五四運動。五四包括文化運動和愛國運動，上次稿對後者著筆太多，這次著重在寫《新青年》。魯迅和五四直接關係的材料極少，只是在當天向劉半農等人詢問過運動的情況，十分關心。他主要是參加《新青年》活動。但是關於魯迅與《新青年》關係的材料也不多，除了《吶喊自序》等文章以外，只有關於《新青年》的幾封通信，第二章中關於《新青年》的一場戲就從這幾封信中化出來的。大釗同志對魯迅作品很讚揚，李興[星]華的文章曾著重提到過，另外，從魯迅日記中看出，他們之間通過不少信。第二章中即五四時代，只能儘量突出他們三個人的關係來寫出魯迅，除此，還沒有想到更好的辦法。關於胡適的材料是不能虛構的，不然，將來他要否認。《新青年》這一次編輯會議雖沒有根據，會上的話卻有根據，他的思想都有根據，思想他是賴不掉的。五四時期，胡適破壞罷課，勸學生上課。沈尹默

說，是他陪胡適去的，當場被學生轟下來了。

曹靖華（北大教授）、陽翰笙（中國文聯副主席）兩人在座談會上的發言中都對《魯迅傳》劇本的第二稿進行了評議。因為他們的發言記錄是內部資料，未曾披露過，現轉引如下：

曹靖華：

寫魯迅傳寫到這樣很不容易，因為這樣豐富、龐雜的材料、巨大的歷史段落，能寫得這樣緊湊、突出，總算難能可貴了。這是文壇上很令人興奮的一件大事。整個看來，對魯迅戰鬥的一生表現出來了，對「橫眉冷對千夫指」的精神表現得很突出。據陳鯉庭同志說，最初的名字是《旗手魯迅》，但發表時叫《魯迅傳》，名稱不同，概括的方面恐也有所不同。如用《旗手魯迅》可以用更大的跨度，由一個鏡頭跨到另一個鏡頭地表現他是一個旗手和「橫眉冷對千夫指」的戰鬥精神，用《魯迅傳》，恐怕就要更全面更廣闊的表現魯迅先生緊張、嚴肅、戰鬥的一生。魯迅的「橫眉冷對千夫指」的精神要突出表現，但是除了這一方面以外，還有所謂魯迅的諷刺、幽默的一面，因為這是魯迅的武器之一，這諷刺武器的威力，有時並不亞於投槍、匕首，這也應該適當表現，現在劇本中後一方面表現得似覺不足。魯迅也很有風趣，很隨便，真所謂嬉笑怒罵皆成學問，對同志很親切，這是他為人性格的一個重要方面。對敵人善於諷刺，這諷刺有時令敵人感到連地縫也鑽不進去。因而對劇本寫的魯迅，作為一個全面的活生生的魯迅來要求，還不夠。魯迅的語言是非常犀利、非常火辣辣的，使敵人很難受，在他那火辣辣

的諷刺之下常搞得敵人無地自容，恨不得找個地縫鑽進去。平時魯迅不大作演講式的長篇大論。他講話原是只說三言兩語，但一語破題，十分深刻。其次，劇本中把魯迅寫得過於嚴肅了，實際上他對同志很風趣、很隨便，但在風趣、幽默中蘊藏著深厚的愛。因而，不要把魯迅寫的只知「衝啊、衝啊」的，這樣太單調了。（嚴文井插話：「橫眉冷對千夫指」不只表現在形象上，恐怕更主要的是表現在他的精神狀態裏。）

還有些有關當時歷史真實的細節，應該查訪一下。例如：（1）112頁，何幾仲說：「我是你們的監督……」，恐怕當時不稱監督而是稱「學監」。（2）125頁，「學生們都從自修室、教室、圖書館向外奔跑」。其中自修室應該改為自習室。（何其芳插話：「當時學生能上可就是好的，根本無所謂自習不自習，沒有自習，恐怕沒有自習室」。）當時教師稱為「教習」。（3）112頁，「黃副官進來……」，辛亥革命時是否稱「副官」？似乎大革命時期才有副官的稱呼。（4）專科學校應改為專門學校。（5）128頁，「魯迅想了一想，對郭小鵬說：『還是那一個字吧，韌！要鬥到底！鬥到底！』」但是不單說一個「鬥」，也不說「鬥爭」。總之，這些小地方查對一下儘量照顧到歷史的真實才好。

陽翰笙：

三（按：應為二）次稿子，一次比一次好。這次稿寫得很好，甚至可以說是成功的。這劇本很難寫，時間長達

二十五年；就他的思想說，從進化論到階級論，從革命民主主義者到馬列主義者，成為偉大的旗手、思想家、革命家；事件很多，很難概括。另外，這是故事性的傳記片，本身卻沒有什麼故事，完全寫他的生活和鬥爭，寫時代對他的影響，他怎樣推動這個時代。再有他是現代人，很多人跟他熟悉，雖然容許虛構，劇作者卻不好虛構，虛構得不好，人家就要指摘。有這麼好幾方面的困難，能寫成這樣，我個人是滿意的，總的方面是成功的，和二（按：應為一）稿比，有顯著的進步，當時提的意見基本改過來了。

魯迅和李大釗的區別與關係，劇本基本上處理得好。他們有關係，但沒有這麼密切，這是事實。但是為了突出魯迅和黨的關係，就不能不虛構一些。是不是虛構那麼多？能不能再略一略？魯迅和李大釗有區別，在探索道路時有彷徨，而李大釗是初期共產主義知識份子，後來成為黨的領導人，他們的區別在劇本裏是明顯的。要更明顯，也有困難，把魯迅寫得再落後一些，也不合事實。究竟怎樣寫，還可以再斟酌一下。

和青年的關係，關心青年，熱愛青年寫了，但怎麼領導青年、指導青年寫得不夠。他周圍有許多青年，常幫助他們改稿子，指導看什麼書，給他們寫信等等，是不是再點上一兩筆？

魯迅的確不長篇大論，但他說的話很深刻，簡練極了，幽默感很強。就是演說，也不像我們那一套說法：熱情澎湃，好像很有次序，一二三四，甲乙丙丁，他沒有一套程式的。他的思想的深刻性和他的語言結合，要寫的真正是魯迅的（語言）。

現在劇本的重點是寫他在北京時期的生活和鬥爭，全劇共46場，辛亥革命10場，廣州10場，其餘26場寫北京，這是對的，這一段是鬥爭最尖銳的時候，也是魯迅最有異彩的時候。我感到有個問題，篇幅長，北京這一段分鏡頭以後還要長。（陳荒煤插話：段琪瑞門口遊街那一段拍起來就會很長。）那麼，捨棄什麼？我看是不是壓縮辛亥革命時期的戲，這一章寫得很生動，是好戲。但是，是不是還得略掉一些，突出農民和魯迅的關係，因為這一點很重要，他是五四時期第一個集中力量寫農民的。反面人物的東西可以略掉一些，白塵同志別的劇本寫反面人物有比這寫得更好的，王金發畢竟不是主要的人物，作用不大，主要不在於寫他。

　　真人真事盡可能核對一下，特別是關於敵人的。胡適等人都在臺灣，他們一定會集中力量搞我們一下，說我們不真實、造謠。《新青年》分家，是不是面對面開過會？錢玄同、李大釗、魯迅、胡適都參加？最後一場，魯迅清算進化論思想，已經成了階級論者，他的思想是不是真實發展到了這個程度？恐怕不要說得太死，把他的思想的高度搞得準確一點。

　　從上述講話記錄可以看出，曹靖華作為和魯迅有過密切交往的友人，對魯迅的瞭解比較深他的發言重點是指出劇本對魯迅形象的塑造不夠全面，沒能塑造出活生生的魯迅形象，把魯迅寫的過於嚴肅了，只突出了魯迅「橫眉冷對千夫指」的一面，沒有能夠寫出魯迅性格中幽默的一面；劇本中的魯迅的語言常常是長篇大論，不符合魯迅的真實情況，其實，魯迅的語言雖然比較簡短，但是富有諷刺意味，非常犀利。另外，劇本中還有一些細節如人物官銜和場地

名稱等不符合歷史事實，需要糾正。應當說，曹靖華所指出的上述幾點問題都是《魯迅傳》第二稿中所存在的比較突出的問題，川島等人也先後提出了類似的修改意見。

陽翰笙此前已經對《魯迅傳》的第一稿提出了一些修改意見，並被陳白塵等人所接受，所以他對《魯迅傳》第二稿相比第一稿來說還是滿意的。不過，他在總體上肯定《魯迅傳》第二稿取得的成功之後，還提出了不少修改意見，主要有如下幾點：一些歷史情節如魯迅和李大釗的交往可以虛構，但是要把握度，不要虛構太多的情節；可以增加一些魯迅培養青年的情節；劇本中魯迅的語言要簡練並要突出魯迅語言的幽默色彩和深刻性；劇本的結構要調整，要進一步突出魯迅和農民的關係一些；劇本中涉及到的一些真人真事特別是關於敵人的，要掌握好分寸。陽翰笙是這次座談會上少數幾個比較肯定《魯迅傳》劇本第二稿的人，應當說，他的修改意見雖然都比較正確，但是他沒有涉及到劇本所塑造的魯迅形象被拔高因而顯得不真實的問題，這是劇本存在的最大的問題。

總的來說，曹靖華和陽翰笙的發言都指出了《魯迅傳》劇本第二稿所存在的一些問題，他們所提出的修改意見也比較準確，對於陳白塵此後創作的《魯迅傳》第三稿和第五稿提供了幫助。

最後，曹靖華和陽翰笙在這次《魯迅傳》座談會上的發言記錄，還沒有被收入他們的文集，希望今後在重編兩人的文集時能收入這兩篇文章。附帶指出，曹靖華和陽翰笙關於《魯迅傳》的講話不僅只是上述的內容，此外還有好幾篇，筆者會在整理完成之後陸續披露。

嚴文井、何其芳談電影劇本
《魯迅傳》的佚文

　　1961年3月6日下午，中宣部副部長、《魯迅傳》顧問團顧問林默涵在文化俱樂部召開了座談會，討論2月出版的《人民文學》雜誌刊登的陳白塵等人創作的電影劇本《魯迅傳》。《魯迅傳》劇本執筆人陳白塵首先彙報了這一稿劇本的修改情況：這次修改，主要改了兩點：一，加強魯迅和農民的關係，在第一章裏，表現在他和閏水、阿冬等人關係……附帶改的是關於王金發的戲；二，圍繞魯迅、李大釗和胡適的關係來寫第二章「五四」時期，重點寫魯迅和《新青年》的活動，突出魯迅和李大釗的親密關係。

　　通過陳白塵的介紹，可以看出《人民文學》刊登的《魯迅傳》劇本第二稿與第一稿相比有了明顯的修改，但是仍然存在一些問題。嚴文井（中國作協書記處書記兼人民文學出版社社長）、何其芳（中國社科院文學所所長）等人在座談會上的發言中都指出了劇本第二稿的不足之處。因為他們的發言記錄是內部資料，未曾披露過，現轉引如下：

　　嚴文井：

先後看了這個劇本的兩次稿，覺得寫成現在這樣很不容易，總的是印象很好，估計拍成電影后會收到好的效果的。劇本表現了那個時代，也表現了魯迅這樣一個偉大人物的發展，他怎樣從進化論走向階級論，從革命民主主義到共產主義。作者想寫魯迅的道路的用心是明顯的，但仔細推敲起來，這方面仍然感到有些不足。五四時代的知識份子是各種各樣的。魯迅開始是革命民主主義者，進化論者，清醒的現實主義者，堅決反帝反封建，最有骨氣，他有著中國知識份子最可寶貴的品質，他有他鬥爭的一貫性。雖然如此，早期的魯迅到底有別於當時的共產主義知識份子，如李大釗同志等。但因為魯迅走的路對，走得好，所以後來一直發展成為中國革命文學的偉大旗手。要寫好魯迅，必須寫他的發展，寫他的早期和後期的不同特點，他思想上的進展，他後期所達到的東西不一定是早期都達到的；如果寫他一開始就什麼都達到了，一則不合乎事實，二則後面也沒有什麼好寫的了，因而那真正的高峰就不容易突出。現在的劇本，這一點雖然注意到了，但還不夠鮮明，（何其芳插話：魯迅早期有不足的地方，也有深刻的地方。）當然，也應該寫早期的魯迅的獨到的深刻的地方。如果把他的發展寫得更加鮮明一些，教育意義就會更大。魯迅的道路，不是一點曲折都沒有的，既是道路，那麼就有高低有曲折，我認為這些東西都不要回避。表現了這些東西決不影響魯迅之所以偉大，也許，只有這樣做了，才能深刻地表現魯迅偉大之處。劇本的不足處，就是使人感覺一開始好像魯迅各方面就都定型了，什麼都已完成了，看不出早期的魯迅身上有什麼限制性。到底是不是這樣，請白塵考慮一下。

當然，不論早期的魯迅有多少限制性，有一點是從始至終貫穿的，那就是他的革命性，他的戰鬥精神，我覺得他倒是符合毛主席所說的不斷革命論的精神的。現在劇本中寫出了他不斷革命的精神，那麼，我們是否還可以按照革命階段論的精神，寫出不同階段的魯迅來？讓我們既可以看見魯迅的一貫性，又可以看出魯迅的發展來，這二者統一地表現出來，我想魯迅這個形象就會塑造得更深刻、更生動，對觀眾的教育意義也就會更大，我這想法不知對不對？

　　此外，還談點零碎意見。材料中說有的同志不同意寫魯迅培養吳夢非，說什麼這是培養吳夢非的名利思想，另外的同志不同意這說法，說魯迅當時不知道吳夢非後來會變質。我同意後一種意見。魯迅又不是天生的神仙，怎麼會連一次當都不上？他看問題固然很深刻，但仍然是個忠厚長者，有些青年欺騙他，有些青年後來變壞了，這怪不得魯迅。我認為這樣寫，他的性格也可以表現得更豐富一些。「橫眉冷對千夫指」是指魯迅精神上的主要方面，但不一定很多地方都用怒目橫瞪的形象來表現他，不知劇作者以為如何？實際（上），魯迅的性格還有別的許多特點，從許多回憶文章看，魯迅是很幽默的，他對待青年很和藹，如果我們只寫一方面，容易單調，演員也不好演。

　　這個電影開頭怎麼開，似乎還可以研究一下。現在這樣開頭有點像文獻片，前後風格有點不統一。是不是可以有另外的辦法開頭，比如一開始就是生活和鬥爭，一下子帶到那個時代氣氛裏去。

　　劇本解釋了魯迅作品中有些人物，例如阿Q的形成過程。這是很使人發生興趣的，白塵同志在這方面花了不少功

夫。有了不少創造。但有些地方是不是還可以推敲一下？我以為魯迅在《阿Q正傳》裏除了對阿Q的同情以外，也有對阿Q的批判。「哀其不幸，怒其不爭」，這是兩個方面。現在的劇本好像只強調了同情。（何其芳插話：也有批判，例如流浪漢的描寫，但是不集中。）（林默涵插話：也可以這麼寫。因為阿Q是創造的，幾個人提煉成一個阿Q，並不一定有個真人，要寫個阿Q也很難。）我的意思不是說要在劇中出現一個阿Q的完整形象，只是要求把「怒其不爭」這一面寫得更明顯一些，這方面著墨不必多，總之是以不避免為好，這一方不能忽視，輕輕放過，因為這是魯迅在日本看幻燈片時就有的思想。

魯迅那個時代的特色，他在他的許多小說和散文中都描寫過，如果更多地利用這些材料，影片的文字（文學？）的氣味會更濃一些。

劇本有一段，寫槐蠶如何落在頭上，也許導演就無法表現。這是小地方。胡適的臺詞「發明一顆恒星」，「發明」應為「發現」。

第三十節有一段描寫，陳源說「只怕徐志摩也擋不住」等等，這句臺詞還可以推敲一下，陳源那種偽君子，即使膿包、害怕，當時也不會這麼說的。

何其芳：

看得匆忙，只能說點印象式的意見。這是有意義的工作，同時又是件困難的工作，做成這樣，已經很不容易了，是個好的成品，表現了魯迅的精神、時代背景，他所參加的

鬥爭，這是令人滿意的一方面。也有不滿足的方面，因為魯迅是現代人，大家熟悉，材料很多，這是有利條件，但是在很多材料中，哪些是最需要的，有特點的？選哪些？不選哪些？哪些容許虛構？哪些不容許？各人有不同的看法。我的不滿足，細想一下，大概是這樣的：

魯迅不但是文學家，也是革命家、思想家，要表現他的思想，現在感到思想方面還不大夠。魯迅突出之點是思想的深刻，有他的特點，雖然有些地方有限制，例如對群眾的看法，對中國前途的看法，有他的偏頗之處，但是這些地方仍舊有他的特點。我感到不足之處就在這裏。關鍵在於怎麼理解他的特點。是不是就現有的架子，著重表現他看問題的獨到，而不在於把他一生的事表現得很多，電影有篇幅的限制，即使放映四個鐘頭，也不可能表現的全面。能不能表現魯迅的特點，影響作品的深刻性。現在精神上大體符合，只是深度還不夠。

虛構問題。劇本裏真真假假都有，當然不是要一一考證，問題是魯迅和李大釗的來往是不是那麼親密，我就有懷疑，有沒有根據，是不是在老虎尾巴裏那樣談心，什麼消息都告訴他？到廣州後，陳延年給他《湖南農民運動考察報告》，魯迅的反應還相當強烈，這個有沒有根據？他看到沒有看到這本書？即使看到，能不能認識其重要性？是不是就能看到農民的革命性？虛構，我想也應該符合一點什麼東西，不一定是符合事實呢（因為是虛構），是不是要符合魯迅當時的思想情況呢，和黨關係等等。還有魯迅當面對王金發不客氣，我也有懷疑。傳記片有兩種：一種是有事實根據，文獻性的；一種是故事性的。這部片子應該屬於後者，

細節、次序，當然容許虛構和變動，但是總不要引起讀者的懷疑才好。

　　作為藝術，不夠統一。後面虛構多一些，鬥爭寫得比較集中，前面卻有些像紀錄片，而且第二段寫背景，還有漫畫式的寫法，變化很多，一會兒魯迅來了，一會兒出現了流浪漢，一下子又是章介眉，很零碎，粗筆勾勾就過去了。我知道目的是寫背景，能不能也有個事件，寫的集中一點、完整一點，同時也寫了背景？

　　還有些個別意見：143頁魯迅說：「張棣華萬里尋——未婚夫……」這種玩笑不像魯迅的口吻。146頁「離開憤怒」，不大口語化，怒目太多。最後一頁，魯迅說他認識到沒有國民性，只有階級性，恐怕不對，因為他後來的雜文裏，談到阿Q時，還說國民性。

　　從嚴文井和何其芳的上述發言可以看出，他們在肯定《魯迅傳》劇本取得的一定成績的同時，還分別指出了劇本存在的一些問題。概括來說，劇本存在如下問題：

（1）刻畫魯迅形象不夠全面準確。

　　《魯迅傳》第二稿所刻畫的魯迅形象用出席這次座談會的一些人士的話來說，就是魯迅的思想起點比較高，明顯的故意拔高了魯迅，不僅沒有能夠寫出魯迅早期的思想發展歷程，而且也沒有能夠寫出魯迅思想的深刻之處。另外，劇本比較突出魯迅形象的鬥士一面，魯迅的性格中的其他方面如幽默等沒有能夠很好的表現出來，這樣的魯迅形象就顯得比較片面，也不夠真實。

（2）劇本在藝術風格上前後部分不夠統一。

劇本開頭是歷史文獻片的風格，用圖片和大量的畫外音來介紹魯迅早期的生平，而後半部分則虛構了一些故事情節和人物，這樣就使得劇本前後的藝術風格不夠統一，影響了全劇的整體藝術風格。文化部副部長、《魯迅傳》顧問團團長夏衍作為一個具有劇本創作經驗的文藝界領導人也指出了這一點。

（3）在語言和歷史細節方面存在一些不準確之處。

劇本中寫到的一些人物語言，包括魯迅的語言，不僅存在一些不符合歷史背景的錯誤，而且也不夠口語化，這些語言上的錯誤與歷史事件相比雖然顯得小，但是也會影響到對人物形象的塑造，導致人物形象顯得不夠真實。

（4）劇本虛構的一些情節顯得不真實、不合理。

陳白塵在創作劇本時虛構了一些情節。除了劇本第二稿新增加的《新青年》會議的情節之外，他為了突出魯迅和共產黨的親密關係，還虛構了一些情節，如魯迅和李大釗的親密交往與多次談話，這些虛構的情節都不僅刻意拔高了魯迅的形象，而且也不符合歷史事實，從《魯迅傳》創作組搜集的相關資料中也可以看出，不僅何其芳、川島等人對魯迅與李大釗的親密交往產生懷疑，就是周揚、林默涵等當時的文藝界的領導人對此產生疑問，因此劇本所塑造出來的魯迅形象雖然光輝，但是不夠真實，因而是不太成功的。

總的來說，嚴文井、何其芳兩人的發言都指出了《魯迅傳》劇本存在的突出問題，對於劇本後來的修改提供了有益的參考意見，從而為《魯迅傳》劇本的創作做出了貢獻。陳白塵作為《魯迅傳》

劇本的執筆人因為和魯迅沒有直接交往過，對魯迅沒有直接的印象，加上又是「奉命創作」這樣一部向建黨四十周年獻禮的重要影片，所以他在當時的政治環境下對魯迅形象的塑造不得不有意的拔高魯迅形象，在劇本中突出魯迅和共產黨的親密關係，因此，《魯迅傳》劇本第二稿出現的上述問題，特別是嚴文井、何其芳兩人所指出的那些問題都是可以理解的。陳白塵在後來創作的《魯迅傳》的三稿、五稿中都不同程度地吸收了眾多文藝界領導人和專家學者的修改意見，比劇本的第二稿有了很明顯的進步。

最後，筆者注意到嚴文井、何其芳兩人的上述講話記錄未曾被收入他們的文集，希望今後在編輯兩人的文集時能收入這兩篇文章，特別是《何其芳全集》已經出版，在增補時要收入何其芳的這篇文章。

塑造魯迅銀幕形象背後的權力政治
——以〈《魯迅傳》座談會記錄〉為中心

一、電影劇本《魯迅傳》的創作緣起

　　1958年「大躍進」時期，上海市委領導人在《紅旗》雜誌發表文章，提出了「超越魯迅」的口號。周恩來總理對此表示不同意見，認為應當先瞭解魯迅、學習魯迅，才能談到所謂的「超越魯迅」，為此，他指示上海文化部門的領導人拍攝一部反映魯迅生平的電影，幫助廣大人民群眾特別是青年瞭解魯迅。上海市委文教書記石西民便指定曾任上海電影製片廠副廠長的上海作協副主席葉以群撰寫反映魯迅生平的電影劇本。1958年12月，葉以群寫出了電影劇本《艱難時代——魯迅在上海》（因為當時北京方面也準備撰寫關於魯迅的劇本，所以只寫魯迅在上海的一段），次年3月又寫出了修改稿，但是上海有關部門對此劇本意見不一，認為像紀錄片，不像故事片，還要重新修改。1960年初，葉以群利用在北京開會的機會抽空當面向周總理匯報了劇本的情況，周總理指出：「既然要重寫，我看拍上、下兩集，表現魯迅的一生。爭取明年七月先拿出上集，作為向黨成立四十周年的獻禮片。」

石西民得知周總理的指示後就指派上海電影局長張竣祥和葉以群在1月7日晚上邀請在京的文化部副部長夏衍、中宣部副部長林默涵、中國作協副主席邵荃麟等人開會商量如何落實周總理的指示，拍攝反映魯迅一生的電影。在這會議上決定成立由葉以群、陳白塵、柯靈、杜宣等人組成的《魯迅傳》創作組，陳白塵擔任執筆人；另外按照上海市委的指示決定成立由沈雁冰、周建人、許廣平、楊之華、巴金、周揚、夏衍、邵荃麟、陽翰笙、陳荒煤等人組成的《魯迅傳》顧問團。周總理在聽取有關人士的匯報後，指定葉以群擔任創作組組長，夏衍擔任顧問團團長。1月29日，石西民在上海召集會議，宣佈了創作電影《魯迅傳》的人員名單，陳白塵、葉以群、唐弢、柯靈、杜宣、陳鯉庭等人負責創作劇本；陳鯉庭、趙丹、藍馬、于藍、石羽、謝添、于是之等人負責攝製工作，正式啟動了《魯迅傳》的創作工作。[11]

這部被定位為建黨四十周年獻禮片的影片不僅深受電影藝術家的重視，匯集了國內一流的劇作家和演員，而且也得到了官方的高度重視，周揚、夏衍、林默涵等主管宣傳文化領域的領導人多次召集創作和攝製人員談話，周總理也親自解答創作組的疑難問題，並為劇本定下了基調：「《魯迅傳》影片應以毛主席在《新民主主義論》中對魯迅的評價為綱」[12]。但是在某種程度上也可以說，官方的高度重視是一把雙刃劍，一方面為創作組提供了豐富的政治資源，可以以「中央親自抓」的名義調動各方面的力量，極大的促進劇本和影片的創作，但同時又因為各級領導人的高度關注，使劇本的創作受到了政治因素的極大影響，並最終導致了這部歷史巨片的夭折。

---

[11] 參閱沈鵬年《歷史巨片〈魯迅傳〉的誕生與夭折》，載《生活叢刊》1986年11月，學林出版社1986年出版。

[12] 《〈魯迅傳〉創作組訪談紀錄》第一集，上海天馬電影製片廠印製，第1頁。

二、電影劇本《魯迅傳》的《詳細提綱》、一稿和二稿

在周總理於1960年4月3日解答《魯迅傳》創作組的疑難問題並就影片的基調作出詳細指示之後，4月8日，《魯迅傳》顧問團團長夏衍召集《魯迅傳》創作組開會，討論劇本的提綱。夏衍在講話中指出：（1）劇本要寫出魯迅從進化論到階級論的思想發展過程。（2）劇本反映魯迅接受黨的領導，「俯首甘為孺子牛」的精神可以採用「魯迅自己文章中的精煉的話」或「在旁人的話中點出」。（3）劇本「從辛亥革命開始時比較妥當的」，（第一部）「自日本回國，滿腔熱血，要推翻滿清王朝，建立共和國，但革命失敗了，他陷於失望之中；第二部開始，大革命失敗了，又是一個大失望，對民族資產階級的『革命家』完全絕望了，看到無產者才有將來，成為共產主義者。這從結構上講也很好」。（4）「魯迅的性格要全面寫出來，光寫硬骨頭是不行的，他很風趣，但原則性強，一翻面，不認人。」（5）「關於人名問題可以真真假假一翻」。（6）關於王金發如何寫的問題，「王的事蹟要核一核」[13]。

夏衍的這番講話不僅明確指出了創作《魯迅傳》劇本的政治目的，而且也指出了劇本應採取的篇章結構以及人物形象塑造的方法等，從而為劇本的創作指明了方向。《魯迅傳》創作組很快就在此基礎上寫出了《劇本提綱草案》。

4月16日，夏衍又召集了《魯迅傳》顧問團開會，討論劇本的提綱草案。陳白塵介紹了劇本的初步構思：劇本分八段，「上部斷在北伐和大革命失敗，下部結在長征勝利」。茅盾、巴金、周建人、陽翰笙、邵荃麟等人對劇本提綱草案進行了評議。茅盾說「關

---

[13] 《〈魯迅傳〉創作組訪談紀錄》第一集，上海天馬電影製片廠印製，第3-4頁。

塑造魯迅銀幕形象背後的權力政治
267

於結構問題，主要根據歷史事實，有些地方允許虛構。私人生活可以避開不寫。（夏衍插話：『對海嬰可以寫一些，這樣便於表現魯迅的人情味』。）這可以寫，但分量不多」。巴金指出：「凡是合乎魯迅性格的，可以創造一些，不必完全拘泥於事實。對反派人物，可以誇張一下。有些人物可以集中概括；有些人物與戲的關係不大，可以不要。」邵荃麟指出：「寫魯迅要寫出中國革命知識份子從民主主義走到共產主義的道路」，另外「我們的一些同志曾說『魯迅在五四前後是進化論，1927年以後才轉變為階級論的』，這個說法，不夠恰當。人的思想不能分割，不能一刀切的。」夏衍最後強調指出：「整個戲最主要的兩點：第一，必須以毛主席對魯迅的評語為綱，以中國革命為背景，寫出中國革命知識份子所走過的道路和思想上經歷的變化，……第二，是黨的領導，特別是黨對文藝運動領導的一條線。……魯迅的進步實際上是靠攏黨，思想上起了變化的結果。魯迅和黨的關係早在廣州就開始，不是直到左聯才開始的，更早的還有李大釗，這條線應該寫出來。」[14]

創作組在聽取了顧問團各位成員的意見之後，又得到了奉陳延年之命與魯迅聯繫的原中共中山大學支部書記徐文雅提供的魯迅與陳延年會見的資料，並赴廣州等地參觀訪問，然後回到上海開始創作劇本詳細提綱。經過一個多月的緊張工作，創作組寫出了《劇本詳細提綱》。劇本上集的提綱共分四章：第一章「辛亥革命時代」，第二章「五四時代」，第三章「五卅到三一八」，第四章「一九二七年大革命時代」，描述了魯迅從執教紹興到離開廣州奔赴上海的鬥爭經歷，並重點突出了魯迅和中國共產黨人李大釗、陳延年等人的親密關係。毫無疑問，這個《劇本詳細提綱》按照夏衍

---

[14]　《〈魯迅傳〉創作組訪談紀錄》第一集，第25－36頁。

等領導人的指示，突出了共產黨對魯迅的影響和領導，但是沒能把握好魯迅和共產黨親密關係的度，以至於太突出魯迅的革命色彩了。

6月18日，夏衍到上海傳達了顧問團對《劇本詳細提綱》的意見：

> 最主要有兩個問題：一，還是個老問題，從辛亥革命起，中國歷史還是反帝反封建的歷史，作為背景，洋人這條線不清楚。毛主席講魯迅反帝反封建很徹底，魯迅的對手是洋人，在戲裏這條線不清楚。……二，魯迅在前集中調子高了，下集難以為繼。……在第一部中已經有些像共產黨員了，雖然不是黨員，但有地方看來好像比黨員還堅決，這樣，後集難以為繼了。魯迅是硬骨頭，有堅定的原則性，但表現形式應前後有所不同，到後來在黨的影響、領導下，才更加光彩。魯迅在辛亥革命時期時和後來寫《阿Q正傳》，對農民的態度是『哀其不幸，怒其不爭』，魯迅站的地位是同情的地位，……（農民）實際上不是不爭，廣大人民在進行無數次的鬥爭……魯迅不可能不感受到這一點。」

夏衍最後指出：「骨架基本上不動，結構再堅實一點，可刪一些，可增一些，《魯迅傳》搞到這樣是不容易的，有戲。」[15]

創作組按照夏衍的指示開始創作劇本，陳白塵負責創作劇本的上集，柯靈、杜宣負責創作劇本的下集。11月27日，陳白塵寫完了劇本的上集，這是劇本的第一稿。該稿在《劇本詳細提綱》的基礎

---

[15] 《〈魯迅傳〉創作組訪談紀錄》第一集，第37－44頁。

上吸收夏衍等人的意見作出了部分修改，有所進步，但是篇章結構未動，仍然分為四章。另外，描寫魯迅革命活動內容的章節仍然較多，魯迅的革命色彩仍然比較突出。陳白塵稍後又對該稿作了局部修改，然後刊登在1961年2月出版的《人民文學》雜誌上，這是劇本的第二稿。該稿最大的變化就是取消了原來的篇章名稱，另外增加了描寫魯迅和農民的關係以及魯迅在五四期間的文化活動的內容。

　　劇本發表後獲得了熱烈的反響，一些高校師生還召開座談會討論這一劇本。為了聽取各方面對劇本的意見，林默涵在3月6日召集了在京的顧問團成員和部分專家的會議討論這一劇本，同日，夏衍也在上海召集創作組和攝製組人員開會進一步討論劇本。筆者所搜集到的這份資料就是林默涵主持召開的這次座談會的會議紀錄。

三、《〈魯迅傳〉座談會紀錄》的主要內容

　　從會議記錄上可以看到，出席這次座談會的有陳白塵、唐弢等在京的創作組成員，有林默涵、許廣平、陽翰笙（中國文聯副主席）、陳荒煤（文化部電影局局長）等在京的顧問團成員，有章廷謙（川島）、曹靖華等與魯迅有交往的人士，此外還有嚴文井（中國作協書記處書記兼人民文學出版社社長）、何其芳（中國社科院文學所所長）、袁文殊（中國電影工作者協會書記處書記）、陳笑雨、李希凡、袁水拍等文藝界的領導人和專家學者，會議由林默涵主持。

　　陳白塵向大家介紹了劇本第二稿的修改情況：

　　　　這次修改，主要改了兩點：一，加強魯迅和農民的關係。這主要在第一章裏，表現在他和閏水、阿冬等人關係

上。幼年時代的魯迅和農民的關係較深，但很難寫，很難集中。要寫，可能寫得很長；而且幼年時代抒情的東西多，和後面生活統一不起來，又不敢放手虛構，因為沒有資本，真是捉襟見肘。

二，關於五四運動。五四包括文化運動和愛國運動，上次稿對後者著筆太多，這次著重在寫《新青年》。魯迅和五四直接關係的材料極少，只是在當天向劉半農等人詢問過運動的情況，十分關心。他主要是參加《新青年》活動。但是關於魯迅與《新青年》關係的材料也不多，除了《吶喊》自序等文章以外，只有關於《新青年》的幾封通信，第二章中關於《新青年》的一場戲就從這幾封信中化出來的。大釗同志對魯迅作品很讚揚，李星華的文章曾著重提到過，另外，從魯迅日記中看出，他們之間通過不少信。第二章中即五四時代，只能儘量突出他們三個人的關係來寫出魯迅，除此，還沒有想到更好的辦法。關於胡適的材料是不能虛構的，不然，將來他要否認。《新青年》這一次編輯會議雖沒有根據，會上的話卻有根據，他的思想都有根據，思想他是賴不掉的。

從陳白塵的上述介紹中不難看出他創作劇本的艱難：首先要尊重夏衍等領導人的意見，寫魯迅與農民的關係，這是為了突出魯迅的革命民主主義者的色彩，以便描寫後來魯迅在廣州時受到共產黨的教育認識到農民的革命性後的思想轉變；其次，為了寫出魯迅在五四時期的文化活動，突出魯迅與五四新文化運動的緊密關係，不得不從有限的資料中虛構魯迅與胡適在《新青年》編輯會議上的爭論的情節；另外，還要按照政治要求，有意地突出李大釗對魯迅的

引導，並同時回避魯迅和陳獨秀的聯繫。

從會議記錄中也可以看出與會者的意見主要集中在如下幾個問題（按：以下引文除注明外均引自《〈魯迅傳〉座談會紀錄》）：

（1）關於魯迅形象塑造的問題

劇本中為了突出魯迅的鬥士風采和革命性多處描寫到魯迅怒斥對手的場面，部分與會者對此提出了批評。許廣平說，劇本在許多地方寫到魯迅怒氣沖沖，這不符合魯迅的性格：「魯迅就是對敵人說話也不都是怒氣衝衝的，他的筆調很凶，見了人並不那樣。」李希凡認為：「魯迅的性格一方面是橫眉冷對千夫指，同時又很老練，有幽默感。劇本強調了嚴肅的一面，後一面比較弱。」川島指出：「有好幾處寫到魯迅『雙目努視』、『怒目直視』等，自然用眼睛表示魯迅的感情是需要的，但不要過了，魯迅不大這樣。」曹靖華也指出：「用《魯迅傳》作題目，就要更全面、更廣闊的表現魯迅緊張、嚴肅、戰鬥的一生。魯迅的『橫眉冷對千夫指』的戰鬥精神當然應該突出表現，但是除了這一方面以外，還有所謂魯迅的諷刺、幽默的一面也應該稍有表現。因為這是魯迅的武器之一，這諷刺武器的威力，有時並不亞於投槍、匕首，這也應該適當表現，現在劇本中後一方面表現得似覺不足。」

一些與會者也對劇本中關於魯迅性格的描寫提出了批評。唐弢說：「節奏太急促，一個運動接一個運動，生活寫得少了些。如果拍三、四部片子，波瀾起伏就可以處理得好一些。上集他是獨身的，下集裏家庭生活是否可以多一些？有些生活細節對刻劃他的性格有幫助，可以更全面地反映他的性格。」曹靖華也指出：「魯迅也很有風趣，很隨便，真所謂嬉笑怒罵皆成學問，對同志很親切，這是他為人性格的一個重要方面。對敵人善於諷刺，這諷刺有時令

敵人感到連地縫也鑽不進去。因而對劇本寫的魯迅，作為一個全面的活生生的魯迅來要求，還不夠。……劇本中把魯迅寫得過於嚴肅了，實際上他對同志很風趣、很隨便，但在風趣、幽默中蘊藏著深厚的愛。因而，不要把魯迅寫的只知『衝啊、衝啊』的，這樣太單調了。」

劇本也寫到了魯迅幽默風趣的一面，但是不太真實。何其芳指出劇本中寫魯迅的幽默的一面不太像，如「魯迅說『張棣華萬里尋……未婚夫……』，這種玩笑不像魯迅的口吻。」川島也指出：劇本多處寫到魯迅摸著腦門激動地說話，但他不大見魯迅這樣。

劇本中關於魯迅思想發展的描寫也引發了一些與會者的不同意見。陳笑雨指出：「劇本中說魯迅對辛亥革命的估價完全正確，恐怕不一定，辛亥革命畢竟推翻了封建王朝，而且魯迅對農民的估計太消極了，恐怕不一定完全正確。」何其芳認為：「魯迅不但是文學家，也是革命家、思想家，要表現他的思想，現在感到思想方面還不大夠。魯迅突出之點是思想的深刻，有他的特點，雖然有些地方有限制，例如對群眾的看法，對中國前途的看法，有他的偏頗之處，但是這些地方仍舊有他的特點。我感到不足之處就在這裏。關鍵在於怎麼理解他的特點。」

嚴文井指出：「要寫好魯迅，必須寫他的發展，寫他的早期和後期的不同特點，他思想上的進展，他後期所達到的東西不一定是早期都達到的；如果寫他一開始就什麼都達到了，一則不合乎事實，二則後面也沒有什麼好寫的了，因而那真正的高峰就不容易突出。現在的劇本，這一點雖然注意到了，但還不夠鮮明，（何其芳插話：魯迅早期有不足的地方，也有深刻的地方。）當然，也應該寫早期的魯迅的獨到的深刻的地方。如果把他的發展寫得更加鮮明一些，教育意義就會更大。魯迅的道路，不是一點曲折都沒有的，

既是道路，那麼就有高低有曲折，我認為這些東西都不要回避。表現了這些東西決不影響魯迅之所以偉大，也許，只有這樣做了，才能深刻地表現魯迅偉大之處。劇本的不足處，就是使人感覺一開始好像魯迅各方面就都定型了，什麼都已完成了，看不出早期的魯迅身上有什麼限制性。」川島也指出：「魯迅的進化論的思想怎樣拋棄的？這個發展變化過程表現得還不夠鮮明有力。」

（2）關於劇本藝術上的問題

　　一些與會者對劇本的結構提出了意見。川島指出：「劇本是用魯迅各個生活片段湊合起來的，是個平面的東西，平鋪成為一大塊，好像抽掉哪一段，也都可以，與其他各段不發生必然的聯繫。隨便抽掉一段，也不影響全劇，只是短些小些，因而劇本需要更明顯的貫穿一根線索，使具有內在的聯繫。」陽翰笙說：「這是故事性的傳記片，本身卻沒有什麼故事，完全寫他的生活和鬥爭，寫時代對他的影響，他怎樣推動這個時代。」嚴文井指出：「這個電影開頭怎麼開，似乎還可以研究一下。現在這樣開頭有點像文獻片，前後風格有點不統一。是不是可以有另外的辦法開頭，比如一開始就是生活和鬥爭，一下子帶到那個時代氣氛裏去。」何其芳也指出：「作為藝術，不夠統一。後面虛構多一些，鬥爭寫得比較集中，前面卻有些像紀錄片，而且第二段寫背景，還有漫畫式的寫法，變化很多。」

　　另外，劇本的語言問題也引起了與會者的高度重視。唐弢說：「現在把文章裏的語言應用到口頭上，的確，文章裏有些話很好，很精彩，不用可惜。可是要讓觀眾聽懂，恐怕還有問題，白塵同志已經費了一些力氣，觀眾的聽覺能不能跟得上？仍然值得研究。」川島指出：「把魯迅的文章拆散變成臺詞，長篇大論是否合適？平

常我們和魯迅接觸，他說話不這麼長篇大論，往往只有三言兩語，三兩句話；而且在電影裏老是說教式的長篇大論是否也不相宜？語言多了，相對地行動少了一點，有些地方雖還不是語言多於行動，卻文章還是文章，沒有把文章的話弄活，像是背誦，沒有把文章變成行動。……（另外）劇本的語言缺乏時代性，五四時代的語言和現在不一樣。」曹靖華也指出：「魯迅的語言是非常犀利、非常火辣辣的，使敵人很難受，在他那火辣辣的諷刺之下常搞得敵人無地自容，恨不得找個地縫鑽進去。平時魯迅不大作演講式的長篇大論。他講話原是只說三言兩語，但一語破題，十分深刻。」

（3）關於虛構的問題

　　劇本為了突出魯迅和黨的親密關係，虛構了李大釗多次和魯迅談話的情節：不僅有李大釗邀魯迅為《新青年》雜誌寫稿，李大釗向魯迅介紹革命形勢勸魯迅南下廣州參加革命等情節，而且也有陳延年送給魯迅《湖南農民運動考察報告》、陳延年讓郭小鵬轉達希望魯迅在「四‧一五」反革命政變之後離開廣州到上海相見的情節。另外，還虛構了魯迅和胡適在《新青年》編輯會議上的辯論、魯迅為女師大學生通風報信以及魯迅在「三‧一八」時提醒學生注意段祺瑞的陰謀的情節。這引起了部分與會者的爭議。

　　何其芳對此表示了反對意見，他說：「劇本裏真真假假都有，當然不是要一一考證，問題是魯迅和李大釗的來往是不是那麼親密，我就有懷疑，有沒有根據，是不是在老虎尾巴裏那樣談心，什麼消息都告訴他？到廣州後，陳延年給他《湖南農民運動考察報告》，魯迅的反應還相當強烈，這個有沒有根據？他看到沒有看到這本書？即使看到，能不能認識其重要性？是不是就能看到農民的革命性？虛構，我想也應該符合一點什麼東西，不一定是符合事實

呢（因為是虛構），是不是要符合魯迅當時的思想情況呢，和黨關係等等。還有魯迅當面對王金髮不客氣，我也有懷疑。傳記片有兩種：一種是有事實根據，文獻性的；一種是故事性的。這部片子應該屬於後者，細節、次序，當然容許虛構和變動，但是總不要引起讀者的懷疑才好。」

陽翰笙認為劇本可以在一定程度上虛構，他指出：「魯迅和李大釗的區別與關係，劇本基本上處理得好。他們有關係，但沒有這麼密切，這是事實。但是為了突出魯迅和黨的關係，就不能不虛構一些。是不是虛構那麼多？能不能再略一略？魯迅和李大釗有區別，在探索道路時有彷徨，而李大釗是初期共產主義知識份子，後來成為黨的領導人，他們的區別在劇本裏是明顯的。要更明顯，也有困難，把魯迅寫得再落後一些，也不合事實。究竟怎樣寫，還可以再斟酌一下。」

（4）關於歷史細節真實性問題

劇本在描寫人物、場景、細節和時代背景、社會氛圍等方面還存在一些問題，部分與會者對此提出了批評。川島和曹靖華在發言中都指出了劇本中存在的一些和歷史不符的地方，如川島就指出：「《阿Q正傳》是在《晨報副鐫》上發表的，不是在《晨報》上」；「在老虎尾巴『魯迅面窗坐在寫字桌前籐椅裏』，不對，也不好看，背對門，因為他的書桌不是面窗擺的，靠窗是一張床。」陽翰笙也指出：「真人真事盡可能核對一下，特別是關於敵人的。胡適等人都在臺灣，他們一定會集中力量搞我們一下，說我們不真實、造謠。《新青年》分家，是不是面對面開過會？錢玄同、李大釗、魯迅、胡適都參加？最後一場，魯迅清算進化論思想，已經成了階級論者，他的思想是不是真實發展到了這個程度？恐怕不要說得太死，把他的思想的高度搞得準確一點。」

在聽取了大家的發言之後，林默涵最後作了總結發言，他指出：

今天的意見很好，主要還是如何表現魯迅的發展問題，魯迅由進化論到階級論，由革命民主主義者到共產主義者的過程不能寫得太簡單。上次稿把他寫成一開始就是馬克思主義者，這次已經好得多了，但是還沒有完全解決。原因可能是對魯迅和黨的關係太強調了，和李大釗的關係寫得太密切。在廣州和陳延年見面，如果真有其事，可以那麼寫，這倒是作者新發現的材料，很重要。

其次，魯迅性格的多方面，豐富性，生動性還寫得不夠。看二稿時大家對這一點談得較少。鬥爭是主要的，這方面占去許多篇幅，但又必須寫出他幽默感和生活上的風趣。這很困難。

另外有一點也很重要，就是語言、習慣、風俗人情等要盡可能符合當時情況，增加影片的真實感。這方面需要訪問一些老人。《新青年》的分家、和敵人作鬥爭的問題，也要盡可能符合當時的情況，稍微編造一些是可以的。胡適要聲明，關係不太大；你不編，他也要聲明的。但重大情節還是要符合事實。反面人物仍然太多，最好再集中一點，許多人還活著，不要牽涉得太廣了。

應當說，作為中宣部副部長的林默涵的上述總結發言，不僅概括出了與會人員的對劇本二稿的主要意見，而且也可以說傳達出了官方對劇本二稿的主要意見。總的來說，這些意見和建議都從不同方面指出了劇本存在的問題，比較正確，陳白塵也在後來的修改稿中吸收了其中的一些意見和建議。

四、劇本二稿的其他反響

夏衍和周揚也先後對劇本第二稿提出了不少的意見和建議。

夏衍在同日也對《魯迅傳》創作組和攝製組的主要成員談了他對劇本的幾個意見：

一、歷史背景問題。……由於提到國內大事多，寫國際大事少，所以新民主主義革命階段的反帝這一面就顯得不足了。現在看來，魯迅反封建的一面是突出的，反帝一面不突出，這樣，時代面貌就不全面了。

二、魯迅人物性格成長問題。我看沙汀同志對白塵同志的評語是對的，白塵是以崇敬的心情寫魯迅，因此對魯迅的起點，提得高了一些，不想去接觸早期魯迅的歷史條件限制。寫魯迅的由進化論者轉變為階級論者的成長，不夠清楚，對魯迅尋找道路的彷徨苦悶，寫的不足，不夠清楚。對這個問題特別是表現在對農民的問題上，問題有二：一是魯迅與農民的關係，另一是魯迅當時對農民的估價問題。……他還不能理解到中國革命是必須依靠農民的。按照現在劇本這樣寫，似乎魯迅早就發現了農民的力量，似乎比黨還要早看到，這樣魯迅以後的轉變就不需要了。……總之，把辛亥時期魯迅的覺悟認識寫得過高，後面就沒有轉折了。

三、枝蔓太多，要減頭緒才能立主腦。人物枝蔓似乎太多了。……事件似乎也有些枝蔓。

四、這部片子的風格要符合魯迅的風格。……我以為整個調子，應該是謹嚴的現實主義的。語言方面，不太像魯迅

的話，主要是把他文章中的話搬來了，這改一下問題不大。其他人物尤以反面人物胡適、朱家驊等都寫得太露、太淺。……整個說來，魯迅的演講太多了，好像是個煽動家。魯迅只有在很必要的時候才作演講，講話也很短。[16]

創作組得知國內主管宣傳文化領域的主要領導人周揚在杭州主持會議的消息立刻分赴杭州希望聽聽周揚對劇本的意見。3月17日，周揚在百忙之中抽空聽取了《魯迅傳》創作組和攝製組主要人員對劇本的匯報後說：「北京座談會的記錄看了，意見都很好，我基本上同意這些意見。」周揚指出：一、「魯迅的道路有他的特殊性，他是從民主主義到共產主義的，確實是有他自己的道路，經過了很長的摸索。……寫魯迅找到革命道路容易了，看起來就不夠真實，現在有個傾向，寫歷史人物寫得過分革命化了。魯迅當然是革命的了，但過分革命化的結果，就會不真實。」二、「我們講的是歷史的真實。寫魯迅性格革命性，要注意兩個方面：一是魯迅對革命的認識問題，不要太超過當時的實際，好像很早就和黨、和革命接觸很多；二是『橫眉冷對』和『俯首甘為』，尖刻諷刺和幽默溫和結合起來。一個是寫他性格的發展，一個是寫他性格的全面，這才顯得出性格的豐富性。如果只搞了一方面，就不真實了。寫魯迅的革命性開始時太高了，好像唱歌開頭，調子定得太高，以後就發展不下去了。」

周揚看過劇本之後，在3月19日早上找葉以群和于藍等人說了幾點意見：

---

[16] 夏衍同志和《魯迅傳》攝製組創作人員的談話記錄稿。

一、凡涉及重大歷史事件、政治事件的地方，沒有確實根據的，不要隨便編造。如「三‧一八」時李大釗和魯迅的幕後活動，魯迅在船上得到「秋收起義」的消息，讀《湖南農民運動考察報告》之類，凡是有全國意義的、眾人皆知的事，要就真實，否則就避開。

二、魯迅對有些政治運動太直接了，又沒有根據。不要把魯迅寫成與政治鬥爭太密切了，好像一直在鬥爭漩渦中不好，他自己也講過『不在鬥爭的漩渦之中』。文學活動可以著重寫，也不一定局限於在寫文章，如辦什麼刊物，支持什麼文學社團，和文學青年的來往等等都可以寫。

三、魯迅和李大釗、陳延年的這種關係，真人真事的關係，就可以多花些功夫考證一下，沒有的就不要編造或者故意渲染，……某些實有其事的，把它突出一下是好的，而沒有的，如在「三一八」去通風報信，把魯迅寫成參加者，甚至是組織者似的，這樣就不好。

四、關於認識的問題。有些問題在當時，不僅魯迅看不到，李大釗也看不到。如解決農民問題根本關鍵是要解決土地問題這一點，當時黨內其他人也看不到，只有毛主席才看到了。[17]

當天晚上，周揚再次找創作組的主要成員談話。周揚說：「總的意見就是這兩點：一個是重大的革命事件和重要的歷史人物，大體上要符合實際、符合歷史的真實。至於細節，當然可以虛構。……再一點是革命文學家魯迅和革命運動相呼應是精神上的呼

---

[17] 周揚同志和《魯迅傳》攝製組創作人員的談話記錄稿。

應，直接聯繫減少一點，這樣才顯示出他的偉大，不然，老是人家在幫助他，又是李大釗在跟他談，又是陳延年在跟他談，而他自己摸索、奮鬥就反而削弱了。」[18]

應當說周揚的這些意見是很尖銳的，正確的指出了劇本存在的最主要的問題，雖然這些意見在幾年之後爆發的「文革」中受到了猛烈批判，但是從現在的角度來看仍然是正確的。

陳白塵聽取了周揚的意見之後，回到北京很快就在5月9日寫出了修改稿，即劇本的第三稿。周揚回到北京後不久就向周總理匯報了自己對劇本的意見，他在看到陳白塵修改的第三稿之後感到仍然不太滿意，於是就在5月22日決定由夏衍修改這個劇本。夏衍接受了這一任務之後感到在陳白塵第三稿的基礎上很難進行大的修改，於是就重新進行創作，在8月份寫成了新的劇本，即劇本的第四稿。陳白塵和攝製組的一些人因為對夏衍創作的劇本第四稿仍然保留意見，所以周揚、林默涵等中宣部領導又同意陳白塵在夏衍第四稿的基礎上再創作一個劇本，陳白塵在11月27日完成了對自己劇本的再次修改，這就是劇本的第五稿，也是劇本的定稿本。劇本雖然定稿了，並得到了上海市委、文化部和中宣部的同意，趙丹等眾多演員也為所飾演的角色準備了兩年多，但是影片的拍攝工作卻因某種原因停頓下來。為了滿足廣大觀眾對電影《魯迅傳》的期待心理，陳白塵在1962年8月又對劇本的第五稿作了部分修改並易名為《魯迅》交給上海文藝出版社在1963年出版，這是劇本的第六稿，至此，電影劇本《魯迅傳》的創作終於告一段落。而《魯迅傳》攝製組在

---

[18] 參閱陳白塵《我這樣走來》，江蘇美術出版社2008年出版，第58頁。另外，陳虹在為三聯書店1997年出版的陳白塵回憶錄《對人世的告別》撰寫的序言《父親的故事》一文中說：「1964年影片終於開拍，又哪知一道指令，據說是主要演員在『生活作風』上有了什麼問題，攝製組便被莫名其妙的解散了。」

1964年也被上海市委宣傳部長張春橋藉口「攝製組腐爛了」為由下令解散，這一匯聚國內電影界眾多明星的歷史巨片就此夭折了。

五、一點結論

拍攝電影《魯迅傳》不僅組成了陣容豪華的創作組和攝製組，匯聚了國內一流的劇作家、導演和演員，而且也得到了官方的高度重視，可以說預想中的電影《魯迅傳》將會是一部歷史巨片。但是這部歷史巨片卻命運多舛，僅僅完成劇本的定稿工作，還未來得及正式開拍就夭折了。

現在看來，這部預想中的歷史巨片恐怕在電影史上還不能稱得上是一部站得住的巨片，因為作家對魯迅銀幕形象的塑造深受當時政治因素的制約，沒有能創作出一個能比較真實地反映出魯迅銀幕形象的優秀劇本。

拍攝《魯迅傳》源於周總理對「大躍進」時期上海市委領導人在《紅旗》雜誌提出的「超越魯迅」這一口號表示不同意見，上海市委落實總理指示開始籌拍，可以說從一開始創作《魯迅傳》就被作為一項向建黨四十周年獻禮的重要政治任務，而且是一項「中央親自抓」的政治任務。正是因為這個原因，負責創作劇本上集的著名劇作家陳白塵在「固辭不獲」的情況下不得不「戰戰兢兢」地開始創作[19]。陳白塵在接受這一創作任務之前，曾因為在「奉命創作」的描寫古代農民起義領袖的劇本《宋景詩》中比較如實地按照歷史記載和調查訪問所得的資料進行創作，而被某些政治人物斥為「歪曲農民領袖形象」並受到極大的政治壓力，因此他對於這次的「奉命創作」非常謹慎，按照周總理的指示和顧問團團長夏衍的

---

[19] 陳白塵《我這樣走過來》，江蘇美術出版社，2008年出版，第57－58頁。

講話精神進行創作。夏衍要求創作劇本時必須「以毛主席對魯迅的評語為綱，以中國革命為背景，寫出中國革命知識份子所走過的道路和思想上經歷的變化」；另外，「黨的領導，特別是黨對文藝運動領導的一條線」「應該寫出來。」值得一提的是，夏衍、邵荃麟等領導人在闡釋他們對魯迅的定位時，還批駁了胡風、馮雪峰等人曾發表的一些關於魯迅思想的言論，這與當時的政治和文化背景以及兩派之間關於「兩個口號」論爭的歷史恩怨不無關係。從陳白塵在《魯迅傳》座談會上的發言不難看出，陳白塵在構思劇本時面對創作組搜集的眾多訪談資料只能選擇能突出上述兩點的資料進行創作，甚至為了迎合這兩點要求而虛構了一些歷史場面。

陳白塵的女兒陳虹在為父親的回憶錄《對人世的告別》一書撰寫的序言《父親的故事》中這樣描述陳白塵創作《魯迅傳》劇本時的情景：

> 由於被塑造的人物是「中國文化革命的主將」是「偉大的文學家」和「偉大的思想家」與「偉大的革命家」，因此把關者除上海市委外，更有中宣部的諸位領導。父親的手被眾人牽制著，他不敢去描寫魯迅的常人情感與凡人生活，也不敢按照寫戲的規律，賦予他一定的性格。一層層的審查，一遍遍的修改，父親已沒有了自己的思想，寫到最後，魯迅到底是人還是神，連他自己都糊塗了。[20]

值得注意的是，陳白塵按照夏衍在顧問團會議上對劇本創作所提出的兩條要求，有意在《魯迅傳》劇本第二稿中比較突出魯迅的

---

[20] 陳虹《父親的故事》，載陳白塵《對人世的告別》，三聯書店，1997年出版，第11頁。

革命色彩，把魯迅寫得「高」了，並通過李大釗和陳延年與魯迅的談話來重點寫出黨對魯迅的領導，但是卻未能得到廣泛的認可特別是官方的認可。從〈《魯迅傳》座談會記錄〉的內容可以看出，與會的眾多人士包括中宣部副部長林默涵對陳白塵創作的《魯迅傳》上集劇本第二稿在肯定其成功之處的基礎上提出了一些修改意見，另外文化部副部長夏衍雖然也提出了不少的修改意見，但是也肯定了劇本的成功之處。總之，不僅與會的專家學者，包括夏衍、林默涵等文化界領導人都沒有否定這一劇本，但是中宣部常務副部長周揚提出的不少修改意見則決定了劇本的命運。周揚的意見非常尖銳地指出了陳白塵劇本所存在的主要問題，實際上基本否定了劇本。這是因為陳白塵按照夏衍的要求雖然在劇本中通過虛構的情節有意拔高魯迅，突出魯迅的革命精神，以及魯迅和共產黨的親密關係，從而寫出共產黨對魯迅的引導這一主線，但是劇本通過虛構的情節所塑造的魯迅的形象也因此顯得不真實。顯然，陳白塵未能把夏衍等領導的政治意圖和目的通過藝術手法在劇本中較好地表現出來，沒能塑造出一個讓有關領導和人士滿意的既革命又顯得比較真實的魯迅形象，而虛假的、讓讀者和觀眾產生懷疑的魯迅形象不僅無法達到良好的宣傳目的，反而可能取得相反的效果。另外，陳白塵雖然是按照官方的要求塑造魯迅形象，但是他在塑造魯迅形象時也融入了一些自己對魯迅的理解和認識，而這種帶有個人色彩的因素與劇本中濃厚的官方色彩之間產生了一定的張力，從而使劇本的風格不太一致。

總之，陳白塵雖然是一位天才的劇作家，但是他在「奉命創作」的情況下也無法擺脫政治因素的制約，只能帶著枷鎖跳舞，在這樣的情況下，他很難發揮自己的才華創作出一個精品劇本。在「文革」中，周揚對電影《魯迅傳》的指示被另一政治集團命名為「反對魯迅」，並作為周揚的一大罪狀，而「革命群眾」要陳白塵

交代的一大罪狀也是「在《魯迅傳》的寫作過程中是如何執行周揚指示的？」[21]現在來看，陳白塵按照夏衍等人的指示所創作的劇本第二稿是失敗的，周揚對第二稿的意見是正確的。陳白塵在吸收周揚的修改意見之後所創作的劇本三稿及在此稿和夏衍所撰的第四稿基礎上又創作的劇本第五稿雖然對魯迅的塑造有很大的進步，並在得到了上海市委和文化部、中宣部的同意之後作為定稿本等待據此進行影片拍攝工作，但是陳白塵在創作中仍然無法擺脫政治因素的影響，劇本仍然存在一些政治色彩。

最後需要指出的是，《魯迅傳》劇本未能成功地塑造出魯迅的銀幕形象也和作家自身的創作條件有關。

從〈《魯迅傳》座談會記錄〉中也可以看出，與會者指出了劇本中除了虛構的一些歷史情節之外，還有一些細節方面的錯誤，如魯迅的性格特徵、習慣、語言乃至服飾、屋內佈置等等，這些歷史細節雖小，但如果不符合歷史的真實就會使影片顯得不夠真實，從而妨礙魯迅形象的塑造，甚至會最終導致影片的失敗。陳白塵在後來的修改稿中雖然吸收了川島、曹靖華等一些人士提供的修改意見，但仍然存在一些問題，比如邵荃麟、常惠等人就指出了劇本第三稿存在一些歷史細節方面的錯誤。

此外，陳白塵雖然是「奉命創作」《魯迅傳》劇本，但因為他本人對魯迅先生很敬仰，也想在銀幕上塑造出魯迅的光輝形象，所以他用飽含敬意的方式來描寫魯迅，這也使得劇本所塑造的魯迅形象在某種程度上顯得不夠真實。雖然陳白塵為創作《魯迅傳》劇本付出了極大的心血，甚至為了挽救自己的劇本不惜違抗周揚和夏衍而上書上級要求再給自己一個修改劇本的機會，但是從藝術的角度

---

[21] 陳白塵《我這樣走過來》，第63頁。

來看，《魯迅傳》劇本第二稿，也包括後來的第三稿和第五稿等都沒有能夠成功地塑造出魯迅的銀幕形象。

當時預定在這部《魯迅傳》中飾演魯迅的趙丹在1961年撰寫的《角色自傳》和《角色自我設計》的筆記中寫到：「無論如何不能抱著主席誇讚魯迅的幾個偉大去創造角色，那就糟了，必須忘掉那幾個偉大。」[22]他還在當時為《人民中國》雜誌撰寫的《藝術家要用自己的語言說話》一文中刪節了毛澤東對魯迅的三個「家」五個「最」的高度歷史評價，強調「藝術家要用自己的語言說話」。應當說，趙丹對塑造魯迅形象這一工作的認識是很正確的，但是，陳白塵是「奉命創作」，他在撰寫劇本時不得不按照夏衍、周揚等領導人的要求或者說是命令來創作，還不能完全按照自己對魯迅的理解來塑造魯迅形象。

陳白塵後來在1981年撰寫的《一項未完成的紀念——電影劇本〈魯迅傳〉記略》中對自己創作的《魯迅傳》劇本進行了深刻反思，並表示即使過了二十年自己也無法塑造出魯迅真實的銀幕形象。他說：

> 「人貴有自知之明」。對於原劇本自己既然並不滿意，則不會因為它被「四人幫」踐踏過，就更加美麗起來。更何況是二十年後重新拍攝，怎能不重新寫過？重新寫，我有必勝的信心麼？
>
> 第一，1960年我接受執筆的任務時，我的信心就不足。魯迅說過，描繪一個人物首先要描出他的眼睛。但我自從1935年春重返上海當「亭子間作家」以後，一年半的時間不

22　轉引自夏榆《遙遠的愛——陳鯉庭傳》，中國電影出版社2008年出版，第121頁。

短，我總沒有機會見到魯迅先生，因為在他的門前有位自封的「門官」設置了路障。當我在1936年10月19日下午從巴金同志口中驚聞靈耗而趕到萬國殯儀館樓廳見到魯迅先生時，他安詳地躺在廳中榻上，閉上雙目已十二小時了！我怎麼能畫出他的眼神來？

第二，一位前輩曾批評我說：「你是把他當著最尊敬的人去敘述他，而不是當著你筆下所創造的人物來描寫他的。」這也許是的。我現在又能從這狀態中超脫出來麼？

第三，十年來，一些想做神的後裔的人們曾經在魯迅的塑像上又胡亂的塗抹過一些金粉。近年來有人想為它洗刷，但又不自覺的另塗上些別色的粉末；而同時為之修補的又大有人在。我不是文學史家，又不是魯迅研究專家，能有如此能耐，使這被污染的塑像恢復本來的面目麼？……[23]

陳白塵的這段反思指出了他不能成功塑造出魯迅銀幕形象的三個關鍵：第一，和魯迅沒有直接的交往，對活生生的魯迅缺乏感性的認知；第二，面對魯迅這一偉大的創作對象無法擺正創作心態；第三，在現實中無法擺脫政治因素的干擾。對照陳白塵總結出來的這三點經驗和教訓，看來電影家要在銀幕上塑造出真實的魯迅形象仍然是一個很難完成的歷史任務，也正因為此，我們要對陳白塵在60年代塑造魯迅銀幕形象的嘗試具有瞭解之同情並表示崇高的敬意。

（本文撰寫得到陳白塵先生的女兒陳虹教授的大力支持，謹此致謝。）

---

[23] 陳白塵《對人世的告別》，第790－791頁。

從「革命家魯迅」到「文學家魯迅」：二十世紀六十年代塑造魯迅銀幕形象的艱難嘗試

——以夏衍的集外佚作電影劇本《魯迅傳》第四稿手稿為中心

1960年1月29日，上海市委落實周總理的指示，集中了國內文化界的領導人和電影界的精英再次啟動了電影《魯迅傳》的拍攝工作，成立了由葉以群、陳白塵、柯靈、杜宣、唐弢、陳鯉庭等人組成的《魯迅傳》創作組，《人民文學》常務副主編陳白塵擔任執筆人；由沈雁冰、周建人、許廣平、楊之華、巴金、周揚、夏衍、邵荃麟、陽翰笙、陳荒煤等人組成的《魯迅傳》顧問團，文化部主管電影的副部長夏衍擔任顧問團團長。陳白塵按照夏衍等領導人的指示並吸收有關人士的建議先後創作出劇本的一、二稿，但是中宣部副部長周揚於1961年3月19日在杭州聽取了《魯迅傳》創作組關於劇本的彙報之後，指出了劇本存在的虛構歷史事實和人物形象塑造太突出革命色彩的問題，對劇本的創作提出了新的要求。陳白塵在聆聽周揚講話之後再次修改劇本寫出了第三稿，但是仍然沒有很好地貫徹周揚的講話精神。周總理在聽取了周揚的彙報之後，指定由

夏衍親自動手修改這個劇本。夏衍在接受任務之後，很快就修改完成了劇本的第四稿。但是除了《魯迅傳》創作組的人員之外，夏衍生前沒有對外透露過自己修改《魯迅傳》劇本的事，夏衍的這個劇本至今也沒有公開發表過，屬於《夏衍全集》的集外佚作。

本文依據中國現代文學館手稿庫中珍藏的從未公開披露過的夏衍執筆的電影劇本《魯迅傳》第四稿手稿，從中解讀官方對魯迅銀幕形象的定位及其背後的複雜的權力政治關係。

一、夏衍的電影劇本《魯迅傳》第四稿手稿解讀

夏衍看了陳白塵執筆的《魯迅傳》第三稿之後感到很難在此基礎上修改，於是對進行了很大的改動，重新創作了《魯迅傳》劇本第四稿。1961年8月，夏衍在創作完成《魯迅傳》第四稿之後委託《魯迅傳》創作組資料員沈鵬年編製了他執筆的《魯迅傳》第四稿和陳白塵執筆的《魯迅傳》第三稿的分場對比表，圖表如下（x為刪改，＊為新增）[24]：

夏衍第四稿第一章	陳白塵第三稿第一章
第一節　紹興風光	第一節　紹興風光
＊魯歸國、范迎、過街	x魯迅走出台門
＊酒店、孔乙己、祥林嫂影子	x市民好奇、鄉紳罵魯「該殺」
＊憑弔秋瑾殉難遺址	x大段字幕
＊軒亭口、阿有、抱牌位出殯	
魯迅領學生過街	魯迅領學生過街
學生隊伍過酒店	學生隊伍過酒店

---

[24] 沈鵬年《行雲流水記往‧二記──電影〈魯迅傳〉籌拍親歷記》，上海三聯書店2011年1月出版，第248－257頁。

＊阿有唱戲踢「狗氣煞」、鄉紳驚慌	×阿有議論、打小孩
龍山採標本⋯⋯范來報信	龍山採標本⋯⋯范來報信
＊學生問「老勿大」花	×農民押解經過
第二節　滿街慌亂、章急歸、客廳密商	第二節　滿街慌亂、章急歸、客廳密商
＊章談與湯蟄仙熟、錢報王金發到紹	×談大勢已去、錢報學生上街
第三節　操場、整隊待發、何幾仲阻、割辮逃	第三節　操場、整隊待發、何幾仲阻、割辮逃
阿有幻想、阿冬問訊、章夜遁	阿有幻想、阿冬問訊、章夜遁
第四節　夜迎革命軍、王金發過橋、遇魯、安民	第四節　夜迎革命軍、王金發過橋、遇魯、安民
鄉紳送禮、魯王敘舊	鄉紳送禮、魯王敘舊
第五節　《越鐸報》、魯回家、閏土訴苦	第五節　《越鐸報》、魯回家、閏土訴苦
范碰壁　＊魯談僵屍	范碰壁　×魯說王變了
第六節　章捲土重來、橋畔遇劫	第六節　章捲土重來、橋畔遇劫
＊匪逼阿冬挑贜、二爺吹笛驚匪	×章談三千畝革命
＊阿有順手掠衣披身去	×阿冬問匪是否革命黨
第七節　報社驚變	第七節　報社驚變
＊范奔出找王、魯攔不住、沉思	×王歡宴群紳、魯范怒闖花廳
第八節　酒樓餞別	第八節　酒樓餞別
＊魯談蔡元培是書生、阿有被殺	×范說情願死、魯勸慰、阿冬被殺
＊范談又來嚴冬、魯提示春天不遠	×范吟秋瑾詩「愁殺人」，魯問革命好處？
＊魯勸范沉著、道別	
第九節＊特寫：政府北遷	第九節×南京：魯徐交談
＊舊時京華（有前門）	前門箭樓
教育部死氣沈沈	教育部死氣沈沈
＊魯閱《百喻經》	×魯說《庚子日記》（義和團）
＊琉璃廠、廠甸、魯購碑帖、《鬼趣圖》	×魯路遇章介眉

紹興會館、青年韓來	紹興會館、青年韓來
＊魯談夢醒無路、寫悼范詩	×魯談章「放革命債」，又當官了
夏衍第四稿第二章	**陳白塵第三稿第二章**
第十節　會館抄碑	第十節　會館抄碑
＊魯在舊報試筆、點出時代背景	×魯吟詩「上下求索」
＊教育部　部員談京戲、再點時代背景	×錢魯夜談衝破鐵屋子
＊特寫《魯迅日記》、三點時代背景	×郭小朋離家出走、韓陪見魯
＊琉璃廠、魯購《新青年》	×錢玄同硬拉魯寫稿
第十一節＊北大風光：胡適上課、錢來拉稿	第十一節×圖書館：李大釗與魯初會、交談
＊胡談白話文，李談法俄革命比較	×李談俄國革命、魯談僵屍殺現代
＊會館：魯理書澆花、槐樹下徘徊	×胡適出場、青年包圍
＊《新青年》會：錢來約、魯允作文、拒赴會	×《新青年》會：李大釗談任務、魯願做「馬前卒」
第十二節＊會館：郭來，聞瘋人受驚，擔心家鄉之張棣華	第十二節　會館寫作
魯寫《狂人日記》、張棣華衝出家庭	魯寫《狂人日記》、張棣華衝出家庭
魯寫小說、論文，青年中影響	魯寫小說、論文，青年中影響
第十三節　北大圖書館	第十三節　北大圖書館
＊青年讀《來了》，猜筆名是誰	×青年讀新書刊，議論國事
第十四節　五三北大晚會，天安門五四大會	第十四節　五三北大晚會，天安門五四大會
教育部　魯不安	教育部　魯不安
火燒趙家樓、學警扭打，張郭巧遇	火燒趙家樓、學警扭打，張郭巧遇
第十五節　郭談戰績、張候門外、魯邀入	第十五節　郭談戰績、張候門外、魯邀入
魯招待青年、興奮談「路」，燈下作文	魯招待青年、興奮談「路」，燈下作文

第十六節＊徐來報信：陳獨秀被捕	第十六節 x 魯至車站送學生，遇胡適陪杜威來京
＊張棣華來辭行、魯贈旅費	x 胡適恭維魯迅、魯斥之、揭胡面目
第十七節＊至北大交稿	第十七節 x 至北大參加《新青年》會
＊《新青年》會，魯經過，未入，未參加會	x 《新青年》會，胡分裂，魯面斥，魯不願與胡同路
＊李大釗出來，詢魯迅意見	x 魯迅欣然與李大釗同行，高大背影
第十八節＊離會館與老僕惜別、搬新家	第十八節 x 魯新家
魯迅與母、母子情。郭南方歸來，找新路	魯迅與母、母子情。郭南方歸來，找新路
＊魯與青年談僵屍變化，要踏實做事	x 魯勸青年要行動：要敢說、敢笑、敢哭、敢怒、敢罵、敢打
第十九節＊魯迅伏案寫作：徘徊、沉思	第十九節 x 魯迅寫小說《明天》、《風波》、《故鄉》
＊疊印范愛農、阿有、趙太爺、假洋鬼子影子	x 魯給母看新寫的《阿Q正傳》，母笑說滑稽
＊特寫《阿Q正傳》：《晨報副刊》	x 《阿Q正傳》片段：讀者反映、官僚生氣、青年猜疑
夏衍第四稿第三章	**陳白塵第三稿第三章**
第二十節　日曆：疊現時代背景	第二十節　報刊：點出時代背景
＊街景、茶館莫談國事	x 張棣華陪許廣平來訪，魯母迎進
＊名流集會：胡適、陳源議論	x 老虎尾巴，談學潮。魯抽煙、許搶煙
＊北大教室、陳源演講。魯下課，至未名社	x 魯迅助辦《莽原》，指示青年要韌戰
＊劉和珍購書、遇魯	x 李大釗訪魯，談《現代評論》是「山羊」
＊劉陪許廣平來談學潮，魯關心青年	x 魯迅號召青年「搗毀人肉宴席」
第二十一節　學生集會	第二十一節　學生集會
x 段祺瑞棋桌定殺計	

女師大操場，學生整隊待發	女師大操場，學生整隊待發
＊楊蔭榆陪陳源演講「救國先救自己」	×楊蔭榆陪陳源演講「沒有帝國主義侵略」
學生拒聽，轟楊、陳出校	學生拒聽，轟楊、陳出校
第二十二節　女師大開除學生佈告、學生自治會商議對付辦法	第二十二節　女師大開除學生佈告、學生自治會商議對付辦法
魯迅摸出教授宣言	魯迅摸出教授宣言
＊談《現代評論》陰謀	×談「冒牌國貨」
魯迅點名、劉和珍激動	魯迅點名、劉和珍激動
第二十三節＊段祺瑞官邸下棋、日本顧問獻謀	第二十三節×陳源書齋、胡適授計反魯迅
＊段派員警保護楊蔭榆回校	×段祺瑞下令封閉女師大，校內斷水電、一片漆黑
	×魯迅送蠟燭至校、學生點燃蠟燭、出現光亮
	×李大釗率領各校學生舉火把來聲援、一片光明
	×李與魯相見，李勸魯「用筆戰鬥」
第二十四節＊北京街頭、學生募捐、魯迅捐一元	第二十四節　北京魯家
魯家，徐來報信、魯徐同去女師大	老虎尾巴，徐來報信、魯徐同去女師大
三河老媽子綁架女生，劉百昭欲動武，魯喝住	三河老媽子綁架女生，劉百昭欲動武，魯喝住
教育部＊魯等支持維持會，劉百昭帶來「解職令」	教育部×魯寫辭職書，劉百昭帶來「解職令」
魯控告非法解職。魯徐談女師大復校	魯抗議非法解職。魯徐談女師大復校
第二十五節＊學生購閱《語絲》書刊	第二十五節×魯帶學生宗帽胡同復校
＊陳源書齋、胡適勸陳「帶住」	×胡適陳源圍攻魯迅、魯苦戰、咳嗽、服藥
＊魯發文「不能帶住」	×各大學宣言脫離教育部

＊胡適發表《愛國運動與學生》，勸學生回校	×段祺瑞被迫下令復校，女師大學生返校
＊胡適對陳源暗示：南方革命興起，應另謀良策	×魯家，學生歡慶勝利，魯說鬥爭還要繼續
第二十六節 ＊魯迅書齋，咳嗽，學生帶來李大釗贈藥	第二十六節 ×陳源書齋，胡適提出「公理」招牌
＊劉和珍、許廣平來訪，魯分析「緩兵之計」	×魯和青年談「痛打落水狗」
＊劉和珍邀魯開會	×魯退還劉和珍購書款
第二十七節 日軍炮轟大沽口、三一八天安門大會	第二十七節 日軍炮轟大沽口、三一八天安門大會
魯迅書齋，許廣平交稿，＊魯母留許吃飯	魯迅書齋，許廣平交稿，×魯以《莽原》交許轉劉
遊行隊伍開往執政府	遊行隊伍開往執政府
段祺瑞下殺機，李大釗趕來指揮轉移	段祺瑞下殺機，李大釗趕來指揮轉移
段下令屠殺、劉和珍救友中彈犧牲	段下令屠殺、劉和珍救友中彈犧牲
唐人鳳揮旗衝出重圍	唐人鳳揮旗衝出重圍
第二十八節 追悼會：魯、許吊劉遺體	第二十八節 追悼會：魯、許吊劉遺體
送葬行列，魯沉默前行	送葬行列，魯沉默前行×獨白「血債要血還」
第二十九節 魯寫《無花薔薇》痛斥反動派	第二十九節 魯寫《無花薔薇》痛斥反動派
＊陳源寫《閒話》，假作「公平」，胡適點頭	×段祺瑞看《語絲》，怒斥、反誣學生領袖
魯斥陳段「心心相印」。胡告陳：魯被通緝	魯斥陳段「心心相印」。胡告陳：魯被通緝
第三十節 李大釗雨夜訪魯迅	第三十節 李大釗雨夜訪魯迅
李魯談心：李勸魯南下：魯要李當心	李魯談心：李勸魯轉移陣地：魯要李當心
＊魯母要魯離京，魯表示同意	×魯迅稱李大釗是「真的猛士」

夏衍第四稿第四章	陳白塵第三稿第四章
第三十一節 ＊廣州風光	第三十一節 x 報紙疊印——點出時代背景
＊長堤：徐文滔、許廣平等來歡迎魯迅	x 陳延年命畢磊歡迎魯迅
畢磊率學生碼頭迎魯	畢磊率學生碼頭迎魯
魯目睹工農兵遊行隊伍、興奮	魯目睹工農兵遊行隊伍、興奮
第三十二節　中山大學白雲樓大鐘樓	第三十二節　中山大學白雲樓大鐘樓
＊許廣平來贈「水橫枝」	x 畢磊來贈中共黨刊，魯迅接受
祝家驊來訪、魯談廣州印象	祝家驊來訪、魯談廣州印象
第三十三節　魯觀花市，遇學生吳夢非	第三十三節 x 顧請魯赴接風宴，魯怫然變色
許、畢陪魯出席學生歡迎會	許、畢陪魯出席學生歡迎會
祝來二邀：魯答「概不赴宴」	祝來二邀：魯答「概不赴宴」
第三十四節　魯講「革命文學」	第三十四節　魯講「革命文學」
司的克黨搗亂，祝上臺驅之	司的克黨搗亂，祝上臺驅之
祝乘機捧魯「革命文學家」，魯退還高帽	祝乘機捧魯「革命文學家」，魯退還高帽
第三十五節 ＊陶陶居茶樓內間：魯會晤陳延年	第三十五節 x 中共黨委機關：陳延年與魯迅談心
＊陳請魯「自己觀察」	x 陳向魯大談革命形勢、湖南農民運動，頌毛
第三十六節　白雲樓魯寓	第三十六節　白雲樓魯寓
＊張棣華來告結婚喜訊	x 張棣華來告上海工人起義勝利
畢來告反革命叛變。＊司的克黨抹反動標語	畢來告反革命叛變。畢商議保護魯迅
＊魯等候青年，問黑夜槍聲、學生被捕	x 畢向魯辭行，出門被捕，魯沖出營救不成
第三十七節　中山大學教授會，魯竭力營救學生	第三十七節　中山大學教授會，魯竭力營救學生
魯迅憤怒斥祝「畫皮」	魯迅憤怒斥祝「畫皮」

第三十八節　白雲樓上　師生相晤	第三十八節　白雲樓上　師生相晤
＊學生告魯：李大釗英勇就義	特寫李大釗被捕就義
＊魯驚聞：郭張刑場就義	魯怒寫「地火在運行」
＊青年特務在樓下監視	小郭帶來陳延年對魯關心
第三十九節　師生夜談，魯自剖轟毀進化論	第三十九節　師生夜談，魯自剖轟毀進化論
＊徐文滔勸魯離開廣州	郭來告陳延年希望魯離廣州，在滬等魯
許廣平願同行，魯說許「中毒太深」	許廣平甘為「魯迅黨」，願同行
第四十節　珠江輪上	第四十節　珠江輪上
＊徐文滔陪魯、唐人鳳陪許上船	×郭小朋、張棣華送魯、許上船
＊徐說夜車走，掏報紙給魯	×郭說去湖南，掏報紙給魯
魯迅看報：秋收起義	魯迅看報：秋收起義
＊魯說：「石在，火不滅，這是中國的希望」	魯說：「中國又有了新的希望」

　　從上表可以看出，夏衍對劇本場景和情節的修改主要集中在如下幾點：

　　第一章：刪去劇本開頭的大段字幕；魯迅闖花廳，怒斥王金髮；王金髮搗毀報館，魯迅斥王。新增了魯迅從日本回到紹興時的見聞，與學生的交流，在紹興會館抄古碑的場面。另外改寫了阿冬、阿有的命運，及魯迅與范愛農交談及告別的談話內容。

　　第二章：刪去《新青年》會：李大釗談任務、魯願做「馬前卒」；在火車站胡適恭維魯迅、魯斥之、揭胡面目；《新青年》會魯迅與胡適對立；魯迅與李大釗在圖書館的會見；魯迅在《新青年》會後欣然與李大釗同行，高大背影；魯勸青年要行動；《阿Q正傳》片段。新增了描寫教育部環境的場面，魯迅在琉璃廠淘書、在紹興會館澆花、徘徊等生活的場景，胡適、李大釗在北大授課的場

景，李大釗向魯迅問詢的場景，瘋子的形象，魯迅與紹興會館老僕人惜別的場景。改寫了錢玄同勸魯迅為《新青年》寫稿的對話等。

第三章：刪去許廣平在老虎尾巴搶魯迅的煙，魯迅幫助青年辦《莽原》雜誌，魯和青年談「痛打落水狗」；魯迅號召青年「搗毀人肉宴席」；三·一八魯迅向學生報警；魯迅向女師大學生送燭，點燃光亮；李大釗率大隊學生聲援女師大，火把一片光明。李與魯相見，李勸魯「用筆戰鬥」；魯迅稱李大釗是「真的猛士」；段祺瑞棋桌定殺計；段祺瑞看《語絲》怒斥學生領袖，魯迅為劉和珍送葬時的大段內心獨白。新增了魯迅支持未名社等文學活動，關心劉和珍，關心女師大學潮的活動，段祺瑞的陰謀，魯迅捐款，魯迅與陳源等的論戰，魯迅生病，李大釗贈藥，魯迅指導劉和珍、許廣平等女士大學生進行鬥爭，魯母勸魯迅南下等。另外，改寫了魯迅和李大釗雨夜談話的內容，以及胡適和陳源談話的內容。

第四章：刪去陳延年命畢磊歡迎魯迅；畢磊來贈中共黨刊，魯迅接受；陳延年向魯迅講革命形勢，送《湖南農民運動報告》，歌頌毛澤東；陳延年通知魯迅離開廣州，說陳在上海等候魯迅再見。新增了廣州風光的描寫，許廣平贈花，魯迅在黑夜關心學生的安全等候學生，得到郭小朋和張棟華犧牲的消息等。另外，改寫了魯迅和陳延年會見的地點及陳延年談話的內容，魯迅得知李大釗犧牲的消息，護送魯迅、許廣平登船赴上海的人物，魯迅看到秋收起義的報導之後的感想、獨白內容等。

另外，從夏衍的手稿中還可以到他對陳白塵執筆的第三稿中的許多語句進行了修改，刪去了魯迅談話中大量使用的魯迅文章中的原文，並訂正了三稿中存在的一些歷史細節方面的錯誤，多處使用電影手法過渡章節等。

總的來說，夏衍的修改基本貫徹了周揚杭州講話的精神，注重

重大歷史事件的真實和魯迅性格的豐富與發展，對陳白塵執筆的第三稿進行了很大的改動：刪除了一些不符合歷史事實的虛構情節，在一定程度上淡化了中共領導人李大釗、陳延年等對魯迅直接領導的色彩；減少了描寫魯迅正面鬥爭的場面，刪減了魯迅用文章中的話來指導青年的場面，在一定程度上淡化了魯迅的鬥士形象；減弱了對胡適、陳源、段祺瑞、章介眉等反面角色的醜化色彩；減少了一些出場人物；增加了一些體現歷史背景的生活場面和描寫魯迅家庭生活的情節；從而在歷史真實方面、魯迅形象塑造方面、電影藝術手法的運用方面都有很大的進步。夏衍在關於四稿處理問題的談話中說：

> 　　周揚同志和我講了之後，我再把劇本仔細看了一道，覺得周揚同志在杭州講的和默涵同志在北京座談會上講的精神，在三稿中似乎還有貫徹的不徹底之處，重大歷史事件的分寸掌握上還不夠嚴格。這表現在兩方面：一是李魯幾次會面、陳魯關係、農民運動講習所、讀毛主席的文章等，改得沒有和周揚同志在杭州講的那樣堅決，對某些不一定落實的重大歷史事件，在三稿中還保留了一些。其實像對胡適之、陳獨秀等人的暴露，也似早了一些。
>
> 　　……
>
> 　　要動，恐怕就不止是若干處。不單是有關黨的大事件、歷史事件和歷史人物的真實問題，此外，也還有一個「年代紀」的問題……現在既然稱《魯迅傳》，也有一個「傳」的問題，「傳」總要研究「紀年、時代」的問題，要力求符合歷史真實。
>
> 　　因此要動，就可能牽涉面大一些，而一個地方動了就

必然要涉及別的地方。比如拉網一樣，一牽一收，就會影響全局。[25]

　　但是，夏衍在修改劇本的過程中還沒有完全貫徹周揚杭州講話的精神，勉強接受了《魯迅傳》攝製組的一些意見，按照攝製組的要求增加了一些情節。夏衍在關於四稿處理問題的談話中說：

　　　　因為在動手前和進行中，看到你們攝製組和演員同志們對「三稿」的許多意見和設想，我認為可用的，有利於形象塑造的，儘量採納了一些，因此，改動就會更多一些。我有一些妥協了的地方。如三章李魯相見，四章陳魯會見等等。細節上也有這種情況，如張棟華發現周先生即魯迅的場面等等，這些地方，假如按照我自己的想法，是可以割愛的。[26]

　　夏衍雖然保留了陳白塵執筆的第三稿的四章四十節的結構，但是他按照周揚的講話精神，努力把陳白塵三稿中所塑造的「革命家魯迅」改造成「文學家魯迅」，不僅刪掉了陳白塵三稿中的很多內容，新增了大量的內容，而且還重寫了陳白塵三稿中的一些場景的內容，可以說夏衍的第四稿對陳白塵執筆的第三稿改動很大，是一種革命性的改造，劇本有超過80%的內容是夏衍重新創作的，以至於陳白塵本人都說「劇本好似四間房子，夏公在內部拆修了，改好了，更漂亮了，但是我進去還不習慣，有點摸不清門路了。」[27]因此從嚴格意義上來說，夏衍的《魯迅傳》第四稿已經是他本人的著作了。

[25] 沈鵬年《行雲流水記往‧二記──電影〈魯迅傳〉籌拍親歷記》，第267─268頁。
[26] 沈鵬年《行雲流水記往‧二記──電影〈魯迅傳〉籌拍親歷記》，第268頁。
[27] 沈鵬年《行雲流水記往‧二記──電影〈魯迅傳〉籌拍親歷記》，第287頁。

但是，編劇陳白塵和導演陳鯉庭、主演趙丹等《魯迅傳》創作組和攝製組的一些人對夏衍創作的劇本第四稿仍然保留意見，編劇、導演和演員的共識是：

> 過去搭的架子是辛亥革命中的魯迅、五四運動中的魯迅、三一八運動中的魯迅、二七大革命中的魯迅，雖然也研究過魯迅思想的發展，但還是抽象，沒有做到以魯迅思想發展作主線。從《魯迅傳》的架子來說，應該是以魯迅思想發展作主線的，而不是幾個運動中的魯迅。篇幅長的問題亦由此產生，如以魯迅思想發展為主線，有些事件可以略去。過去有些滿足於外在的材料，例如魯迅和王金發的關係，現在看來，可能成為贅疣。必須從許多歷史事件中跳出來，否則要失敗。
>
> ……例如寫文學家的魯迅，一定要寫《狂人日記》和《阿Q正傳》，寫出這兩部作品的成因，不寫不足以成為文學家的魯迅，但究竟如何寫？還有困難。如果按照魯迅思想發展來寫，魯迅和胡適、李大釗的關係可能避開，但是見面還難免的。第三章寫的不好，是為了避開章士釗，魯迅許多文章針對章士釗，成了無的放矢。總理早就指示不要碰他。現在可不可以用一個假擬的名字，也不諧音，寫一些。[28]

應當說，上述意見不僅指出了夏衍執筆的《魯迅傳》第四稿的缺點，而且也點明了《魯迅傳》創作中存在的最大的問題，即很難

---

[28] 沈鵬年《行雲流水記往・二記──電影〈魯迅傳〉籌拍親歷記》，第288頁。

在用政治事件和社會運動搭建的劇本架構中塑造出一個「文學家魯迅」的形象。

　　鑒於上述原因，周揚、林默涵等中宣部領導又同意陳白塵在夏衍第四稿的基礎上吸收其優點再創作一個劇本，陳白塵在11月25日完成了對自己劇本的再次修改，這就是劇本的第五稿，也是劇本的定稿本。劇本雖然定稿了，並得到了上海市委、文化部和中宣部的同意，趙丹等眾多演員也為所飾演的角色準備了兩年多，但是影片的拍攝工作卻因導演陳鯉庭因病住院而停頓下來。為了滿足廣大觀眾對電影《魯迅傳》的期待心理，陳白塵在1962年8月又對劇本的第五稿作了部分修改並易名為《魯迅》交給上海文藝出版社在1963年出版，這是劇本的第六稿，至此，電影劇本《魯迅傳》的創作終於告一段落。而《魯迅傳》攝製組在1962年12月就已經正式宣佈解散了。

三、結論

　　1、電影《魯迅傳》的創作充分顯示出新中國官方對魯迅的高度重視，試圖通過對魯迅形象的塑造體現出共產黨對文藝問題的領導的主題，但是這一嘗試沒有成功。因為創作電影《魯迅傳》是周恩來總理的親自提議，所以得到了中宣部、文化部、上海市委等的大力支持，調動了各種資源，集合了國內電影界的一大批精英投入創作，很少有一部電影能得到官方的如此重視和高度介入，可以說官方預想中的這部影片拍攝出來之後應當是一部歷史巨片了。但是官方的這種高度介入對影片的創作也造成了很大的困難，即電影要按照官方的要求創作，所以陳白塵等編劇在創作劇本的過程中不是完全按照自己對魯迅的理解塑造出自己心目中的魯迅形象，而是必須按照夏衍等人的指示塑造出一個官方定制的魯迅形象，要讓魯迅的銀幕形象體現出黨對魯迅的領導，為此就不得不在一定程度上違

背歷史事實對魯迅形象進行加工和虛構，而這樣塑造出來的魯迅形象雖然可以表達出共產黨對魯迅的領導的主題，但是劇本通過虛構的情節所塑造的魯迅的形象也因此顯得不真實，而虛假的、讓讀者和觀眾產生懷疑的魯迅形象不僅無法達到良好的宣傳目的，反而可能取得相反的效果。

2、電影《魯迅傳》的創作也充分顯示出高層文化官員之間對魯迅認識的差異，因為高層文化官員對魯迅形象塑造的不同認識，所以劇本所塑造的魯迅的銀幕形象有一個明顯的變化過程。夏衍作為文化部主管電影工作的副部長和周總理指派的《魯迅傳》創作顧問團團長在開始創作《魯迅傳》劇本時的多次講話不僅指定了劇本的創作原則，而且也規定了劇本的結構，陳白塵等編劇按照夏衍的多次指示，為了突出魯迅的革命性和黨對魯迅的領導，不僅把魯迅的革命活動作為主要情節，甚至虛構了一些魯迅的革命故事，如李大釗要求魯迅為《新青年》寫稿，李大釗到西三條魯迅家中會見魯迅要魯迅南下廣州，陳延年在廣州對魯迅的指導等等，這些都在一定程度上神化了魯迅和共產黨的關係，在很大程度上把魯迅塑造成了革命家，從而有違歷史事實。而林默涵作為中宣部分工主抓電影《魯迅傳》的副部長雖然在陳白塵劇本第二稿之後的講話中指出劇本的不符合歷史事實的問題，但是他和夏衍都沒有否定陳白塵的劇本，只是要求繼續修改。周揚作為中宣部常務副部長雖然不分工管電影《魯迅傳》的創作，但是他在杭州的講話實際上否定了陳白塵的劇本第二稿，從根本上扭轉了劇本創作的方向，而陳白塵在聆聽了周揚的指示之後所修改完成的劇本第三稿雖然刪除了一些虛構的魯迅和共產黨領導人交往的情節，但是仍然保留了一些，以此來表達出共產黨對魯迅的領導的主題，所以仍然沒有得到周揚的認可，從而導致夏衍親自修改完成了劇本的第四稿。夏衍的第四稿雖然按

照周揚的杭州講話精神進行創作，但是仍然還沒能完全貫徹周揚的講話精神，他勉強地吸收了攝製組的意見保留了一些虛構的李大釗和魯迅談心的情節等，所以也沒有成為定稿。應當說，周揚在杭州關於《魯迅傳》的講話所指出的重大歷史事件必須真實和魯迅性格要豐富，不能把魯迅塑造成革命家而是要把魯迅塑造成文學家的基本原則是正確的，他對魯迅的認識和對電影《魯迅傳》定位超過了林默涵和夏衍。

3、電影《魯迅傳》的創作因為牽涉到眾多的高層文化官員，所以也多次成為政治鬥爭的工具，對中國當代的政治與文化上產生了一些影響。《魯迅傳》雖然沒有投拍就在1962年底下馬，但是《魯迅傳》的餘波未消。1964年8月開始的文藝整風運動，上海市委候補書記張春橋在上海電影系統就以《魯迅傳》創作中的問題來批判「夏（衍）、陳（荒煤）路線」，又在同年12月開始的「四清運動」中又以《魯迅傳》創作中的經濟問題來揭批三十年代人物的「反黨」問題。在「文革」中，電影《魯迅傳》的創作組和攝製組的成員也因為籌拍《魯迅傳》而受到了政治迫害，趙丹因為飾演魯迅還成為他挨批鬥的一大罪狀。而周揚、夏衍、林默涵等人也因為反對魯迅而受到了政治批判，其中的一條罪狀就是對《魯迅傳》的多次「錯誤」指示。1966年7月23日，上海《青年報》發表了《粉碎周揚在〈魯迅傳〉創作組的政治陰謀》，拉開了「文革」中借《魯迅傳》來批判周揚的大幕，7月31日，《文匯報》發表了整版長文《徹底粉碎周揚黑幫詆毀魯迅的大陰謀》，指出「這是文藝黑幫傾巢而出的反黨陰謀」，「通過拍攝《魯迅傳》是為篡黨、篡政、篡軍和復辟資本主義作輿論準備。」[29]（「上海電影系統大

---

[29] 紅纓、長劍《徹底粉碎周揚黑幫詆毀魯迅的大陰謀》，《文匯報》1966年7月31日。

批判組」也發表了題為《決不許「四條漢子」醜化魯迅！》的文章。）《紅旗》雜誌1966年第12期發表了許廣平的《不許周揚攻擊和誣衊魯迅》一文，除了揭露周揚夥同夏衍、林默涵、馮雪峰等人篡改《魯迅全集》中的《答徐懋庸並關於抗日統一戰線問題》一文的一條注釋之外，還抨擊了周揚對《魯迅傳》拍攝工作的「錯誤」指示：

> 一九六一年三月，周揚在對《魯迅傳》創作人員談話時，竭力玩弄從政治上貶低魯迅、抬高自己的陰謀：「魯迅究竟不是政治活動家」，「他沒有投入政治鬥爭漩渦的中心」，「還是著重寫他作家的活動，革命活動作為他內在的、精神上的呼應。把他和革命活動的聯繫寫得太直接了，第一違背歷史，第二魯迅就被動了，難了。」
>
> 周揚不許寫魯迅和黨的關係，不許寫毛主席對魯迅的影響。胡說什麼寫了黨，魯迅「自己在摸索、奮鬥就反而削弱了」！把一個偉大的共產主義者魯迅的形象，歪曲成為脫離黨的領導、脫離群眾的個人摸索、個人奮鬥的資產階級文人，這就是周揚們的罪惡企圖！周揚甚至瘋狂的叫嚷：「不要怕這樣寫了有人會提意見：黨的影響不夠呀，毛主席都沒有提到呀，等等」。這完全暴露了他的反黨反毛主席的政治面目。[30]

從現在的觀點來看，許廣平的這篇文章所指出的周揚的「罪狀」恰恰體現出周揚的遠見並證明周揚對電影《魯迅傳》創作指導思想的正確。

---

[30] 許廣平《不許周揚攻擊和誣衊魯迅》，《紅旗》雜誌1966年第12期。

1980年10月8日，趙丹在《人民日報》發表文章《管得太具體
文藝沒希望》，不僅表達了「文藝不能管得太死」的呼聲，而且
也表達了「二十年拍不出《魯迅傳》」的遺憾，他說「《魯迅》
影片之遲遲不能問世，實也聯繫到新一代的魯迅式的文藝家之誕
生」。[31]趙丹的這篇文章不僅在國內產生了重要影響，而且也引發
了一些境外媒體刊登用不實之詞批評共產黨與文藝關係的文章。

　　總的來說，電影《魯迅傳》的劇本創作不僅顯示出二十世紀
六十年代中國官方對魯迅接受與改造的政治目的，而且也充分體現
了官方對魯迅定位與認識的變化過程，在一定程度上反映出二十世
紀六十年代中國文學與政治的複雜關係。而電影《魯迅傳》創作過
程中所產生的從「革命家魯迅」到「文學家魯迅」認識的轉變以及
與此相關的文學與政治關係的話題也在中國當代文化與文學中產生
了深遠的影響，至今仍然是一個值得中國當代文化界深思的話題。

　　（本文撰寫得到了陳白塵先生的女兒陳虹教授的大力支持，特
此致謝！）

---

[31]　趙丹《管得太具體　文藝沒希望》《人民日報》1980年10月8日。

「魯門小弟子」蕭軍與毛澤東文化秘書胡喬木在「延安文藝座談會」前後關於魯迅的論爭

　　眾所周知，「魯門小弟子」蕭軍和毛澤東的文化秘書胡喬木在「延安文藝座談會」上進行了兩次論爭，但是這兩次論爭的詳細內容卻很少為人所知。在蕭軍先生誕辰一百周年前夕，筆者有幸從蕭軍先生的女兒蕭玉女士那裏拜讀到蕭軍先生在本次論爭期間給胡喬木的三封信的抄稿，從這三封從未披露過的書信和蕭軍先生在延安時期的日記大致可以瞭解到本次論爭的主要內容。

一、在「延安文藝座談會」之前的蕭軍和胡喬木

　　1936年，當時在上海從事「左翼」文化運動的、屬於周揚陣營的胡喬木曾經撰寫了一篇文章高度評價蕭軍的小說《八月的鄉村》，但是兩人只有這一段文字之交，並沒有直接的交往。

　　1937年7月，胡喬木在馮雪峰的指示下離開上海到達延安，開始在位於涇陽縣的「安吳青訓班」擔任副主任，不久被調回延安在中共中央青年工作委員會擔任委員，稍後又到西南大後方從事青年工作。1939年底，胡喬木回到延安擔任《中國青年》雜誌主編。

1940年5月3日，在「安吳青訓班」基礎上建立的「澤東青年幹部學校」在延安成立，胡喬木擔任教務長，並創作了《澤東青年幹部學校校歌》。不久，胡喬木又調到中央宣傳部工作。1941年2月，中共中央秘書長王若飛找到胡喬木，告訴他毛澤東主席點名調他去當秘書。胡喬木由此開始擔任毛澤東的文化秘書，並逐漸在政壇崛起。胡喬木最初的工作是代毛澤東校對《六大以來》一書的清樣，這本書也是中共整風運動的基本武器。胡喬木首次系統地閱讀了書中收錄的中共「六大」以來的黨內557篇文檔和毛澤東的許多著作，上了他在毛澤東身邊的第一課。1941年5月16日，中共中央機關報《解放日報》創刊，胡喬木很快就成為該報社論的重要作者之一，前後共寫了58篇之多。胡喬木寫的社論「有的是毛澤東囑意寫作的，有的是他根據毛澤東在內部會議上的講話精神寫作的，有的是他寫好經毛澤東修改、審定而發表的。」（葉永烈《中共中央一支筆胡喬木》第45頁，廣西人民出版社2007年2月出版）可以說，胡喬木的言論深受毛澤東的影響，他在某種程度上也可以說是毛澤東言論的代言人。

蕭軍第一次到延安是在1938年3月21日，他當時準備取道延安奔赴五臺山革命根據地抗擊日寇，因交通中斷而暫住在陝甘寧邊區政府招待所，毛澤東得知蕭軍來到延安後就到招待所看望蕭軍和當時來延安匯報工作也住在同一招待所的丁玲，這是蕭軍首次和毛澤東見面。但是，4月初，蕭軍就隨丁玲離開延安前往西安參加西北戰地服務團。

1940年6月24日，經過重慶八路軍八辦事處負責人董必武、鄧穎超的批准，蕭軍攜家人和舒群等一起第二次來到延安，並成為「邊區文協」的專職作家，主要從事文藝創作。除了繼續寫作長篇小說《第三代》和四幕話劇《恩仇以外》，作為「魯門小弟子」，

蕭軍還投入很大精力在延安弘揚魯迅精神，不僅積極參與籌備延安各界紀念魯迅先生逝世四周年大會，撰寫了《魯迅先生逝世四周年延安各界紀念大會宣言》，還在1941年初發起組織了延安「魯迅研究會」，並擔任了該會的主任幹事。蕭軍在1940年8月19日的日記中特別表明了自己「在延安從事文藝運動應注意以下幾項」：

①糾正一般人膚淺的對文藝不正的觀點，如文藝無用論，消閒，裝飾等觀點。

②提高文藝工作者自尊心，勿甘心喪掉自己的人格和獨立精神，變為淺薄的軟骨病者或裝甲的烏龜。

③應糾正統治階級用傳統的看「文人」的眼光來看待文人，文人是和他們一樣站在戰鬥線上，並且更早，更尖銳。

④文藝作家和將軍政客不同的，他不能任命，也不能借光，更不能以別人底犧牲鑄成「自己的」成功。

⑤反對分割，曲解，為了自私企圖，為了裝飾自己，利用魯迅。

（蕭軍《人與人間》333－334頁）

這幾條「注意事項」也是蕭軍在延安從事文藝活動的基本原則，它在很大程度上影響了蕭軍此後的命運。

在「延安文藝座談會」召開之前，作為黨外作家的蕭軍和作為黨的理論喉舌之一的胡喬木雖然都與毛澤東有著密切的交往，但是兩人之間的交往卻很少，有限的幾次交往也都是因為毛澤東要瞭解延安文藝界的情況而發生的。

1941年6月17日、18日、19日，延安的《解放日報》連載了周揚的《文學與生活漫談》一文，引起了蕭軍、舒群、羅烽、白朗和

艾青的不滿，五個人集體討論了這篇文章，最後由蕭軍執筆寫了一篇《〈文學與生活漫談〉讀後》寄給《解放日報》。但是文章被退了回來，蕭軍認為這很不公平，很不民主，於是在7月8日決定給毛澤東寫信，請他約定時間談話。7月16日，胡喬木受毛澤東的派遣來找蕭軍，告訴蕭軍毛澤東因病沒有覆信，過幾天再和蕭軍談話。這或許是蕭軍和胡喬木兩人的首次直接交往。

7月18日，蕭軍收到胡喬木的來信，告知毛澤東邀請蕭軍談話。當天晚上蕭軍去拜訪毛澤東，和毛澤東談了許多問題。

蕭軍問毛澤東：「黨有文藝政策嗎？」毛澤東回答：「哪有什麼文藝政策，現在忙著打仗、種小米，還顧不上哪！」蕭軍向毛澤東提出建議：「黨應當制定一個文藝政策，使延安和各個抗日根據地的文藝工作者有所遵循、有所依據、統一思想、統一行動，加強團結才有利於革命文藝工作正確發展。」毛澤東接受了這個建議：「你這個建議很好，你別走了，幫我收集一下文藝界各方面的意見和情況好嗎？」經毛澤東懇切挽留，蕭軍答應不走了。談完之後，毛澤東送蕭軍到階下說：「你所說的全是對的，這不是一個人的事了，這不是一般的問題，我要和洛普同志談談，此後也叫喬木同志經常到你們那裏聯繫，一定要改變。」（蕭軍《人與人間》347頁）蕭軍認為這次談話起到了一些作用：「盡情地說了自己要說的話，也代別人打通了一條路」，同時蕭軍也覺得毛澤東對一些事特別是文藝方面的事情是隔閡的，他回家以後立刻把手裏現有的一些有關文藝界的材料整理出來寄給毛澤東，供他參考。

8月2日，毛澤東致信蕭軍邀請蕭軍再作一次長談。8月10日晚上，蕭軍去拜訪毛澤東，再次和毛澤東進行了長談。「這次談話比第一次更透徹些和隨便些」，蕭軍建議毛澤東去看望一下新來延安的作家們，毛澤東則勸蕭軍鬥爭應該和緩些。次日傍晚，毛澤東從

楊家嶺住所來到楊家溝半山腰的「文抗」看望作家們，和蕭軍、艾青等作家長談，瞭解文藝界的情況，因為舒群、羅烽等一些作家碰巧不在，毛澤東在12日早上又來信邀請這些作家攜家人當天中午到他家中座談並共進午餐。毛澤東和這些作家暢談了關於文藝和文藝界的許多問題，中共中央組織部部長陳雲，宣傳部部長凱豐也參加了座談。蕭軍在當天的日記中記下了這次談話的主要內容：

綜括這次所談的：

1. 對於叛徒以及不被理解的人，採取盡可能寬大政策，使每人有理解機會。陳雲提議成立特別調查委員會，拼半月時間會同各機關作些工作，毛尤其主張要切實。

2. 由我們訴說了高陽、杜矢甲、張仃、陳布文等的經過和被迫害等事實。

3. 由我提議：制定文藝政策，建立文藝出版所，出版文藝刊物，以至民意的日報，造成輿論。成立革命史料採集會。

4. 將來文化機關黨可參加，黨外人士旁聽。……

總之，這是個有意義的鬥爭，也可說是勝利的鬥爭，因此將要有多少被冤屈的人得以申訴，增加革命力量，校正革命路上的偏差，這將對於中國人民是有利的。（蕭軍《人與人間》354頁）

8月29日下午，蕭軍再次拜訪毛澤東談論文藝界的事情，蕭軍在當天的日記中記載了談話的主要內容：

和毛及喬木談了一些過去左翼作家對其他作家聯絡、幫助、教育、學習不夠等，以及爭取一些自由主義作家如朱光潛、

顧頡剛等。也談了中國的文藝政策，毛說他對於這方面不明白，最後由大家提出討論，而後再決定。他也告訴我，對於延安作風要做一番改變，黨已經做好了決定，對於過去的不正的黨風要給以教育和糾正，如「關門主義」「主觀主義」等。過去他們本有這樣的打算，因條件未成熟，如今經過我們提出，於是決定了，這對於整個中國革命前途關係是很大的。（蕭軍《人與人間》355頁）

這次關於文藝問題的談話也是蕭軍和毛澤東、胡喬木這三個「延安文藝座談會」上的主角首次關於文藝問題的對話。從談話內容中可以看出，毛澤東及中共中央不僅決定開展整風運動，而且決定接受蕭軍等作家的建議制定一個中國共產黨關於文藝的政策。

在1941年年底，蕭軍又特別總結了自己在這一年中的工作，他在12月31日的日記中寫道：

①編八期《文藝月報》，編魯迅研究叢刊，阿Q論集兩冊。
②《烏蘇里江底西岸》寫完，寫答辯文，雜文近十幾篇。
③教課數次，代看稿近三十篇。
④讀書近五十冊。大部關於歷史方面。
⑤日記逐日照寫。
⑥計畫現實新文抗底建立，俱樂部籌款，參加省議會二十天。
⑦和毛澤東談話近六七次，討論黨內外關係，接著組織部就開始調（查）等工作，此影響甚大，改正了黨內一些上下不通以及官僚主義作風。有多少被懷疑的人被理解了。我自問這是我很重要的工作之一。
⑧自《文藝月報》出版後，經過我的幾篇文章，開展了真切

的批評作風，「輕騎隊」這社會批判壁報，就是在我的影響下發展起來的。接著也引起了《解放日報》底改變，反主觀主義各種論文，接著產出了近乎五種文藝刊物。

⑨在參議會我提出了「小鬼學校」等提案，並作了一次重要的演講，和一次關於法律上的辯駁。

⑩我打擊了周揚，立波，何其芳，雪葦等關門主義的作風和過「左」的作風。

（蕭軍《人與人間》359頁）

　　從上述文字來看，蕭軍對於自己一年來的工作還是比較滿意的，尤其看重自己通過和毛澤東談話來影響毛澤東的決策所產生的良好效果。

　　1942年2月，毛澤東在中央黨校開學典禮上作了題為《整頓黨的作風》的報告，在中央宣傳部幹部會議上作了《反對黨八股》的報告，正式開展了整風運動。2月8日，蕭軍聆聽了毛澤東《反對黨八股》的報告，他覺得毛澤東「是很好的一個中學教師，有一種能溶解別人感情的能力……如果說他是領導者，還莫如說是教育者。」（蕭軍《人與人間》363頁）次日晚上，蕭軍拜訪毛澤東，毛澤東向蕭軍談到了自己在黨內受到11次處分的情況，蕭軍在2月10日的日記中寫道：「今天談話是很暢快也很深入，使我對於他的長處和短處以及非凡的忍耐力感到欽佩。我應該從他這裏學得寬厚和忍耐。」這次談話也促使蕭軍決定要用文章為毛澤東鳴不平。

　　在此前後，蕭軍一直在為毛澤東搜集文藝方面的資料。4月4日，毛澤東致信蕭軍特地感謝他提供的資料。蕭軍收到信後就帶著當日寫成的《論同志之「愛」與「耐」》一文去找毛澤東審讀，毛澤東建議刪去文中引用的他的一段話（並在4月8日電話指示《解放

日報》發表此文時刪去了文中出現的毛澤東的名字）。毛澤東在談話中希望蕭軍能入黨當官，但被蕭軍婉拒了。

蕭軍雖然積極為毛澤東搜集了許多文藝界的資料，但是卻擔心在文藝座談會上會和某些人發生爭論，所以他在延安文藝座談會即將召開前夕，打算去延安附近各縣旅行以避開這次會議。當他請毛澤東為他向當地駐軍首長王震要一張通行證時，毛澤東在4月7日寫信給蕭軍，請他推遲出行，「以便商量一個重要問題」。蕭軍在當天的日記中寫道：「我懂得了這大概是日間博古所談那軍人方面不高興文藝作家寫部隊黑暗方面的事。我本不想參加這類事，自己旅行去算了，可是這又不可能，還得參加，一些文人是要吃虧的，而且有些問題也不會得到解決。」蕭軍覺得有責任用文學和藝術影響他們，於是就去拜訪毛澤東，在談話中，「毛說最近他感到這文藝政策等重要，也開始留心這些問題，也要懂得些。他提出三個文藝上的問題：①內容與形式。②作家的態度。③作家與一般人關係。再就是新雜文問題。」毛澤東在談話中決定：「先個別開座談會，而後開一總座談會」。（蕭軍《人與人間》369－370頁）

4月13日，毛澤東致信蕭軍，請他就4月7日所談的關於文藝方針諸問題搜集反面意見，並請他將反面意見儘快回饋。蕭軍把《文藝月報》訂成一份寄給毛澤東，供他召開文藝座談會參考，並再次提出要去延安附近旅行。毛澤東在4月24日上午致信蕭軍，表示「準備本在本週六開會……會前我還想同你談一下」，並派馬來接蕭軍。蕭軍在4月27日的日記中記載了這次談話的情景：「起始是談了一些開會的程式和辦法，接著我談了過去一般不注意文化人的現象，他臉色不很好看，我們沉默了一刻。在談到艾青、丁玲的近況之後，接著是任意而談：……③整頓三風為什麼要採用這個時機，新老幹部關係，作家與非作家的關係。④延安的讀者層，他希

望寫一個落後份子轉變的過程……」蕭軍對這次會談的效果很滿意，不僅接受了毛澤東的挽留，而且自我感覺對毛澤東的瞭解也更深入了：「我是盡情談，他也盡情談」，「人只有認真切實的接觸，才能感到、看到一切。接近本質啊！」（蕭軍《人與人間》371頁）

二、在「延安文藝座談會」第一次會議上的論爭

1942年5月2日下午，「延安文藝座談會」在楊家嶺中央辦公廳樓下的會議室舉行。毛澤東根據文藝工作本身的任務和延安文藝界的狀況，提出了立場、態度、工作對象、轉變思想感情、學習馬列主義和學習社會等問題，要大家討論。

蕭軍對這次會議的召開也抱有一定的期待，他在5月2日的日記中寫道：「（召開文藝座談會）這還是延安從沒有過的舉動，這也是自己這兩年來，間接直接工作出來的結果，我可以如此說」。在毛澤東講完之後，蕭軍第一個發言，他在當天的日記中記下了自己發言的主要內容：

> 由毛澤東報告了邊區現在危險的政治環境，國際的環境，接著他提出了六個文藝問題，我第一個起立發言，約四十分鐘。對於每個問題，我給了自己的說明，同時也闡明瞭政治、軍事，文化應該如何彼此接近和理解。
>
> 六個問題是：①立場。②態度。③對象。④材料（寫什麼）。⑤如何搜集材料（和各方接近）。⑥學習。
>
> 我補充的問題：①作家與外界的關係。②作家對內界的關係。③作家對自己行藝術的關係。④作家對作家A革命的，B非革命的，C自由主義的。

我的講話和平時一般，引起普遍注意凝神和歡騰。我的
精神和語言始終是控制著他們。

　　……

　　大致次序：①引證了列寧關於「笑」的那句話。②自己
參加這會的感想。③自己對於文藝和一般事物看法的標準。
④對毛澤東問題的意見。⑤自己提出的意見。⑥引羅丹語：
「在沒做美術家之前，一定要先堂堂的作一個人。（蕭軍
《人與人間》373頁）

　　蕭軍的發言遭到胡喬木的批駁。據劉白羽回憶（《延安文藝座
談會的前前後後》，《解放軍報》2002年5月17日），蕭軍的發言
引發胡喬木反駁的主要是這樣一句話：蕭軍說，作家要有創作「自
由」，作家是「獨立」的，魯迅在廣州就不受哪一個黨哪一個組織
的指揮。蕭軍話音未落，坐在他旁邊的胡喬木就大吼一聲「我要發
言！」站起來反駁說，「文藝界需要有組織，魯迅當年沒受到組織
的領導是不足（按，據蕭軍回憶，『不足』應是『錯誤』），不是
他的光榮。歸根到底，是黨要不要領導文藝，能不能領導文藝的問
題。」蕭軍毫不示弱，馬上給以回擊。胡喬木照顧大局沒有再反
駁。毛澤東聽了胡喬木的發言很高興，會後就讓胡喬木到他那裏吃
飯，說是「祝賀開展了鬥爭」。這不僅僅是作為魯迅文藝思想的精
神傳人的蕭軍與作為毛澤東文藝思想的代言人的胡喬木在延安的第
一次正面衝突，而且在某種程度上也是魯迅文藝思想和毛澤東文藝
思想的第一次交鋒。另外，這次衝突在某種程度上也帶有「兩個口
號論爭」所遺留下來的一些宗派色彩。

　　在這次會議之後，蕭軍感到「最近政治環境很險惡」，因此在
5月4日致信毛澤東告訴他自己準備在10日出發旅行，毛澤東在5日

復信同意蕭軍的請求。但是，蕭軍在夫人王德芬的勸說下又決定留下來開完會之後再出發。5月7日，蕭軍把自己對自己在座談會上的發言整理成《對當前文藝運動諸問題底我見》一文，準備送給《穀雨》雜誌發表，並抄了一份送給毛澤東作參考。蕭軍在這篇文章中增加了8條建議：

1、可能時建立一個獨立的文藝出版社。按計劃出版文藝作品，代售一般文藝用品。

2、對文藝青年、新作家等文藝上的才能、創作的前途……應給以切實注意與幫助。

3、較大數目籌設一筆文藝獎金和基金。

4、建立文藝資料館、收集革命故事，民間故事等。

5、建立正確的、馬列主義的文藝批評作風，可能時出一種批評刊物。由較公允的人來主持。

6、由黨或行政方面對各方加以解釋，使知道：作家的任務，他們對革命的用處，他們的特殊性。

7、對延安以外各黨派作家應取得聯繫，向他們解釋邊區的政策，影響他們走向革命的路。批評的時候：立場要堅定，但盡可能要公正，所謂「名正言順」堂堂作戰。多下說服工夫，少用打擊力量。要爭取「第三者」。

8、可能時應制定一種《文藝政策》，大致規定共產黨目前文藝方向，以及和其他黨派作家的明確關係。

雖然蕭軍對於延安文藝問題的上述意見都是很好的，並且也是可行的，但是這些建議與設想不僅不太適合延安正在進行的整風運動，而且也不符合毛澤東決定用整風的方式來制定黨的文藝政策從

而徹底解決延安及各根據地文藝問題的思路，因而也不會受到重視。

三、在延安文藝座談會第三次會議上的論爭

5月23日召開了第三次會議，蕭軍在毛澤東作「結論」之前又作了一次發言，重點闡述自己關於延安文藝界現存問題的觀點和態度，並為自己在第一次會議上的發言的觀點辯護。因為此前蕭軍發言的主要內容很少為人所知，所以全文轉錄蕭軍在5月25日的日記中所記載的這次發言的主要內容：

> 二十二日（按：應為二十三日）早十時在楊家嶺開第三次文藝座談會，到的人比前兩次多。我於做結論前又發了一次言，這是按著我的綱領發言的，主要我提出：
>
> （一）①我願意學一個黨員那樣守紀律的品質。（為了他們發言不遵守規定時間）②對於三次座談會的願望：A，勿徒任空言。B，對自己領袖言語要以行為證實。C，改正無紀律性，八股作風，誇誇其談，言之無物主觀主義不管別人，言不對題等作風。③對何其芳所提的懺悔解釋：A，我過去沒有，將來沒有，現在也沒有懺悔，因為我沒有意識墮落過。要有一種有內容的懺悔，不然就是抒情的遊戲，或者騙子的謊言。B，懺悔本身並無多大價值。在沒提出整頓三風以前，一些懺悔的人是否思考過這些問題，假使將來再整頓六風時，或在這中間有人指出是否肯承認。人是思考動物，黨員要有自發性。
>
> （二）關於王實味的問題：A，我仍然承認他主觀上是站在革命立場上，根據是他是個黨員。何氏否認他主觀

的立場是不對的。Ｂ，對於王實味批評的態度是不對的。究竟對他是同志還是敵人。

（三）蕭三那是一種阿Ｑ式的一般批評法。

（四）文學上批評問題：Ａ，對於自己只有認真批評才有接近和團結。Ｂ，有談論才有瞭解和通心。

（五）黨員作家與非黨員作家：Ａ，作家應以作品，黨員應以身份，兩況要個別看。Ｂ，一切言語應以行為來證明。Ｃ，要團結必須真誠坦白。工作時講朋友，攻擊時講黨性是不中的。沒有半斤換不來八兩。

（六）我的態度：Ａ，任何人全可以和我相交。Ｂ，為真理而工作，不懼一切讕言（首長路線，借錢等等）。Ｃ，我是自負的，願意和任何人競賽。Ｄ，欠共產黨的錢我將來一定還補，只要我不死，不病，不窮困到連飯也吃不上。Ｅ，我不想仗著過去歷史來這裏混飯吃，我工作。Ｆ，除開對真理和我所尊敬的人而外，我沒有謙卑。……

蕭軍的發言又遭到胡喬木的批駁，關於胡喬木這次批駁蕭軍的言論很少為人所知，不過從蕭軍日記的記載中可以瞭解到大致內容：

接著，喬木帶著陰險的成分Ａ，他說我把共產黨員全看成木瓜。（他想要利用多數黨員反對我）Ｂ，對於王實味，思想錯誤也就是敵人。Ｃ，他們要執行規矩，Ｄ，他請我放心，他們黨決不會再整頓六風等等。他的態度很惡劣。事後一般黨內人對他印象很不好，他並且說魯迅是「轉變」不是「發

展」。（這一點我預備和他辯論）

雖然和胡喬木再次發生了爭執，不過蕭軍還是對自己的觀點自我評價較好：

> 我這一次也算一個挑戰，知道知道別人的力量，也知道知道自己的力量，我於這些操馬克思主義槍法的人群中，也還是自由殺入殺出，真理是在我這面。
>
> 我如此做是別人不敢做的。對於我自己是傷害的，對於真理是有用的。」

另外，蕭軍對這次座談會的總體評價也是較高的，他在當天的日記中寫道：

> 夜間由毛澤東做結論……這是一個值得歡喜的結論。他約言他要對文藝作更進一步的研究，我盼望他這樣。他是個領導教育的人物，但深刻浸漱力不夠，他先做到了寬而不夠深。
> （蕭軍《人與人間》376－377頁）

5月25日，蕭軍在晚飯後去拜訪毛澤東，適逢毛澤東已經睡覺，所以就把寫好的一封信留給毛澤東，希望毛澤東批准他離開延安去綏德。

四、在「延安文藝座談會」會後的論爭

魯迅思想是「發展」還是「轉變」問題從1928年以來就一直是個有爭議的問題。一些「右翼」人士攻擊魯迅在1927年的思想變化

是「投降」了革命，一些與魯迅論戰過的「左翼」人士也以魯迅轉向革命來證明他們在此前攻擊魯迅的正確性，另外一些熱愛魯迅的人士則強調指出魯迅思想的前後一貫性。例如，許廣平、王任叔等人參加的「魯迅思想座談會」就專門討論這一問題，會後發表了由李平心整理、署名為「魯座」《思想家魯迅》一文，該文指出：

> 由於大革命失敗的教訓，使他由進化論進一步走向史的唯物論。由人道主義走向社會主義，由反對壓制個性發展的個性主義走向爭取大眾解放的集團主義，由「為人生」的啟蒙主義走向改革世界的國際主義，這是一個「飛躍」，然而這「飛躍」絕不是偶然的。……但是把魯迅思想的發展做了一度考察之後，立刻可以看出在他的前期思想和後期思想之間，並沒有橫著一道鴻溝，他的思想始終是有它的一貫性和統一性的，個性主義和集體主義，人道主義和社會主義，進化論和歷史唯物論在他的思想發展歷程中可以表示不同的階段，然而他們並非前後脫節的。理由非常簡單，魯迅思想的發展諸階段只是中國民主革命和民族解放鬥爭的發展諸階段之反應。如果中國革命運動的發展階段有它的前後連續性，那麼魯迅思想發展的諸階段當然也有他的前後連續性，作為連貫他前後思想發展的主要脊髓骨的，就是他始終抱定的現實主義。（當然。我們同時不能否認魯迅思想前後的差異性，正如不能否認中國革命各階段的差異性一樣，因為沒有差異性，就談不到發展。差異性與連續性是對立而統一的。）因此，如果有人根據膚淺的機械的觀察，斷定魯迅前期的思想是落伍的，陳腐的，唯我的，虛無的，改良主義的，後期的思想才是前進的，革新的，利他的，現實的，革

命的，那不僅根本不懂魯迅的思想，而且是對於他的莫大的侮辱。（《公論叢書》第三輯，1938年11月10日出版）

因此，魯迅前後期思想是「轉變」還是「發展」的問題是一個涉及到魯迅一生評價的重要問題。為了捍衛魯迅，蕭軍在開完文藝座談會的次日就寫信給胡喬木，希望與他辯論一下魯迅思想究竟是「轉變」還是「發展」的問題。

> 喬木同志：
>
> 　關於魯迅先生底「發展」與「轉變」說，各有主張。我是主張前者，昨聽您所主張係後者，於此事甚盼有一明確認識，如不棄，請直接賜教，或撰文刊於解放日報，還有如此思想非我一人而已。專此敬祝近好。
>
> 蕭軍
5、23（按，應為24日）

5月25日，胡喬木找到蕭軍進行了一次長談。兩人就魯迅思想是「發展」還是「轉變」問題以及雙方在座談會上發言中過於激烈的言辭坦率地交換了意見，但是蕭軍仍然沒有說服胡喬木。

蕭軍在1942年5月26日日記中詳細地記載了兩人的談話內容：

> 　下午喬木來，和他談魯迅究竟是「發展」還是「轉變」問題：「從魯迅的思想過程說，他是由進化論走到唯物辯證論；從政治主張，他是由積極的民主主義走向共產主義；從方法（做人，做事，寫作）他一直是把握著現實主義。進化論是否和辯證唯物論絕對不同？他的民主政治並不是資產階

級民主政治；他的現實主義手法是一種科學……這究竟是發展還是轉變？在外面，有些人想割斷魯迅前面的歷史，故意如此說，我們這裏也要如此做麼？固然，在發展了是包含著轉變，但從積極意義上說『轉』是方向不同；『變』是質不同……如果按你所說『轉變』是那樣解釋，那麼毛澤東也是個轉變，馬克思，列寧全是個轉變……整個世界，中國，歷史……全市轉變……論斷一件事總不能脫離開條件和範疇……尤其對於魯迅……如你所說，他自己口頭上承認過，這不是為憑的。比方毛澤東說自己是十成的官僚主義者，半通的馬克思主義者，你能承認這話麼？無論他們個人如何說——謙虛，客氣，誇張，反面，自負——但我們卻只能作為一個材料來採取它……主要還是看他實踐的全程。如你所說，魯迅有悲觀有失望……不錯，但這只是他感情上的偶然的東西……事實他是一步不曾放鬆過走著革命的路的，究竟你還是以行為為主，還是以偶然的言論為主？」

經過我的駁詰，他承認，魯迅在大的方向是發展，在過程某階段是「轉變」。他補充說那天也只指的是一段，事實他說的是全程。他不願在報紙上論爭。

另外，蕭軍還就胡喬木發言中攻擊自己的一些言論進行了反駁，並對胡喬木的態度表示不滿。

關於那天座談會上他說我是侮辱共產黨，他是回答的問題。我說：「你也總會相信，我並沒把共產黨看成我以外，大約共產黨也沒把我看成以外，所以我才那樣不武裝的發言……但從你這裏我卻學到了一種教訓，就是對任何人也不

要脫下自己的掩心甲……你把問題提到原則上去，而對我是採取敵視的──我把日記中記得的事讀給他聽了──你說侮辱了『共產黨』，我記得我在說這話之前我說過這樣的話：『今天到會的不是靈魂工程師，也是半工程師』，這顯然我是對『靈魂工程師』而發的。而且我說那『六風』的話時，也還是笑著用假設說的……」

　　他不同意我的「竟取第一」那說法，我給他解釋了一番，當然他還是認為他那天理由對。在他講話時，總是斷章取義，故意歪曲，我只能像對一個蝦蟆似的捏緊它的肚子，它不得不按照我的意志gaga叫！這是他們一般的黨員的通病，不肯爽朗承認自己的錯誤，總是盡可能抵賴，狡辯，掩護自己，無誠意……我非常憎惡這品質，因此對他們的論爭，我就決不容情，而且此後更要不容情。

　5月26日，蕭軍收到毛澤東的來信，同意等王震回到延安之後為他辦理到綏德的通行證。29日，蕭軍在晚飯後去拜訪毛澤東，並帶給毛澤東幾本自己最近看的書和一封信。蕭軍在信中說：

澤東同志：

　　昨天在我們這貧乏的圖書館裏，撿出幾本舊書讀讀，其中有幾篇文章，雖然過時，如今讀了還有趣味。願介紹給您如有暇可讀讀，而後還我。

　　列寧論高爾基。

　　高爾基論列寧。（高爾基創作四十周年紀念論文集）

　　一個叛逆者的畫像（突擊隊）此篇您也許讀過了。這是關於您自己的，我覺得有些地方寫得很好，特徵捉得很近

似，不知您覺得怎樣？我已經把用紅筆劃過的地方，順便抄下來了，甚願於我離開延安之前，和您談談。

魯迅的日常生活。（魯迅的創作方法及其他）

魯迅與尼采。

關於魯迅與尼采一文，願您讀完或先給喬木同志看看。因為此中關於魯迅底「發展」或「轉變」問題，比我同他解釋得清楚的多。專此祝好

蕭軍

一九四二、五月廿九日

蕭軍在當天的日記中道出了自己送書給毛澤東的目的：「我們要互相教育，互相影響，互相幫助，這裏面毫沒有不潔的動機，我希望他能夠更深地理解文藝，理解魯迅先生，這對於革命，他自己，文藝本身全有好處。人對於應該做的事一定要勇敢地去做，決不該為了一些平庸的顧慮而失去了時機。」（蕭軍《人與人間》380頁）蕭軍這樣做還因為他自信能對毛澤東產生一點影響，「每一次我們主要談到魯迅，我應該像一個使徒那樣傳佈先生的影響。」（蕭軍《人與人間》364頁）例如蕭軍在1941年年底總結自己在這一年中的工作時特別在12月31日的日記中寫道：「⑦和毛澤東談話近六七次，討論黨內外關係，接著組織部就開始調（查）等工作，此影響甚大，改正了黨內一些上下不通以及官僚主義作風。有多少被懷疑的人被理解了。我自問這是我很重要的工作之一」。（蕭軍《人與人間》359頁）但是，時過境遷，在整風運動的背景下，在中共中央急需統一延安文藝界思想的大環境下，蕭軍想憑自己和毛澤東的「半賓半友」的關係來影響毛澤東在延安文藝座談會上已經傳達出的自己的也是黨的文藝思想已經是不太可能的。

同日，蕭軍給胡喬木發去了第二封信，希望胡喬木能認真的讀一下《魯迅與尼采》一文，從而可以更好、更準確地理解魯迅的思想。

喬木同志：

書同報刊七本奉上　謝謝。

魯迅與尼采一文，有暇時甚願您一讀，那裏面對魯迅先生底「發展」與「轉變」說得較好，這對我們理解魯迅先生甚有幫助。

專此敬祝近好

蕭軍

5、29

6月10日，蕭軍收到了胡喬木寄來的雜誌和一封信，據蕭軍夫人王德芬女士回憶，胡喬木在這封信中闡述了自己經過思考後的觀點，信中有兩處毛澤東用鉛筆修改的痕跡。從中可以看出這封信是經過毛澤東修改過的，在很大程度上也代表了毛澤東的觀點。雖然這封信在「文革」中散失，但是從蕭軍在收信後當天所寫的回信中也可以看出胡喬木此信的一些內容。

給喬木關於魯迅思想問題：

喬木同志：

雜誌及信均收到，謝謝。我寄給毛主席的書，如他無功夫讀或不準備讀時，您可寄我。如還想讀，遲些日子交還倒不要緊，因為這類書文抗還無人等待看。您寄來的雜誌，三四日內即當寄上。

關於魯迅先生的一些看法，在根本上，我看我們是沒有

什麼不同的地方，您所要證明的，只是在他發展的全程中，是有著轉變的（在他前期）；我所要證明的，在今天有些人企圖割斷魯迅先生前期革命的歷史，而名之曰「轉變」，因此我不同意那說法。至於前次我們面談時，如您所說「在他前期部分上是轉變，全程看來是發展」一般我是同意這解說，但在一般轉理上，我是主張「發展」而非「轉變」的。因為前者和後者雖然是「顯然有質的不同了」。但這不同就他個人說，不是絕對的不同，無庸他思想上，所屬階級成分上不是一貫無產階級的，但從他一貫實踐的過程、主張等來觀察，他是全程革命的。因為從那時到現在中國的資產階級它本身在某種程度上，也還是革命的。至於大部小資產階級幾乎和革命中的工農大眾結了血緣，這也因為中國社會特殊性的緣故。從此意義來說，恐怕凡參加無產階級革命的小資產階級全要在客觀上經過這「轉變」吧？即使是原屬工農大眾，因為受了封建社會和資本主義社會的影響，在真正接受無產階級革命觀點上來說，恐怕也應該是一個「轉變」吧？但是我們今天是怎樣稱讚我們的隊伍呢？據我的看法，魯迅先生是很少有過積極地、主觀地支持過中國資產階級退步一面的，雖然您曾說「這就是說，由這一階級轉到那一階級，」關於這封未發表的信，我看卻是他對於那時的政治某一面一種否定。受信的人我不很清楚，是否便於說出自己真正的意見？寫信的時日又在一九二〇，那時俄國革命正在世界不明真相中，中國的正式共產黨也沒成立，無疑的魯迅先生對於中國的真正前路也還不能夠確定和清楚，這也是當然的。以下簡單寫些意見：

1、魯迅先生接受無產階級的革命觀點，是「漸進」的，不

是一下子。與其說先由觀念中，莫如說先由行動中。如洛蝕文所說，他是由於「他的進步的現實主義的精神⋯⋯」。

2、魯迅先生前期的：政治上是積極的民主主義者，思想上主要是進化論者（進化論是辨證唯物論的一個側面）；方法上是接近科學的現實主義者（處事和創作）。

3、尼采思想對於先生是否有影響，我同意您的意見，是有的。一種思想地產出（不管好壞）總有它現實的基礎，尼采底時代和先生底時代幾乎是一半同時的（尼采生歿於1844－1900；先生生歿於1881－1936）即使他主觀上不接近（何況先生還譯過尼采的作品）客觀上也一定要多少存在一些的，因為人究竟是歷史和環境的產物。不過，關於魯迅先生和尼采關係，在讀過洛蝕文那篇文章以後，我在自己的日記上曾寫下這樣幾點：

一、魯迅與尼采僅是在歷史上某階段一剎那的相遇，馬上就各自走向了自己的方向——向上的，墮落的。

二、尼采是以種族鬥爭替代階級鬥爭的。他所說的人性是「靜」的，站在德國的與封建勢力結托的資產階級上，代表大地主極端反動的貴族主義的，走向「破滅」的一閃的磷光。魯迅先生卻與他相反。

三、進化論是辨證唯物論統一中一個側面：前者在說明自然法則；後者並說明社會進化法則的特殊性全部。

以上是我淺浮的，粗糙的⋯⋯對於魯迅先生一點理解，也許有謬乖的地方，至希指正。

此祝　好

蕭軍

（1942年）六月十日

蕭軍在信中再次重申自己在5月25日和胡喬木辯論時所強調的魯迅思想是「發展」而不是「轉向」的觀點，並對胡喬木所引用的魯迅在1920年5月4日致自己的學生宋崇義的信中的觀點進行了解釋。胡喬木所引用的魯迅文字已不可知具體是哪一段，不過通觀魯迅的這封書信，無非是對當時的一些所謂新思潮（包括信中所說的「俄國新思潮」即蘇聯的社會主義）表示失望，例如：「要而言之，舊狀無以維持，殆無可疑；而其轉變也，既非官吏所希望之現狀，亦非新學家所鼓吹之新式：但有一塌糊塗而已。」因此用這封信來證明魯迅後期的「左翼」思想與早期的悲觀思想相比是發生了「轉向」，這無疑是斷章取義，無視魯迅思想發展的一貫性和階段性，是有悖馬列主義的唯物史觀的。

　　胡喬木就此信是如何回應的，目前還沒有發現相關資料。隨後，延安文藝界發起了批判王實味的運動，蕭軍也被捲入到這場運動當中，這次「魯門小弟子」蕭軍和毛澤東文化秘書胡喬木之間在延安發生的關於魯迅思想評價問題的論爭就不了了之了。不過，這次論爭卻在很大程度上影響了兩個人此後的命運。

　　在延安文藝座談會之後，蕭軍因為在會議上的發言而受到了毛澤東的冷落，不僅他和毛澤東的來往也越來越少，而且他所推崇的魯迅精神也在本次會議之後被毛澤東邊緣化，延安曾經一度很熱烈的紀念魯迅的活動也逐漸消失。胡喬木卻因為在這次會議上猛烈抨擊蕭軍的發言而受到了毛澤東的嘉許，他執筆整理的毛澤東在延安文藝座談會上的講話稿比較準確地傳達了毛澤東的意思，這篇《講話》也很快就成了各根據地的文藝指導思想。

　　另外，在延安文藝座談會之後，蕭軍雖然多次受到政治批判和迫害，但他仍然堅定地弘揚魯迅精神，而胡喬木卻逐漸在政壇上崛起，成為毛澤東文藝思想的代言人和中共文藝領域的主要領導人，

但是，他在80年代對於《講話》又作了反思，贊成郭沫若對《講話》作出的「有經有權」的評價。1981年，《文藝報》編輯請蕭軍根據胡喬木剛在《紅旗》雜誌上發表的《當前思想戰線的若干問題》一文寫點感想。蕭軍把喬木的文章反復閱讀之後，寫了一篇題為《一瓣「新」香》的文章，其中寫道：「我覺得這篇文章是有著痛定思痛，語重心長」。1982年，胡喬木在讀到蕭軍的這篇文章之後致信蕭軍，向蕭軍表示感謝，並對他過去曾多次傷害過蕭軍而蕭軍卻不予計較，仍以坦誠相待而深感歉疚。

（本文的撰寫得到蕭軍先生的女兒蕭玉女士的大力支持，特此致謝）

許廣平關於魯迅的一則佚文考論

　　孫伏園先生在編輯《京報副刊》期間曾策劃組織過一次評選當時「社會十大柱石」的活動，吸引了廣大讀者的踴躍參與。該刊404號（1926年2月3日）第6版刊登了「瞧瞧他們為什麼選這班人（三）」的系列選票，其中第234票是署名「景宋」的女士所選，全文如下：

　　一、汪精衛，

　　二、蔣介石（他的黨軍制可救國的），

　　三、吳稚暉（白頭少年英氣勃勃），

　　四、魯迅（思想革命的導師），

　　五、李石曾，

　　六、李大釗，

　　七、馮玉祥（北方軍人中比較可合作的，但還要看他以後的態度是否接近民眾意旨做去，不過可希望的人就是了），

　　八、蔡松坡，

　　九、孫文，

　　十、郭松齡。

（蔡孫郭三先生先後死去，可以算是國殤。雖然蔡郭二先生之死未必便棟折樑摧，但是這路人總不可多得。因為湊足十人之數並寫出以作我個人心目中柱石之代表之楷模耳。）

附言：我是普通的一個大學生。我還沒有投入任何黨。但是，女師大變了臭毛廁之後，我因此得以認清各式各樣的人物的態度。回頭看中國柱石所寫的人，在某一方面色彩甚濃，管他那些，索性暫時推許以上各人吧。

景宋選於女師大。

通讀全文，可以斷定此「景宋」即是許廣平女士無疑。以筆者陋見，此文不曾收錄於許女士的各種集子之中，如海嬰先生編的《許廣平文集》、陳漱渝、劉麗華兩先生所編的《許廣平》等均未收此文；也不見收於張夢陽先生所編《魯迅研究學術論著資料匯編（1913－1936）》之中。張先生所編的六卷本巨著事無巨細地收羅了有關魯迅的各種文字，其中就包括了評選「社會十大柱石」活動中提到魯迅的兩張選票：張申府的《終於投一票》和朱嶽峙的第619號選票。由此可以認定此文是許廣平女士的一則佚文。

這則佚文雖短卻具有重要的學術價值：首先，此文為研究許廣平女士與魯迅先生之間的交往提供了一則重要史料。從許廣平女士在選票中給魯迅先生冠以「思想革命的導師」這一稱號可以看出魯迅先生在許廣平女士心目中佔有何等重要地位。這張選票中所提到的十大社會柱石，除魯迅先生外，似乎只有李大釗先生（共產主義者）、吳稚暉先生、李石曾先生（兩者均是著名的無政府主義者。其中李石曾曾在1915年在法國與汪精衛、陳璧君、蔡元培發起組織「世界社」，宣傳無政府主義。在此之前，汪精衛、李石曾、吳稚

暉等無政府主義者在1912年於國內組織「進德會」，標榜「六不主義」，以示清高。而吳稚暉不僅是著名的無政府主義者，還是「一位著名的科學宣傳家」，1923年以《一個新信仰的宇宙觀及人生觀》為科學與玄學論戰鐵錘定音）在思想領域有較重要影響，但這些人在許廣平女士的評價中均不及魯迅先生，只有魯迅先生可以稱得起「思想革命的導師」的稱號。

其次，此文為研究許廣平女士當時的思想提供了重要文本。如「附言」所記，在「女師大變了臭毛廁之後」，許女士「得以認清各式各樣的人物的態度」，其思想也隨之發生了變化，這張選票上「某一方面色彩甚濃」就是她當時思想狀況的鮮明體現。從選票中可以看出這「某一方面色彩」應指政治色彩，再具體一點說，就是指反對軍閥專制的革命色彩。汪精衛、蔣介石、吳稚暉、魯迅、李石曾、李大釗、馮玉祥，再加上當時已經去世的孫文、蔡松坡（蔡鍔）、郭松齡三位，這十個人的共同之處大約就是反對北洋軍閥專政了。許廣平女士選擇這十個人（包括三名死者）為心目中的十大社會柱石無疑寄託了其反對軍閥專制的思想。筆者未曾見到全都選票，但就所見到的選票而言，這一張的確政治色彩頗濃，充分體出了許廣平女士在思想上的特異之處。

再次，此文也體現了許廣平女士眼光的敏銳。許女士指出蔣介石的「黨軍制是可救國的」，後來果被其言中，當然，蔣介石黨軍制所救的是中華民國。至於許女士對馮玉祥的評價就更有先見之明了，馮玉祥是「北方軍人中比較可合作的，但還要看他以後的態度是否接近民眾意旨做去，不過可希望的人就是了」。馮玉祥先生作為北方軍閥的一員，但因其具有革命色彩而被許女士視作「比較可合作的」，但還要「看他以後的態度是否接近民眾意旨做去」。馮玉祥先生後來在抗戰中終於「接近民眾意旨」，投身抗戰，後衝破

阻力試圖回國，都說明了他是許廣平女士所寄予「希望」的人。

　　總而言之，這則佚文對研究許廣平女士的思想具有重要參考價值。

寫在魯迅著作版本的邊上
——略談幾則題跋

　　魯迅博物館在50年代建館之初為充實館藏曾徵集過魯迅先生的著作和遺物，各界人士紛紛響應，捐獻了大量有價值的著作和文物。筆者近期在整理魯迅博物館館藏的魯迅著作版本時，注意到這些版本的扉頁或最後一頁常有一些題字或留言，留言者有名人，也有廣大工農兵群眾，其中的一些人很可能已不在人間了，這些留言為我們留下了民間有關魯迅先生的珍貴記錄。這些著作也因此而更具有收藏價值。

一、魯迅著作版本與後人紀念

　　魯迅先生因其對中國現代文化的巨大貢獻而深受人們的景仰，所以一些讀者在向剛組建不久的魯迅博物館捐贈魯迅先生著作時便在書的扉頁題字，以表達自己對魯迅先生的熱愛之情。

　　在1926年8月北新書局出版的一本《彷徨》的扉頁上有如下題字：

　　　　萬斯年　　敬贈

　　在一本《野草》（按：版權頁已無法辨認）的扉頁有如下題字：

天津春和無線電廠段玉章同志捐贈　1964，4

在一本北新書局出版的《熱風》的扉頁有如下題字：

　　許彥中　捐（並印）

在一本《魯迅小說選集》（解放社出版，1946年1月新華書店
晉察冀分店翻印）的扉頁上有如下題字：

　　孫英（印）捐

在一本《魯迅代表作》的扉頁有如下題字：

　　1949年12月購於江蘇泰州市　張雙文（並印）
　　作為一個敬愛魯迅先生的人，本書捐贈魯迅先生博物館。

在一本《工人綏惠略夫》的扉頁有如下題字

　　孫裳持　贈

在一本《表》（袖珍本，浙江新華書店1949年9月出版）的扉
頁有如下題字

　　贈給北京魯迅博物館 紹興　趙風昌
　　56，6，13

在一本《中國小說史略》（油印本）的扉頁有如下題字

　　羅常培藏書（印）

（按：這本書存世的可能只有幾本。）
　　在一本《中國礦產志》（初版本，光緒32年4月初七日印刷）
的扉頁有如下題字

　　1950年拾月底
　　沈祖緜　（砥民）贈

（按：沈祖帛系先生是魯迅先生的朋友；另外，這本書存世的
已不多。）
　　在一本民國35年12月10日第3版出版的《吶喊》（由魯迅先生
紀念委員會編輯、魯迅全集出版社）——的扉頁有如下題字：

　　顧准　捐，黃金寶烈士遺物

這位「顧准」是否就是近期被重新評價的經濟學家的顧准尚有
待考證。至於黃金寶烈士也有待考證。
　　一些讀者還在魯迅著作中寫下了自己對魯迅和魯迅著作的評價。
　　在一本《夜記》（文化生活出版社　民國26年5月三版）的封
二有如下題字：

　　魯迅先生死後，中華民族失去了一枝鋒利的刺刀。

另外，該書的扉頁上還有如下題字：

為了麵包和自由！

這句對魯迅的評價也是讀者發自內心的。

在一本《熱風（北新書局）的扉頁有如下題字：

許彥　捐（印）

讀這本書，是我第一次明瞭魯迅的一本書，有人說魯迅也不過「刀筆吏」式的刻毒鬼，根本沒有使人佩服的地方。那我可以代他說幾句：刻薄不刻薄是沒有關係的。猶如一個人凶不凶相同，假使你是抗戰式的凶那是好的。假定是侵略式的凶那才是不對的。所以魯迅的罵「鬼」也是對的。假定是罵「人」當然是不對的。除非你自己也是「鬼」。

許力

應當說，這位「許力」先生對魯迅的評價還是很正確的。

魯迅著作出版中較為曲折的首推《拾零集》，於是一些細心的讀者談到了這本書的來歷。

在一本《拾零集》（合眾書店，民國廿三年十月出版）的扉頁有如下題字：

即為《二心集》改本，然少廿一篇及附錄一篇，計少六分之一質量。

明方

在另一本《拾零集》（合眾書店，民36年五月出版）
的扉頁有如下題字：

> 此集為《二心集》被檢查官刪剩的一些文章，書店改名為
> 《拾零集》，「但在杭州仍被沒收」。（見《且介亭雜文二
> 集·後記》）

二、魯迅著作版本與戰爭

魯迅先生的一本著作居然在抗戰時期在敵我之間兩次被作為
「戰利品」，這或許可稱的上戰爭年代的一大奇跡，這本書也因此
而彌足珍貴。

在這本《魯迅論文選集》（粉紙本，新華日報華北分館1941年
出版）的扉頁有如下題字：

> 此書為日本戰時擄獲品，八一五和平後又為中國戰勝品也。
>
> 民國卅四年九月

這本在敵後根據地極簡陋的條件下用粉紙印刷的魯迅著作，被
日寇當作戰勝八路軍的「擄獲品」搶去（或許還被作為戰利品展
覽），從中可見日寇對這本魯迅著作的重視或興趣。更為奇特的是
這本歷經戰火的書在淪入日寇之手數年後再被我軍繳獲居然還被保
存的基本完好。

三、魯迅著作版本與愛情

魯迅先生的著作還被一些青年當作傳情達意的工具。

在一本《兩地書》（上海青光書局1933年4月出版）的封二有如下題字：

　　牠是渠介紹我買的

　　內容也不錯

　　看，看了再看！以慰渠期待的衷心

萍子　　於元x　　1933年8月18日

另外扉頁還有李希梅（印）

　　從題字和印章來看，這本書也曾轉過手。最早購買該書的「萍子」小姐在題字中流露出對介紹她買這本書的那個「渠」的無限柔情，或許就是這本魯迅著作促成了他們之間的一段姻緣。至於該書如何又屬於李希梅小姐就不得而知了。

　　此外，還有一些人通過魯迅的著作表達自己對戀人的相思。在一本《二心集》（合眾書店　民國廿一年十月出版。）的扉頁有如下題字：

　　天空響著霹雷，閃電輝煌著示威。

　　是在風雨的夜裏，那兒找到一棵星！

　　呵！四外格下的雅靜，天上泛起了一朵一朵的白雲。

　　你看破曉的曦光，那時告訴快臨到早晨。

巴三於默相思中

　　蘊，我的好人……

　　陽曆年已竟（按：原文如此）到了，回首一年已逝，所餘只有苦悶而已。一年的開始，更應重新打鼓努力。鼓起興

奮，共同前進！將來我們會光明燦爛的……那只有天曉得！今與你寄上《二心集》、《西彌x靜》（按：原文已經辨認不出）兩書並我的保存十年的鉛筆小刀送給你，替我用和保存吧。你可將那舊鉛筆贈給大鵬，因為買不著那一樣類的。親愛者原（按：原文如此）你快樂和勇往直前，x（按：原文已經辨認不出）出一條黑暗界視（按：原文如此）的曙光——我自有感謝你了！

北絡　十二月廿六日聖誕贈

至於在該書題字的「巴三」與「北絡」是否就是一個人尚不得而知，也無法考證。

四、魯迅著作版本與時代變遷

魯迅先生著作的版本（主要是民國期間出版的，帶有魯迅印花的著作）大多已經歷經了半個世紀的滄桑，其中也有時代的變遷的投影。

在一本《兩地書》（上海青光書局1933年出版）扉頁的後一頁有如下題字：

1933，6，6
購自北平東安市場書社

在扉頁上有如下題字：

1943年「五月四日」晚購自西單商場與瑣感集及冰心詩選同時得，共用洋七元。

May 5th　5，5，1943

是日晚購書共用洋拾元

在中央看復活

在該書封二上有如下題字：

　　此為三三年，四三年兩度作為「商品」移手，其間相去十年。不意一九五三年6月廿二日又為我於解放後的首都鼓樓地攤遇到，相隔又十年。這廿二年來時事的變化可真不小。

　　看到四三年得此書的某君曾「在中央看《復活》」，不由得憶起了往事。那時，我不是和「要命鬼」也正看《復活》嗎。

　　解放後的書商也變得聰明起來了，他說這本書雖然舊，但也不能少要，因為它是「原版」。可是八角的標價還是少要了一角五。不管怎樣，我已不會把它再作商品了。

Xx（字跡已辨別不出）　1955，6，28

有空時記

　　從這幾段題字不僅可以看出時代的變遷，物價的變化，老北京的舊書市場的情景，還可以看出留言者對魯迅著作的珍視。這本從1933年到1953年每隔10年就換一個主人的、已經三易其主的、不會再做商品的《兩地書》後來被捐贈到魯迅博物館，可以說是它最好的歸宿了。（按：因捐獻時的記錄已經無法在魯迅博物館查到，所以捐獻者是否就是這本書的第三個主人尚不能確定。）

五、其他

　　魯迅的著作《長明燈》（三通小叢書，上海三通書局）還被一些讀者當作勸人「惜時」的媒介，大約是因為世上根本就沒有什麼「長明燈」。在一本《長明燈》的扉頁有如下題字：

琦　　惠留

　　過去的譬如昨日死

　　未來的譬如今日生

韶華留言

人生的時光流計結果只是三十五年的整天——宜珍惜！

王瑞峰

一九四四、六、二六購於廣藝

　　一些讀者還在魯迅著作中留下了自己購書的小故事。在一本《工人綏惠洛夫》（阿爾志跋綏夫著，魯迅譯，未名社1927年6月出版。）的扉頁有如下題字：

迅翁所校魏中散大夫嵇康集余珍視之，惜於昨深夜訪友途中不慎遺失，今於xx（按：已經辨認不出為何字）書鋪得此《工人綏惠洛夫》，此乃一向所關者，一得一失可謂巧矣。

劉賓　六二年元月廿3日

於候領差旅費中

劉賓（印）

有的讀者還在魯迅著作中記錄了過團組織生活的時間、地點，把魯迅著作當作了筆記本、備忘錄，或者確切地說是隨身必備的書。

在一本《兩地書》（1943年3月成都復興書局發行）的封底有如下題字：

> 每月十四日、廿八日午後二鍾鄉政府上團課；每月卅日午後
> 二時鄉政府支部大會；每週星期六午後八時組過組織生活。

六、結語

法國的年鑒學派注重從歷史細節入手研究歷史，關注細節背後的歷史意義與價值。按照這種理論，上述題跋無疑就是有關魯迅先生的「歷史細節」，從這些「歷史細節」可以看出不同年代的普通讀者對魯迅的愛戴與接受的時代色彩。

唐弢與魯迅藏書的保護

　　眾所周知，唐弢為保護魯迅的藏書做出了重要的貢獻，他在1944年受鄭振鐸的委託與友人劉哲民一起從上海到達北平，成功的勸說朱安女士放棄了出售魯迅藏書的念頭，從而使魯迅的藏書不至散失，為中華民族保護下來一批重要的文化遺產。筆者認為，唐弢一生最大的貢獻和成就恰恰就是肩負鄭振鐸的委託赴北平成功的保護了魯迅的藏書。我們從保存在魯迅博物館庫房中的唐弢和朱安女士的幾封往來書信（其中唐弢致朱安的4封書信未曾公開發表過，也沒有被《唐弢文集》收錄；朱安致唐弢的書信也沒有公開發表過，但有很少的幾位研究者曾經引用過其中的部分內容）可以看出唐弢為此事所付出的努力。

　　唐弢與劉哲民在1934年10月12日從上海到達北平，然後就在「十二、十三、十四、十六、十八、十九六天，穿梭似的出入各書鋪，十四、十六兩次到北京（平）圖書館訪宋紫佩，十五日清晨八時訪趙萬里，談的都是魯迅藏書出售的問題。」（唐弢《〈帝城十日〉解》，《新文學史料》1983年第3期）14日傍晚，唐弢和劉哲民在宋紫佩的陪同下到西三條拜訪朱安，通過介紹上海出版魯迅全集的情況，許廣平中斷朱安生活費的原因，特別是海嬰的近況，成功的消除了朱安對許廣平的誤解，並打消了出售魯迅藏書的念頭。

（許廣平曾經通過許壽裳等人向朱安承諾按月支付北平魯迅家屬的生活費以換取朱安授權出版《魯迅全集》，但因許廣平被捕及戰亂等原因，匯款中斷，朱安不得不準備出售魯迅的藏書來謀生，並對許廣平產生了誤解和敵意。從唐弢文章對當時情景的描述中可以看出，朱安是在得到海嬰近況時才化解了對許廣平的矛盾）唐弢順利完成保護魯迅藏書的任務之後在10月21日離開北平返滬，24日到上海後就和許廣平等人會面告知朱安的近況，並在10月30日致函朱安告知許廣平不僅已經承諾按月匯寄朱安的生活費，而且已經匯出了一筆款，最後又再次請朱安諒解許廣平的困難。

周太太賜鑒：

違別以來，於廿四日抵申，以與諸友好及許先生晤談，許先生表示力所能及，定當設法匯轉並於晚抵申前（十月十八日）由郵局匯出儲幣五千元合聯票九百元，此為郵局限匯之最高額，北平經濟情形，業經詳細轉告許先生，許先生深為關切，表示今後願按月匯轉此數，設有收不到時，請來函通知晚為荷。許先生原擬早日匯出此款，惟因誤於受託人，致稽延時日，並此轉留，三先生於十九日另有一函轉上，想可與匯款同時收到矣。滬平家屬，原係一體，過去因道路遙遠，不免有隔膜之處，但願早日太平，大先生遺物，能毫不散失，此不特周氏家屬之幸，亦許多朋友所盼望者也。專此順頌大安！

晚唐弢上

十月卅日

如許先生經濟困難，萬一不能續匯時，當由在滬友人設法匯上，諸祈釋念　又及。

1945年1月7日，唐弢致函朱安告知許廣平匯款因南北匯兌不暢的原因而拖延，並請她查收許廣平新近的一筆匯款。

　　周太太賜鑒：

　　　　週來滬平匯兌以年底關係，多方不通，日昨許先生來找我，經設法後，換得中孚銀行支票字第三二五四三九號壹支，計聯銀三千五百零捌元柒角柒分，（票合儲幣貳萬元）上有橫線兩條，收到後請託宋先生設法一提，並乞賜復為幸。匆匆並頌冬安！

晚唐弢上
一月七日

　　此後，唐弢致函朱安希望抄錄魯迅藏書的目錄，但此信已遺失。唐弢收到朱安同意抄錄魯迅藏書的目錄之後，又在3月19日致函朱安表示感謝，並詳細介紹許廣平的經濟困難，請朱安諒解，最後又個人匯給朱安一千元幫助朱安維持生活，從而能兌現了他在1944年10月30日致朱安書信中的承諾。

　　周太太賜鑒：

　　　　惠示敬悉，許先生委匯款項，如數收到，曷勝欣慰。周先生遺書目錄承允著手鈔擷，敬為學術及研究周先生著作者致深切謝意。至平地生活費用日漲，自在意料之中，按月津貼，應予提高，亦屬情理之常，惟晚一時不便向許先生提起，此無他故，實緣晚深知許先生近來生活至為拮据，上海情形，平地日報上當亦略有記載，人口在疏散中，書籍之類，無人問津，文化人毫無出路，而海嬰又時有小恙。不得

已，由晚個人匯上壹千元，聊茲貼補，經緩設法，支票仍可託宋先生向中孚兌現，些小之數，幸勿間哂，便中並乞賜復為荷。專此順祝春祺。

晚　唐弢上

三月十九日

朱安收到此信之後，託人代筆給唐弢回信，不僅表達了她對許廣平、周海嬰母子的掛念，而且也表達了她對唐弢成功調解魯迅在平滬家屬之間的矛盾的感謝。

唐先生大鑒：

昨接手書，並蒙惠寄北京鈔幣一千元，已託宋先生往取，愧不敢承，即請宋先生先作抄錄書目之用。鍾承關注感謝。值世亂年荒，吃飯難者，於斯益極。許女士居滬，海嬰多病，消資量大，度日維艱。誠然　未識作何支持，頗為念慮，深冀和平實現，或能脫離苦海也。氏但能消耗，而生產無力，悵恐莫名，困苦情況，惟個中人自知，實不足為外人道。

承先生顧念先夫舊誼，多方調停，多方愛護，身受知感，良非筆墨所能罄，惟有銘感五中，容圖後謝耳。

此復敬頌

台綏

周朱氏拜啟

唐弢在4月23日再次致函朱安，告知因南北匯兌不便只好託友人先行墊付朱安的生活費，並詳細介紹許廣平、周海嬰母子生活困頓的近況，希望許廣平和朱安都能體諒彼此的生活困難。

周太太賜鑒：

惠書敬悉。前寄千元，知已收到，良以為慰。書目如在平抄寫麻煩，請寄至晚處，當留鈔一份，再將原目錄寄還，不知尊意如何？北平生活日艱，晚所深悉，許先生聞之，亦極關心，鑒於滬平匯兌不便，欲多寄數月用款，以便早為打算，但籌款甚覺不易，經許先生與晚商酌結果，決定先由劉先生（即前與晚同來趨謁者）墊款，匯奉平幣一萬元，中孚支票第375750號壹支，隨函附上，收到後請仍按前次辦法託人代領，並乞當即示復，以釋下念。此款由劉先生墊付，將來再由許先生陸續撥還，請勿遠念。海嬰以天氣轉暖，漸見康復，滬上生活，近來一漲再漲，許先生於年初起，已將所雇女傭辭去，母子兩人，相依為活。晚得便常往拜訪，亦常以周太太在平生活之清苦情形相告，彼此同命，自應相惜。在晚不過以滬平實際情形，就所目睹，代為轉達，使彼此互相瞭解，以慰魯迅先生於地下而已。調停云云，實不敢當。敬復，順頌近安！

晚唐弢上

四月廿三日

6月5日，唐弢再次致函朱安，告知因南北之間匯款的困難而託北平的友人先墊付一筆款給朱安作為生活費，並介紹許廣平籌款的困難以及海嬰的身體逐漸康復，請朱安釋念。

周太太賜鑒：

前接宋先生來函，得悉匯上萬元，早已收到，至堪欣

慰。自此款寄出後，滬平匯款，不久即生障礙，而後如何，頗難逆料。晚為此奔走數日，毫無眉目，中孚銀行方面，亦稱無頭寸可套。許先生尤感心焦。經再三商量，已託吳性栽先生由平劃上一筆，款項頗巨，收到後請即以詳細數目見示，以便與前途算賬。寄此鉅款，乃因後此匯兌阻礙尚多，恐一時無法匯出，故請預為打算，以渡此苦難時期。在許先生確已費盡心力，此點諒蒙鑒及。款當由吳先生送至府上，請將聯銀數見告，以便折買儲票，設法結清。上海生活大漲，應付彌難，海嬰弟近曾患傷寒，在家休養，日來已轉痊，漸勿念！

　　草上，順頌大安！

晚唐弢　叩

六月五日

　　6月16日，唐弢得到已經被日軍憲兵隊逮捕的柯靈託人帶出的憲兵隊也準備逮捕他的口信，離家外出避難。即使在這樣危險的情況下，他仍然掛念朱安的情況，當天還致函朱安告知將由何海生送去一部分生活費。朱安收到此信後，托人代筆致函唐弢告知收到了生活費，介紹了自己的病況，並表達了對許廣平和唐弢的感謝。

唐先生台鑒：

　　本月十六日接奉航快，敬悉種種。至十八日由何海生君送來準備鈔幣支票一張計四萬元。貴在何君常來，一面將款取回，略買米鹽煤炭，以資日用，而免被高價剝削。但近日因北糧南運，米麵價格已漲起四五倍之譜，其他百物，亦無不同時高漲，當在有漲無已時也，所預大部份之款，現

存商號，收取利息，以資貼補零用。氏於上月二十九日吐血三口，因西醫太昂，不敢問津，但請知中醫之親戚，義務治療，服中藥五六劑，與服丸藥，現在血已止病見好，唯胃仍不甚開，氣力太少。只須略能支持，實不願多吃藥，多花錢也。氏本一老朽廢物，耗資大量財物，累及先生與許女士多方張羅多方愛護，人非草木，身受知感，只以報答未由，惟有益加刻苦，益加節儉，以期仰答厚誼，於是乎對得起海嬰，即先夫有知亦必含笑於地下矣。海嬰大約病已痊癒，早占白藥之慶，託為代向許女士道謝，囑海嬰格外保重。餘惟藏之五內，俟後會有期，再圖晤謝。奉復，敬頌台綏。

周朱氏啟

六月　　日

8月15日，抗戰勝利，北平和上海的通信逐漸恢復，但是匯兌仍然困難。唐弢此後還致函朱安表達慰問，但此信不存，具體時間不詳。朱安收到此信之後就致函唐弢，訴說物價飛漲之後的生活困難，希望唐弢轉告許廣平儘快多彙寄一些生活費。

唐先生大鑒：

前承存問，並先後兌撥生活之費，俾得苟延殘生，中心感懷，莫可名言。本擬將大部份存商生息，以為長久之計，詎期物價飛騰，幣鈔恐慌，於憂該莊遠景，不敢代存，因恐物價更漲，即徑購買煤球火炭米鹽雜糧等物，作三四月之儲備，截至和平實現之前，即已妙手空空，維時交通梗阻，郵便問鴻，惟有變賣衣飾，維持身前。現在物價迭而後漲，日用雜買，亦頗不資，傳聞上海亦未安定，北平情形，報端屢

有記載，想先生早在問答中也。氏素乏交遊，二三戚族，又自顧不遑，告貸無門，　先生，代為設法，迅賜接濟，氏但祈粗衣淡飯，得以維持生命，於願已足，絕無其他奢望，格外求盈，使祈　許女士　厚幸之意。並躬賜復為荷。特此奉達，敬頌台綏。

周朱氏斂衽

　　從周海嬰在1945年11月30日致朱安的信中可以看出，唐弢此前已經把朱安急需錢用的資訊轉告了許廣平，所以許廣平才設法籌款託人帶給朱安。朱安後來在11月24日及27日兩次致函周海嬰告知收到許廣平託人帶來的生活費，並讓周海嬰轉達她生活苦難的情況，請許廣平繼續設法匯款。這可能是因為朱安和唐弢失去了通訊聯繫（朱安在1946年1月13日致周海嬰的書信中就詢問唐弢是否在上海，並提到唐弢匯款一千元的事情，可見兩人已經失去了通訊聯繫），所以朱安在沒有辦法的情況下就只好直接寫信給周海嬰，多次請海嬰向許廣平轉達她的生活困難情況，並讓許廣平設法匯寄生活費。海嬰也逐漸承擔起此前唐弢承擔的朱安和許廣平之間中間聯繫人的角色，由此，朱安和周海嬰，不久又和許廣平建立了直接的通訊關係。

　　可以說，是唐弢運用他的智慧和奉獻精神圓滿地完成了調停朱安和許廣平的矛盾，從而保護了魯迅藏書不至散失，這也是他對魯迅先生的最好的紀念。

章士釗在「女師大」風潮中與魯迅打官司的四則「佚文」

最近因為撰寫《魯迅年譜長編》要核對魯迅訴章士釗事件的部分史實，我查閱了文匯出版社在2000年出版的《章士釗全集》，但是結果卻令我有點失望，我發現章士釗在女師大學潮中所撰寫的兩則公文，以及與魯迅打官司的訴狀與辯護書等不知何故沒有被收錄到全集之中，而據《章士釗全集》的「編輯體例」這些文字都屬於全集收錄的範圍：

> 凡例：一：本集收錄章士釗先生撰寫之專著、論文、通訊、時評、詩詞、小說、譯文、書信、電文、啟事、題詞等。凡與人聯合署名發表或確知為人代擬之電文、函箚、宣告等均予收錄。篇目出處附於文末。

值得一提的是，這些文章均早已被收錄在《魯迅生平史料彙編》（天津人民出版社，1983年出版）之中，而2000年出版的《章士釗全集》卻沒有收錄這些文章，的確耐人尋味。

《章士釗全集》第五卷收錄了章士釗以「暫行兼署教育總長」名義發佈的《教育部為察學校校長不得兼任其他項職務諮文》

（1925年5月2日）和以「教育總長」名義發佈的《教育部為規定墊發留日缺費省份學費辦法諮文》（1925年6月11日），但卻未收錄章士釗以「暫行兼署教育總長」名義發佈的《教育部訓令第一二零號》，也未收錄以「教育總長」名義起草的《臨時執政令》。為彌補《章士釗全集》的不足，特轉錄這兩則文字如下：

教育部訓令第一二零號

令國立北京女子師範大學

查學校有例定及校定假日，此外學校不得任意放假，學生亦不得任意要求。乃聞京師各校有於本日放假舉行遊行將研之事，殊屬不合。為此訓令該校仰即傳諭本校學生遵照，一體照常在校上課，毋得故違，致幹究詰。切切此令。中華民國十四年五月四日。

兼署教育總長　章士釗

（原刊於《女師大週刊》106期，1925年5月10日）

臨時執政令

邇來學風不靖，屢起變端。一部分不職之教職員與曠課滋事之學生，交相結托，破壞學紀，以至師生大多數之循分為學者大被侵擾，無以自安，既懷斯文將喪之憂，更深賊夫人子之痛。國家設學，成效如斯，咎將誰歸，寧可不察。本執政行能無似導誘未周，令血氣之方剛，冀迷途之不遠。教育為國本所托，中央乃政令之源。諸生如此放肆，尚復成何事體用？特明白曉示，自後無論何校不得再行藉故滋事，並責成教育部擬具條規，認真整飾，不隨不激，期於必行。倘有故釀風潮，蔑視政令，則火烈水懦之喻，孰殺誰嗣之謠，

前例俱存，所宜取則，本執政敢先父兄之教，不博寬大之名，依法從事，決不姑貸，其凜遵焉，此令。

中華民國臨時執政印

教育總長　章士釗
中華民國十四年八月二十六日
（原件現存北京魯迅博物館）

《章士釗全集》第八卷收錄了《章士釗為周佛海辯護書》（1946年11月2日）、《章士釗為周佛海補充辯護書》（1946年11月5日）、《（為高秉坊貪污案）補充辯護意見書》（1945年6月）等文章，但卻沒有收錄章士釗呈請免去魯迅僉事職務的呈文以及與魯迅打官司時的相關辯護書。

眾所周知，章士釗在女士大風潮中有一個小動作，就是利用教育總長的權力免去當時在女師大兼課的教育部僉事周樹人也就是後來大名鼎鼎的魯迅的僉事職務，並因此被魯迅告到北平平政院。章士釗免去魯迅職務的原因很簡單，就是魯迅站在學生那一邊與教育部對立。

章士釗在八月六日的國務會議上向執政遞交了《停辦國立北京女子師範大學呈文》，提請停辦女師大，當即通過，八月十日，章士釗遵照執政的命令下令停辦國立女子師範大學。女師大學生聞訊後公舉九位教師和十二位學生組成校務維持委員會維持校務，魯迅是在八月十日被「公舉」為校務維持委員會委員。八月十二日，章士釗向臨時執政段祺瑞遞交了呈請審批准予免去周樹人教育部簽事職務的免職文，我們從魯迅保存下來的抄件可以看出章士釗所指出的免職理由：

敬折呈者，竊查官吏服務，首先恪守本分，服從命令。茲有本部僉事周樹人，兼任國立女子師範大學教員，於本部下令停辦該校以後，結合黨徒，附合女生，倡設校務維持會，充任委員。似此違法抗令，殊屬不合，應請明令免去本職，以示懲戒（並請補交高等文官懲戒委員會核議，以完法律手續）。是否有當，理合呈請　鑒核施行。　謹呈

臨時執政

十二（按：原文為「五」，後改為「二」）日

魯迅為了揭穿「老虎總長」章士釗的真面目，於八月二十二日向北平平政院提出了上訴，並陸續發表了一些抨擊章士釗的雜文。

魯迅博物館還保存著魯迅收藏的章士釗的答辯書，全文如下：

查周樹人免職理由，本部上執政呈文業經聲敘明白，茲更為貴院述之：本年八月十日，本部遵照執政訓令停辦國立女子師範大學，當委部員劉百昭等前往接收，不意本部僉事周樹人，原係社會司第一科科長，地位職責均極重要，乃於本部執行令准停辦該校，正屬行政嚴重之時，竟敢勾結該校教員、搗亂分子及少數不良學生，繆托校務維持會名義，妄有主張，公然與所服務之官署悍然立於反抗地位。據接收委員會報告，入校辦公時親見該員盤踞校舍，集眾開會，確有種種不合之行為。又該偽校務維持會，擅舉該員為委員，該員又不聲明否認，顯係有意抗阻本部行政，既情理之所難容，亦法律之所不許。查官吏服務令第一條：凡官吏應竭盡忠勤，從法律命令以行職務。第二條：長官就其範圍以內發佈命令，屬員有服從之義務。第四條：屬官對於長官所發命令

如有意見，得隨時陳述。第二十九條：凡官吏有違上開各條者，該管長官依其情節，分別訓告，或付懲戒。規定至為明切。今周樹人既未將意見陳述，複以本部屬員不服從本部長官命令，實已違反文官服務條令第一第二第四各條之規定。本部原擬循例呈請交付懲戒，乃其時女師大風潮最劇，形勢嚴重，若不即時採取行政處分，一任周樹人以部員公然反抗本部行政，深恐群相效尤，此項風潮愈演愈惡，難以平息。不得已於八月十二日呈請　執政將周樹人免職，十三日由執政明令照准，此周樹人免職經過之實在情形也。查原訴狀內有無故免職等語，係欲以無故二字遮掩其與女師大教習學生集會違令各行為，希圖脫免。至追加理由所稱本部呈請執政將周樹人免職稿件倒填日月一節，實因此項免職事件情出非常，本部總長係於十二日面呈　執政，即日明令發表，隨後再將呈稿補發存案。即日補發，無所謂倒填，情勢急迫，本部總長應有權執行此非常處分，周樹人不得引為口實。茲特詳敘事實答辯如右。

檢點上述四則沒有被收錄進2000年出版的《章士釗全集》的文章，聯繫到全集的主編均為章士釗的學生和親人，以及章士釗的親人近年來一直在為章士釗在女師大學潮期間的表現所作的辯護，筆者擔心這四則不是太難找到的文章是不是被全集的編者從為尊者諱的心理出發而有意地失收了呢？但願我的猜測只是以小人之心度君子之腹。最後希望全集的編者在修訂《章士釗全集》時能補入這四則文字，從而恢復歷史的原貌。

讀歷史　PC0237

被遮蔽的魯迅
——魯迅相關史實考辨

作　　者 / 葛　濤
主　　編 / 蔡登山
責任編輯 / 林千惠
圖文排版 / 王思敏
封面設計 / 蔡瑋中

發 行 人 / 宋政坤
法律顧問 / 毛國樑　律師
印製出版 / 秀威資訊科技股份有限公司
　　　　　114台北市內湖區瑞光路76巷65號1樓
　　　　　電話：+886-2-2796-3638　傳真：+886-2-2796-1377
　　　　　http://www.showwe.com.tw
劃撥帳號 / 19563868　戶名：秀威資訊科技股份有限公司
　　　　　讀者服務信箱：service@showwe.com.tw
展售門市 / 國家書店（松江門市）
　　　　　104台北市中山區松江路209號1樓
　　　　　電話：+886-2-2518-0207　傳真：+886-2-2518-0778
網路訂購 / 秀威網路書店：http://www.bodbooks.com.tw
　　　　　國家網路書店：http://www.govbooks.com.tw
圖書經銷 / 紅螞蟻圖書有限公司
　　　　　114台北市內湖區舊宗路二段121巷28、32號4樓
　　　　　電話：+886-2-2795-3656　傳真：+886-2-2795-4100

2012年8月BOD一版
定價：460元
版權所有　翻印必究
本書如有缺頁、破損或裝訂錯誤，請寄回更換

國家圖書館出版品預行編目

被遮蔽的魯迅：魯迅相關史實考辨 / 葛濤著.-- 一版. --
臺北市：秀威資訊科技, 2012.08
　　面； 公分
BOD版
ISBN 978-986-221-975-1(平裝)

1. 周樹人 2. 傳記 3. 史料

782.884　　　　　　　　　　　　101011722

讀者回函卡

感謝您購買本書，為提升服務品質，請填妥以下資料，將讀者回函卡直接寄回或傳真本公司，收到您的寶貴意見後，我們會收藏記錄及檢討，謝謝！如您需要了解本公司最新出版書目、購書優惠或企劃活動，歡迎您上網查詢或下載相關資料：http:// www.showwe.com.tw

您購買的書名：＿＿＿＿＿＿＿＿＿＿＿＿＿＿＿＿＿＿＿＿＿＿

出生日期：＿＿＿＿＿年＿＿＿＿＿月＿＿＿＿＿日

學歷：□高中 (含) 以下　　□大專　　□研究所 (含) 以上

職業：□製造業　□金融業　□資訊業　□軍警　□傳播業　□自由業
　　　□服務業　□公務員　□教職　　□學生　□家管　□其它＿＿＿＿

購書地點：□網路書店　□實體書店　□書展　□郵購　□贈閱　□其他

您從何得知本書的消息？

　□網路書店　□實體書店　□網路搜尋　□電子報　□書訊　□雜誌
　□傳播媒體　□親友推薦　□網站推薦　□部落格　□其他＿＿＿＿＿＿

您對本書的評價：（請填代號　1.非常滿意　2.滿意　3.尚可　4.再改進）

　封面設計＿＿＿　版面編排＿＿＿　內容＿＿＿　文／譯筆＿＿＿　價格＿＿＿

讀完書後您覺得：

　□很有收穫　□有收穫　□收穫不多　□沒收穫

對我們的建議：＿＿＿＿＿＿＿＿＿＿＿＿＿＿＿＿＿＿＿＿＿＿＿

＿＿＿＿＿＿＿＿＿＿＿＿＿＿＿＿＿＿＿＿＿＿＿＿＿＿＿＿＿＿＿＿＿

＿＿＿＿＿＿＿＿＿＿＿＿＿＿＿＿＿＿＿＿＿＿＿＿＿＿＿＿＿＿＿＿＿

＿＿＿＿＿＿＿＿＿＿＿＿＿＿＿＿＿＿＿＿＿＿＿＿＿＿＿＿＿＿＿＿＿

11466
台北市內湖區瑞光路 76 巷 65 號 1 樓

秀威資訊科技股份有限公司 　收

BOD 數位出版事業部

....

（請沿線對折寄回，謝謝！）

姓　　名：＿＿＿＿＿＿＿＿＿　年齡：＿＿＿＿　性別：□女　□男

郵遞區號：□□□□□

地　　址：＿＿＿＿＿＿＿＿＿＿＿＿＿＿＿＿＿＿＿

聯絡電話：(日) ＿＿＿＿＿＿＿＿＿　(夜) ＿＿＿＿＿＿＿＿＿

E-mail：＿＿＿＿＿＿＿＿＿＿＿＿＿＿＿＿＿＿＿